LEÇONS

DE PHILOSOPHIE.

TOME I.

IMPRIMERIE DE FAIN, PLACE DE L'ODÉON.

LEÇONS
DE PHILOSOPHIE,

OU

ESSAI
SUR LES FACULTÉS DE L'AME.

PAR P. LAROMIGUIÈRE,
PROFESSEUR DE PHILOSOPHIE A LA FACULTÉ DES LETTRES
DE L'ACADÉMIE DE PARIS.

TROISIÈME ÉDITION.

TOME PREMIER.

PARIS,
BRUNOT-LABBE, LIBRAIRE DE L'UNIVERSITÉ,
QUAI DES AUGUSTINS, N°. 33.
1823.

AVERTISSEMENT.

On ne jugera pas quelques leçons destinées particulièrement à des élèves, comme on juge un ouvrage composé pour le public.

Un cahier de professeur doit se faire remarquer par une grande clarté d'exposition, et par une extrême pureté de principes. Il n'impose pas les mêmes obligations qu'un livre. Il n'exige pas au même degré toutes les qualités de l'écrivain.

Si j'avais ambitionné le titre d'auteur, j'aurais dû, pour donner à la philosophie son véritable ornement, m'appliquer surtout à trouver des formes de style très-concises et très-sévères.

Des leçons pour la jeunesse ne veulent pas un discours si serré. Elles commandent des développemens et même des répétitions; elles permettent aussi quelques négligences et souffrent une sorte de familiarité.

Quoique je désire de faire assister, en quelque sorte, à nos entretiens, ceux qui liront cet écrit, j'ai retranché beaucoup de ces choses familières qu'on pouvait hasarder devant un auditoire accoutumé; je demande grâce pour ce qui peut en rester dans quelques endroits.

Les amis de la philosophie qui nous ont honorés de leur présence ne trouveront pas ici toutes les leçons qu'ils ont entendues ; et celles que je publie sur *les principes et les premiers développemens de l'intelligence*, recueillies comme à la volée, ou dictées sommairement et de mémoire, sont nécessairement incomplètes.

Cependant, j'espère que les omissions ne se feront pas sentir. Beaucoup de détails m'ont échappé : les idées essentielles sont en trop petit nombre pour que j'aie pu les oublier.

Si, malgré ce qui manque à ce travail, et malgré l'imperfection de ce qui en a été conservé, l'indulgence des bons esprits croyait y apercevoir quelques traces de la méthode; si la critique, oubliant sa sévérité, trouvait qu'il peut contribuer à faire naître ou à fortifier le goût du vrai et de la simplicité qui en est inséparable, je serais trop récompensé sans doute; mais je serais moins sensible à ces encouragemens qu'au regret de ne pas les avoir mieux mérités.

DISCOURS

SUR

LA LANGUE DU RAISONNEMENT;

Prononcé à l'ouverture du Cours de philosophie de la faculté des lettres de Paris, le 26 avril 1811.

La philosophie, oubliant ce qu'elle devait à la parole, l'a quelquefois accusée d'être un obstacle au mouvement de la pensée et aux progrès de la raison. Aucune erreur ne semble plus naturelle, quand on songe aux imperfections et aux vices des langues; et cependant, aucune erreur ne saurait être plus éloignée de la vérité; car si l'esprit *humain* est tout entier dans l'analyse, il est tout entier dans l'artifice du langage.

Ceux qui, dans les langues, ne voient que de simples moyens de communication, peuvent bien concevoir comment les sciences se transmettent d'un peuple à un autre peuple, ou d'une génération aux générations suivantes; ils ignoreront toujours comment elles se forment et comment elles prennent sans cesse de nouveaux accroissemens.

Ceux qui, remontant à l'origine des signes du langage, ont reconnu que ces signes nous étaient nécessaires à nous-mêmes, qu'ils nous servaient à noter les idées acquises, à les rendre distinctes et durables, ont fait plus que les premiers sans doute; mais s'ils ont vu comment des matériaux sont fournis à la mémoire, ils ont oublié de se demander comment nous entrons en possession de ces matériaux.

Ceux-là seuls auront embrassé toute l'étendue de l'objet qui, dans les langues, trouveront à la fois des instrumens de communication pour la pensée, des formules pour retenir des idées toujours prêtes à nous échapper, et des méthodes propres à faire naître des idées nouvelles.

On comprendra sans peine que les langues sont autant de méthodes; on s'assurera qu'elles sont de puissans moyens de découverte et d'invention, du moment qu'on ne confondra plus les sensations avec les idées.

Les sensations, il est vrai, appartiennent à l'âme, de même que les idées; mais en nous modifiant intérieurement, en nous faisant éprouver le plaisir ou la douleur, elles ne peuvent immédiatement nous éclairer.

Pour que la lumière se montre, il faut que l'âme agisse sur les sensations qu'elle a reçues, et il faut qu'elle les rapporte au dehors. Par le sentiment de son action, elle commence à se connaître elle-même; en rapportant ses sensations au dehors, elle commence à connaître les objets extérieurs : or, l'expérience atteste ce double pouvoir de notre âme.

Ce que l'expérience atteste encore, et la raison sera par conséquent forcée de l'admettre, c'est que l'âme, pour s'élever du sentiment de son action jusqu'à l'idée de sa propre substance, comme pour passer des sensations jusqu'à l'idée des objets extérieurs, a besoin de s'approprier ou de se créer des moyens qui paraissent les plus étrangers à l'âme, aux idées et aux sensations.

Ces moyens, qui le dirait? ce sont des

mouvemens, des *gestes*, des *sons* et des *figures*.

Le *mouvement* des organes sollicité d'abord par la seule nature, mais bientôt devenu volontaire et libre, se porte sur les objets qui nous environnent; il se dirige tour à tour sur les différentes qualités de ces objets, s'arrête sur celles qui intéressent le besoin ou la curiosité, les fait mieux sentir, et nous donne les premières idées, les idées *sensibles*.

A un travail si nécessaire, mais en même temps si insuffisant pour mettre à découvert toutes les sources des connaissances humaines; à une analyse si incomplète, et qui laisse à peine entrevoir quelques rayons de l'intelligence, succède le langage des *gestes*, le langage d'action. Ici, les analogies des signes et leurs contrastes nous font entrer dans un nouvel ordre d'idées. L'âme n'avait qu'un sentiment confus des *rapports*, elle en acquiert la perception distincte.

Enfin, par les *sons* et les *figures*, naît et se développe l'infinie variété des langues parlées et des langues écrites; et dès lors on dirait que l'esprit ne connaît aucunes bornes, tant ses facultés ont gagné en puissance, tant elles ont étendu leur empire.

Ainsi *commence*, s'*accroît* et se *perfectionne* l'intelligence.

Ainsi l'homme, si souvent averti de sa faiblesse lorsqu'il veut se donner des sensations, peut tout pour se donner des idées, puisque c'est par des moyens qui lui sont naturels, ou par des ressources artificielles dont il dispose, qu'il les obtient. Une idée était cachée et comme perdue dans une sensation; il se rend attentif, il dirige ses organes et la trouve. Plusieurs idées, un grand nombre d'idées étaient enveloppées dans une seule idée; avec des signes qui sont en son pouvoir, il les dégage et s'en rend le maître.

Cet emploi des signes qui incessamment ajoute à nos connaissances, mais qui suppose des connaissances antérieures à tout signe; ce procédé qui ouvre et facilite le passage des premières idées à de nouvelles idées, de celles-ci à d'autres encore, sans qu'on puisse marquer le terme d'un tel progrès; cet artifice qui d'une vérité connue fera sortir mille vérités auparavant inconnues; cette méthode qui, dans ce que nous savons, nous montre ce que nous ignorons; cette langue enfin sans laquelle, réduit à l'instruction des sens, l'esprit de l'homme ne se serait jamais élevé au-dessus de l'expérience : tel est l'objet dont je me propose de vous entretenir.

Parce que la raison se présente d'abord sous des formes moins riantes que l'imagination, il ne faut pas croire qu'elle n'ait aussi quelque attrait. Peut-être que Locke, en écrivant son *Essai sur l'entendement*, n'éprouvait pas de moindres jouissances que Racine lorsqu'il composait ses admirables tragédies; peut-être aussi plus d'un lecteur, en passant de Corneille à Bacon, a-t-il senti que la langue de la raison n'avait pas moins de richesse et moins de puissance que les accens des passions ; et celui (1) qui tout à coup fut saisi d'un

---

(1) Mallebranche.

transport inconnu et d'une violente palpitation à l'ouverture d'un livre, était-il en présence d'un poëte ou d'un philosophe ?

Mille expériences le prouvent; la faculté de *raisonner* peut être une source de plaisirs aussi vifs que ceux qui nous viennent de la faculté ou plutôt de la capacité de *sentir*, et la réflexion n'est pas plus avare de récompenses que l'imagination.

Une philosophie inattentive, d'accord avec le préjugé, regarda long-temps la raison comme une acquisition tardive des progrès de l'âge. Elle n'avait pas vu que la faculté de raisonner peut se laisser deviner dès les premiers momens de notre existence. A peine l'enfant a respiré, qu'il sent des besoins et qu'il désire : or le désir, tel qu'il se manifeste aujourd'hui dans le plein développement de la vie, suppose l'action de toutes les facultés de l'âme. Nos premiers désirs furent donc l'action de ces mêmes facultés naissantes. Car, s'il est incontestable que les facultés du corps datent du moment de son organisation, il ne l'est pas moins que celles de l'âme datent du moment où elle fut créée, qu'elles entrent en action dès les premières impressions reçues, dès les premiers sentimens éprouvés.

Ce n'est encore, il est vrai, qu'une ébauche tout-à-fait informe : rien n'est prononcé, rien n'est démêlé, rien ne saurait être distinctement perçu ; attention, comparaisons, raisonnemens, tout est confondu, tout échappe, mais tout existe ; et lorsque ces facultés, fortifiées par l'exercice, se montreront dans toute leur puissance, elles pourront bien nous déguiser leur origine, elles ne changeront pas leur nature. Pascal proposant l'expérience du Puy-de-Dôme, d'après la pesanteur connue de l'air, ne raisonnera pas autrement que Pascal au berceau, lorsqu'il tendait les bras à sa nourrice, d'après le souvenir des soins qu'il en avait reçus.

Mais, alors qu'il raisonne et qu'il pense, l'enfant ne sait pas qu'il pense et qu'il raisonne. Il ignorera ce qui se passe au-dedans de lui, tout le temps qu'entraîné au dehors par la vivacité du besoin, sa pensée ne se sera pas repliée sur elle-même.

Si, par une fiction que des philosophes ont confondue avec la réalité, on le réduisait à un état purement sensitif; si on le supposait privé de toute activité, et de celle qu'il exerce hors de lui, et de celle qu'il exerce sur lui-même, il continuerait sans doute à voir, à entendre; il sentirait par tous ses organes et par toutes les parties de son corps; mais, dans l'impuissance absolue de diriger ses sens, de donner son attention, et d'agir sur lui-même, il n'acquerrait aucune connaissance ; son âme, réduite à de pures sensations qu'elle ne pourrait ni démêler, ni comparer, ni réunir, ni diviser, serait privée de toute idée, et ne prendrait jamais son rang parmi les intelligences.

Puisqu'il en est ainsi, qu'il nous soit permis de rectifier deux énoncés célèbres, que la faveur dont ils jouissent n'empêche pas d'être des causes toujours subsistantes d'erreur et de divisions.

On répète, d'après Aristote, Gassendi et Locke, que *toutes nos idées viennent des sens*. Assurément il n'est pas dans mon intention de ressusciter les *archétypes éternels* de Platon, ou les *idées innées* de Descartes, ou les *perceptions de la monade* de Leibnitz. Mais enfin, pourquoi redire sans cesse que *les idées viennent des sens*, quand il est démontré que, des sens il ne peut nous venir que des sensations ? Pourquoi cette expression si négligée, si inexacte, *viennent*, par laquelle on semble nous ramener aux simulacres d'Épicure ou de Lucrèce, en nous laissant croire que les idées, avant d'être dans l'âme, résidaient dans les sens ou dans les objets extérieurs ? Pourquoi ne pas dire avec plus d'exactitude, non que *toutes* nos idées, mais que nos *premières* idées viennent des *sens* ou plutôt des *sensations;* et chercher ensuite à expliquer comment, après avoir acquis ces premières idées, ces idées *sensibles*, nous nous élevons aux idées *intellectuelles*, et aux idées *morales ?* Pourquoi, en plaçant la source des idées dans les sens, ne pas dire du moins qu'ils devaient être considérés dans un état actif, et non dans un état purement passif ? car, encore une fois, par la simple vue, par l'ouïe, par les impressions que les objets font sur nos sens, nous ne recevons que des sensations; c'est par le regard, c'est par l'auscultation, c'est par l'action de nos organes, que nous acquérons nos premières idées.

Il ne fallait donc pas avancer que *nous apprenons à voir et à entendre*; et cependant, depuis Berkeley, on ne se lasse pas de reproduire cette proposition dans les mêmes termes (1); aussi ne se lassera-t-on pas de la nier, tout le temps que la vérité qu'on a voulu présenter ne sera pas autrement et mieux exprimée. *Nous apprenons à regarder; nous apprenons à écouter*. Si l'on s'était ainsi énoncé, tout le monde se fût à l'instant rendu à l'évidence; mais en soutenant, sans aucune restriction, que tout s'apprend, on se trompait soi-même, et on trompait les autres par le seul effet d'une expression fausse. Nous n'ap-

---

(1) Il faut excepter Condillac, mais seulement dans l'édition posthume de ses œuvres.

prenons pas à avoir chaud, à avoir froid ; nous n'apprenons pas à recevoir les impressions que les objets font sur nos sens : nous apprenons à régler nos sens, à diriger nos organes ; nous n'apprenons pas à *sentir*, nous apprenons à *penser*.

Puisque nous apprenons à penser, il doit y avoir un art de penser; et puisque nous n'apprenons pas à sentir, il ne peut y avoir un art de sentir. Il est vrai qu'en conduisant bien nos facultés, nous mettons de l'ordre dans nos sensations, nous les rendons plus nettes, plus vives et plus sûres ; mais c'est précisément dans le bon emploi de nos facultés, c'est dans cet art d'ordonner les sensations que consiste l'art de penser.

Les lois de la pensée et les règles du raisonnement sont dans toute pensée juste, dans tout raisonnement exact. Il semble donc qu'il ne pouvait pas être difficile de découvrir ces règles et ces lois; et néanmoins, après des tentatives sans cesse renouvelées, à peine les connaissons-nous aujourd'hui. Quelle peut être la cause d'une ignorance qui semble si peu naturelle ? Comment se fait-il que la *théorie de l'art de raisonner* soit encore si imparfaite, quand *l'art de raisonner* se montre avec tant de perfection dans les chefs-d'œuvre du génie ? L'étonnement cesse en voyant combien les recherches ont été mal dirigées. Au lieu d'observer la nature, qui nous donne les premières leçons ; au lieu d'étudier les grands poëtes et les grands orateurs qui l'avaient prise pour modèle, on s'obstinait à interroger une philosophie, qui, toute entière à des questions qui n'intéressent ni nos besoins ni nos plaisirs, ne pouvait que se perdre dans de vaines curiosités.

Depuis Aristote, le nombre des logiques est incalculable ; mais presque toutes s'arrêtent avec celle du philosophe grec. Comme on ne doutait pas qu'il n'eût atteint la perfection, on ne pouvait que répéter ce qu'il avait enseigné.

Il est vrai que dans tous les temps il s'est rencontré de ces esprits qui portent impatiemment le joug de l'autorité, et qui, pleins de confiance en leurs propres forces, ne veulent recevoir la loi que d'eux-mêmes. Tels furent principalement Bacon et Descartes. Ces grands hommes, étonnés du peu de fruit qu'ils avaient retiré de l'art du syllogisme, de cet art qui promet tant et qui tient si peu, finirent par le décrier comme une invention aussi futile qu'ingénieuse; mais, quoique Descartes l'ait comparé à l'art trompeur de Raimond-Lulle, et que Bacon ait fort bien vu, ce que tout le monde aurait dû voir, que le syllogisme ne va pas au fond des choses, ni l'un ni l'autre n'en a montré le vice radical.

Aristote, dont la doctrine a eu tant de fortunes diverses, mais dont le génie étonne encore après deux mille ans; Aristote a plutôt donné la théorie d'un certain nombre de formes du raisonnement, qu'il n'a donné celle du raisonnement. On pouvait encore lui reprocher d'avoir laissé dans sa logique une lacune qui la rend incomplète. Après avoir très-bien fait sentir la nécessité des *idées moyennes* pour découvrir les rapports entre les idées trop éloignées, il a oublié de nous dire où il fallait prendre ces idées moyennes; et, chose singulière! personne n'a songé à remplir cette lacune; à peine même s'est-on avisé qu'elle existât, malgré la difficulté si souvent éprouvée de lier les vérités inconnues aux vérités que l'on connaissait.

Hobbes, qu'on ne peut trop blâmer pour les principes de sa philosophie, mais à qui l'on ne peut refuser une grande force de déduction;

Mallebranche, qui pénètre si avant dans tous les sujets, et qui sait faire parler à la métaphysique la plus abstraite une langue toujours riche, toujours naturelle, quelquefois sublime;

Leibnitz, qu'un désir insatiable de savoir portait à tout approfondir, à tout agrandir, jusque-là même qu'il a inventé de nouvelles formes de syllogisme;

Locke, dont l'esprit plus circonspect mettait très-peu du sien dans l'étude de la nature, et qui, par cette raison, l'a mieux connue que les autres;

Tous, laissent quelque chose à désirer quand ils traitent du raisonnement.

Hobbes et Leibnitz ne le distinguent pas du syllogisme. Mallebranche n'a pas mieux vu que les autres philosophes la nature du rapport sur lequel il se fonde; et Locke s'est mépris en regardant comme frivole pour l'homme, ce qui le serait en effet pour des intelligences supérieures.

Il était réservé à un Français du dix-huitième siècle, à Condillac, de nous apprendre ce que nous faisons quand nous pensons et quand nous raisonnons; comme, un siècle auparavant, il avait été réservé à un autre Français, à Descartes, d'apprendre à toute l'Europe à penser et à raisonner.

Et d'abord, en rendant à Descartes une si éclatante justice, nous ne faisons que répéter les acclamations de ses plus illustres contemporains. Les savans de toutes les nations, anglais, allemands, italiens, français, tous n'eurent qu'une voix. L'admiration fut même portée à l'excès, quand Mallebranche, en cela l'interprète des premiers esprits de son temps, ne craignit pas d'avancer, dans sa *Recherche de la Vérité*, que, pendant les trente années qui avaient suivi la publication des œuvres de Descartes, il avait été découvert plus de vérités que dans tous les siècles qui l'avaient précédée.

Qu'on ne dise pas que c'est à Bacon qu'est due la révolution qui se fit alors. Bacon, il est vrai, s'est moins trompé que Descartes sur l'origine de nos connaissances (1) ; il a mieux fait connaître les vices des fausses méthodes qu'on suivait depuis des siècles, et il l'a précédé de plusieurs années ; mais, à ces titres il fallait joindre l'ascendant d'une grande renommée pour opérer une révolution ; et Bacon, qui plus tard devait avoir dans les sciences un nom si imposant, était à peine connu quand la philosophie de Descartes retentissait partout, agitait tous les esprits, et imprimait aux

---

(1) Tous les philosophes se sont trompés sur *l'origine de nos connaissances*, mais l'école d'Aristote moins que celle de Platon. (T. 2, leç. 2, 5 et 8.)

sciences l'heureuse direction qu'elles suivent depuis cette époque.

Parler ainsi, dans une école française, d'un philosophe qui a tant illustré la France, ce n'est pas céder à un mouvement d'orgueil national, c'est se sauver de l'ingratitude.

Nous ne serons pas ingrats non plus envers Condillac; et nous aimons à reconnaître que nous lui devons, sur la manière dont se développe la pensée et sur la nature du raisonnement, des idées plus exactes que celles que nous aurions pu emprunter des autres philosophes.

Si en effet, dans le produit de nos facultés, ils avaient distingué ce qui appartient à la nature et ce qui vient de l'art, ils auraient pu voir ce que Condillac a le premier si bien vu, non pas que la *pensée* ne puisse exister sans le langage, et qu'en ce sens elle dépende du langage, comme on le dit quelquefois en croyant exposer fidèlement sa doctrine, mais que *l'art de penser* dépend du langage; deux choses qu'il ne faut pas confondre.

Sans doute la pensée précède la parole, et même tout langage d'action. L'enfant, comme nous l'avons observé, pense dès qu'il éprouve des besoins, et ce n'est pas en un jour qu'il apprend à parler; mais, s'il est manifeste que la pensée précède la parole, il ne l'est pas moins que l'emploi de quelques signes devance l'art de penser. Comment, sans le secours des signes, l'art pourrait-il se trouver dans la pensée, quand ses parties, existant simultanément, forment un tout indivisible? Comment, dans le plus simple des jugemens, serait-il possible de démêler le sujet, l'attribut, le rapport qui les unit, ou l'opposition qui les sépare, si toutes ces choses ne se montraient successivement à l'esprit? Et comment se montreraient-elles successivement, si la succession des signes ne les détachait les unes des autres? Or, les signes, en se succédant, sont nécessairement distribués dans un certain ordre; il faut donc que les parties de la pensée soient distribuées et se succèdent dans ce même ordre; alors il y a de l'art dans la pensée, qui, naturellement, existe sans aucune division, sans aucune succession, sans aucun art.

La pensée, existant antérieurement à tout signe et indépendamment de tout langage, est donc réduite en art par le moyen du langage ; et l'on voit tout de suite que l'art de penser sera porté à un degré plus ou moins grand de perfection, suivant que l'art de parler sera lui-même plus ou moins parfait, c'est-à-dire, suivant qu'il sera plus ou moins propre à développer les parties de la pensée dans un ordre que l'esprit puisse facilement saisir.

Ainsi, autant il est sûr que les langues ne font pas la pensée, autant il est incontestable qu'elles sont nécessaires pour la décomposer, ou pour l'analyser, ou pour la développer, et par conséquent qu'elles sont des moyens de développement, *des moyens d'analyse ;* mais c'est trop peu dire : toutes les langues obéissant aux règles de la grammaire, à quelques règles de grammaire du moins, il ne suffit pas de les regarder comme de simples moyens d'analyse; ce serait ne les apprécier qu'à demi. Elles sont de vraies méthodes d'analyse, elles sont des *méthodes analytiques* : vérité fondamentale, qui donne la possibilité d'apprécier la bonté relative de toutes les langues, et de discerner, soit parmi les langues qui appartiennent aux différens peuples, soit parmi les langues propres aux différens écrivains chez un même peuple, soit encore parmi les langues diverses que le génie a créées pour l'avancement des sciences, celles qui, décomposant la pensée dans l'ordre le mieux approprié à la nature de l'entendement, pourraient donner à ses facultés une facilité inattendue et des forces incalculables.

Mais il ne suffit pas de cette belle découverte, qui n'avait si long-temps échappé qu'à cause de son extrême simplicité; il faut trouver en quoi consiste cette manière particulière de penser, à laquelle nous avons donné le nom de *raisonnement*. Après être remonté à l'origine de *l'art de penser*, il faut remonter à l'origine de *l'art de raisonner*; il faut voir le raisonnement en lui-même, dans son essence qui ne varie pas, et le séparer de ce qui semble en être inséparable et qui varie.

On peut considérer le raisonnement dans l'esprit, ou dans le discours.

Si vous le considérez dans l'esprit, et antérieurement à l'époque où nous avons commencé à faire usage de quelques signes, antérieurement à cette habitude devenue dès long-temps une seconde nature, par laquelle la pensée est aujourd'hui une parole intérieure, le raisonnement est la simple perception, ou plutôt le simple sentiment de l'*identité* entre plusieurs jugemens ou rapports, quelle que soit d'ailleurs la nature des objets qui ont donné lieu à ces rapports.

Dans le discours, c'est l'expression d'une suite de jugemens renfermés les uns dans les autres;—c'est la manifestation d'un rapport qui était caché dans un autre rapport; —c'est le passage du connu à l'inconnu,— ou la liaison d'un principe à sa conséquence; et, si l'on me permet de varier encore cette définition, je dirai : Le raisonnement est une synonymie continuelle d'expressions diverses;—c'est une substitution de plusieurs mots à un seul, ou d'un seul à plusieurs;—c'est une composition qui appelle une décomposition dont elle a besoin pour éclairer toutes les parties de son objet; ou une décomposition qui, à son tour, appelle une composition pour soulager la mémoire, et pour faciliter l'action de l'esprit;—c'est un enchaînement de vérités liées par la plus étroite analogie;— c'est enfin une succession plus ou moins prolongée de propositions toutes *identiques*.

Le raisonnement, quand on l'exprime, est inséparable de ses formes, quoiqu'il en diffère essentiellement. Les formes changent, le raisonnement est toujours un, toujours le même; puisque, soit qu'on le considère dans l'esprit indépendamment de tout langage, soit qu'on le considère dans le discours, il n'est jamais que le rapport d'*identité*, tantôt senti confusément, tantôt aperçu d'une manière distincte.

A l'instant où cette identité serait altérée par la diversité des expressions, diversité toujours obligée pour que nos discours ne soient pas frivoles, à l'instant même le raisonnement commencerait à perdre de sa rectitude; et l'on peut déjà entrevoir quelle connaissance il faut de la langue avec laquelle on raisonne, pour être assuré de ne pas s'égarer, et quelle attention il faut sur soi-même pour ne jamais perdre le sentiment de l'*unité*, quand toutes les expressions tendent à nous en distraire.

Ceci nous conduit à une remarque particulière sur les langues.

Nous écarterons tous les rapports qui peuvent intéresser la grammaire et la philosophie, pour ne garder que le seul rapport qui doit nous donner la langue que nous cherchons.

Si vous avez égard à la multitude des sons émis et modifiés par l'organe vocal, vous compterez autant de langues que de nations.

Si, changeant de point de vue, et négligeant toute cette diversité d'accens et d'articulations, vous considérez la parole comme pouvant s'appliquer aux divers objets de nos connaissances, vous verrez sortir de cette nouvelle considération une nouvelle classe de langues aussi nombreuse ou même plus nombreuse que la première.

D'un côté, vous aurez les langues française, anglaise, italienne, allemande, etc.; de l'autre, vous trouverez toutes les langues des arts et des sciences, les langues de la morale, de la chimie, de l'astronomie, etc.; en un mot, on aura d'autant plus de langues que l'on comptera plus de peuples, qu'on sera plus avancé dans la civilisation, et que les idées acquises seront plus multipliées.

Mais, outre cette quantité innombrable d'idiomes dont chacun sert de communication à tous les individus d'une même contrée, outre les langues plus ou moins savantes qui se partagent entre elles les vocabulaires des nations, il existe chez tous les peuples une langue toujours présente, et qui toujours semble se cacher. Dans tous les pays et dans tous les siècles, les bons esprits en ont eu le sentiment, quoiqu'ils n'aient pas su la remarquer. Parce qu'on en avait le sentiment, on se conformait à ses règles dans la pratique, toutes les fois que la pensée était bien dirigée. Parce qu'on ne l'avait pas clairement aperçue, on ne pouvait en avoir développé la théorie.

Cette langue est distincte de toutes les autres ; et cependant elle les pénètre toutes pour leur communiquer la vie. Privées de son secours, la langue historique et la langue descriptive ne fourniraient que de vains ornemens pour la mémoire, ou, pour l'imagination, des tableaux bizarres et sans ordonnance.

Rarement on la parle seule et dans toute sa pureté ; toujours on la trouve mêlée à la langue des grands poëtes, des grands orateurs et des grands historiens.

Les philosophes, tout en la réclamant comme leur propriété, l'ont souvent méconnue ; tandis que ceux qui ne se paraient d'aucun titre, et qui n'avaient que le simple bon sens, ont su en faire un heureux emploi.

Les mathématiciens, dans leurs recherches sur la grandeur abstraite, l'ont pressentie de bonne heure, s'en sont emparés pour ne plus s'en dessaisir, et lui ont fait faire des prodiges.

Ennemie des fausses analogies, des liaisons faibles, de tout rapport vague ou incertain, elle repousse tout ce qui est arbitraire, obscur ou mal déterminé.

Amie de l'ordre et des successions régulières, le moindre écart la contraint, la gêne dans ses développemens.

Sert-elle d'interprète au génie : alors, facile et sûre dans sa marche rapide, chacun de ses mouvemens est marqué par une découverte, et la vérité qu'elle vient de trouver promet toujours une vérité nouvelle.

Éminemment analytique, elle n'admet les idées qu'autant qu'elles portent l'empreinte de cette science qui constate leur réalité en montrant leur origine. Ainsi éprouvées, elle les adopte, les accompagne dans toutes leurs transformations, et ne les abandonne jamais, alors même qu'elle semble les perdre de vue.

Lorsqu'elle se fait entendre, tout est vrai, tout est distinct, tout devient lumineux.

La lumière! voilà surtout son caractère.

Pour peu que cette lumière vacille, la langue hésite : la lumière vient-elle à manquer, la langue s'arrête.

Son nom doit rappeler l'opération de l'esprit qui rapproche les idées, qui les combine de toutes les manières, et qui n'en laisse échapper aucun rapport, afin de saisir le seul rapport qui l'intéresse, le rapport qui fait briller l'évidence en nous donnant la certitude. Nous l'appellerons *la langue du raisonnement*.

Cette langue, on le pense bien, exige un travail soutenu ; elle exige une habitude d'autant plus longue, que les langues vulgaires, dont elle est l'emploi le plus parfait, sont elles-mêmes plus éloignées de la perfection.

Des langues où manque si souvent l'analogie, et qui ne sont que des débris de langues plus ou moins polies, plus ou moins barbares, ne doivent-elles pas sans cesse gêner le raisonnement, qui n'est au fond que l'analogie ? Des langues qu'on fait servir à tant de sophismes, à tant d'équivoques, à tant de jeux de mots, pourront-elles, sans l'attention la plus scrupuleuse, être ramenées à cette sévérité que demande la raison? Comment ne pas s'égarer dans une route mal tracée et toute remplie de fausses indications? Et cependant, si l'on s'écarte de la ligne qui mène à la vérité, le sol fuit, tout appui manque, et l'on tombe nécessairement.

L'unique moyen de se former un raisonnement exact, consiste donc à corriger et à épurer sans cesse la langue. Avec des expressions qui ne seraient qu'à peu près celles dont nous avons besoin, le raisonnement ne serait qu'à peu près juste; c'est-à-dire que, ne saisissant jamais aucun rapport précis, et l'identité nous échappant toujours, nous croirions voir la vérité où elle n'est pas, et nous ne saurions pas la voir où elle est.

Ceux qui, par une volonté ferme et par un fréquent exercice, ont enfin contracté l'habitude d'une langue bien faite, ne sont pas ainsi exposés à tomber d'erreurs en erreurs, ou à flotter éternellement dans l'incertitude des opinions les plus opposées. Une sorte d'instinct leur fait démêler le vrai du faux, avec autant de sûreté que de promptitude; la facilité est devenue la compagne inséparable de la justesse; et ils raisonnent naturellement bien, alors même qu'il ne pensent pas à raisonner. Comme le sentiment de l'analogie ne les abandonne jamais, ils passent sans effort d'une idée à une autre idée; les pensées et les expressions qui sont actuellement dans leur esprit se lient aux pensées et aux expressions dont elles dérivent, et aux pensées et aux expressions qu'elles vont engendrer.

Or, si nos pensées et nos expressions nous ramenaient toujours à celles qui les précèdent, et nous conduisaient toujours à celles qui les suivent, qui ne voit combien serait diminuée la difficulté d'apprendre les sciences et d'en retenir les différentes parties, puisque d'un seul regard de l'esprit, d'un seul acte d'attention, on pourrait saisir toute entière la plus longue série de déductions, la plus longue chaîne de vérités?

On commence à voir en quoi consiste la langue du raisonnement; on le concevra mieux si nous nous aidons de quelque exemple qui montre cette langue en action.

J'ai près de moi, messieurs, l'exemple qui peut le mieux nous convenir. En vous le présentant, j'aurai l'avantage de vous faire connaître le plan du cours de philosophie, tel qu'il a été arrêté par les hommes éclairés qui composent le conseil de l'université.

Voici le texte du programme qu'on nous donne à remplir :

« Le professeur de philosophie approfondira les principales questions de la logique, de la métaphysique et de la morale ;

» Il s'attachera principalement à montrer l'origine et les développemens successifs de nos idées ;

» Il indiquera les causes principales de nos erreurs ;

» Il fera connaître la nature et les avantages de la méthode philosophique (1). »

Tels sont les objets que l'on impose à notre méditation. Ils occupèrent les sages dès la plus haute antiquité, et ils continueront de les occuper, tout le temps que les

---

(1) Voyez la seconde note de la deuxième leçon.

hommes conserveront quelque sentiment de la dignité de leur nature. La Grèce, depuis Thalès jusqu'au moment où elle perdit son existence politique, n'honora pas moins ses philosophes que ses plus illustres guerriers; et les siècles modernes prononcent avec autant d'admiration que de reconnaissance les noms de ceux qui, depuis le renouvellement des lettres, ont consacré leur génie à l'étude de l'homme et au perfectionnement de la raison.

On sent l'impossibilité de développer en un moment des vérités qui devront nous occuper pendant des années; et je dois à ceux de mes auditeurs qui permettront au professeur de leur donner le nom d'élèves, de leur dire que, si quelqu'un d'entre eux n'avait pas compris tout ce que nous avons exposé jusqu'ici, ou laissait échapper quelqu'une des réflexions que nous allons ajouter, il devrait bien se garder d'en accuser son intelligence. Un premier discours peut ne pas se suffire à lui-même, surtout si l'on avait eu le dessein d'exciter la curiosité plutôt que de la satisfaire.

« Le professeur approfondira les principales questions de la logique, de la métaphysique et de la morale. »

Approfondir une question, c'est en pénétrer toutes les parties, c'est éclairer celles qui sont les plus reculées et les plus obscures ; c'est, en un mot, la traiter de manière qu'elle ne laisse rien à désirer. Or, le désir de l'esprit ne sera jamais satisfait tant qu'il restera quelques idées dont on n'aura pas rendu raison ; et, comme la raison d'une idée ne peut se trouver que dans une ou plusieurs idées antérieurement connues, jusqu'à ce qu'on arrive à une idée connue par elle-même et indépendamment de toute autre, il s'ensuit qu'on n'aura jamais complètement résolu une question, tant qu'on ne sera pas remonté à une idée fondamentale qui n'ait sa raison dans aucune autre, et qui elle-même soit la raison de toutes celles qui entrent dans la solution que l'on cherche.

Approfondir une question, un système, une science, c'est donc remonter à l'origine des idées, ou, si l'on aime mieux, c'est remonter aux idées qui sont l'origine de toutes les autres, et les poursuivre dans toutes les formes qu'elles peuvent revêtir, sous lesquelles elles peuvent se cacher. Tel est le sens du mot *approfondir*.

Fidèles à cette acception, ou du moins pénétrés de la nécessité de ne jamais nous en écarter, nous retirerons peut-être quelque fruit de l'étude, trop souvent stérile, de la philosophie.

Parmi le grand nombre d'idées qui sont l'objet des sciences métaphysiques et morales, il en est quelques-unes qu'on dirait appartenir à des facultés inconnues, et qui semblent se cacher dans la profondeur de notre être. Aliment des esprits présomptueux, des imaginations ardentes, et d'une curiosité qui ne s'éteint jamais, elles se sont toujours montrées, et elles se montreront éternellement rebelles à toute philosophie qui ne saura pas les observer dans leur origine, et au moment de leur naissance.

Malgré les difficultés que présente leur analyse, difficultés grandes, trop grandes, je le crains, pour le professeur, mais dont vous devrez ne jamais vous apercevoir si, au moment où il les exposera, elles se sont évanouies devant lui et pour lui, nous ne passerons sous silence, ni celles qui, toujours présentes à nous-mêmes, ont une origine qui se perd dans les commencemens de notre existence; ni celles qui, par leur universalité, entrent dans toutes nos conceptions; ni celles aussi qui, par les divisions des sectes et des écoles, ont acquis une grande célébrité.

Il est un ordre d'idées et de vérités qui se placent au-dessus de toutes les autres. Sans elles la morale est privée d'appui, le crime ne connaît plus de frein, et la consolation manque à la vertu malheureuse. La philosophie serait indigne de son nom, si elle n'employait toutes ses ressources pour rendre leur évidence égale à leur certitude.

Nous devrons chercher la solution de ces grandes et belles questions, non dans les conséquences rigoureusement déduites de quelques définitions arbitraires et convenues, mais en remontant, autant qu'il sera en nous, à leurs vrais principes, aux idées mêmes qui les ont fait naître.

« Le professeur s'attachera spécialement à montrer l'origine et les développemens successifs des idées. »

Le second article ne prescrit donc que ce qui a été prescrit par le premier ; mais il le dit d'une manière plus précise et plus lumineuse. Le premier article, mal entendu, pouvait nous égarer. En voulant nous enfoncer dans les profondeurs de la métaphysique, nous aurions pu nous perdre dans les profondeurs des ténèbres. Nous sommes avertis de porter notre attention sur les idées qui, placées à l'origine des sciences, sont la source de toute lumière. Il fallait donc remettre devant notre esprit ce passage de Mallebranche : « La méthode qui examine les choses, en les considérant dans leur naissance, a plus d'ordre et de lumière, et les fait connaître plus à fond que les autres. » Il fallait nous rappeler ces paroles remarquables d'Aristote : *Optimè illum veritatem rei perspicere qui à principio res orientes ac nascentes inspexerit.*

« Le troisième article veut que nous cherchions à indiquer les principales causes de nos erreurs. »

Jamais la philosophie ne s'est montrée aussi éloquente que lorsqu'elle a tracé le tableau de la faiblesse et des égaremens de l'esprit humain. Qui n'a pas lu les beaux chapitres de Mallebranche sur les illusions des sens, sur les visions de l'imagination, sur les fausses abstractions de l'esprit, sur les couleurs infidèles dont nos passions teignent les objets pour nous empêcher de les voir dans toute leur vérité? Qui n'a pas admiré Bacon faisant le dénombrement et comme le déplorable inventaire de toutes les causes de nos erreurs? On pouvait néanmoins s'épargner ces savantes recherches et ces longues énumérations. Si les pensées de ces grands hommes s'étaient dirigées plus particulièrement sur l'influence des langues, ils n'auraient pas tardé à s'instruire du bien et du mal qu'elles peuvent nous faire. Alors, en ramenant à une cause unique tous les désordres de la faculté de penser, il serait devenu plus facile de les prévenir ou d'en arrêter les suites funestes. Qui ne voit, en effet, qu'il n'y a rien qui ne puisse être pour l'homme une cause d'égarement ? Assigner un trop grand nombre de ces causes, c'est moins éclairer l'esprit que l'embarrasser ; les réduire toutes à une seule, et prouver que cette cause unique les comprend toutes, c'est l'avertir qu'il n'a qu'un seul danger à craindre ; c'est lui inspirer de la confiance et lui donner du courage.

Mais enfin, puisqu'il est reconnu qu'il n'y a pas d'autre moyen de trouver la vérité que de remonter à l'origine de nos connaissances, et de les suivre dans leurs développemens, il ne l'est pas moins que, si l'on tombe dans l'erreur, ce ne peut être que pour avoir négligé ce précepte : ainsi, le troisième article rentre dans le second, comme le second rentre dans le premier.

« On nous impose enfin le devoir de faire connaître la nature et les avantages de la méthode philosophique. »

Cette expression, *méthode philosophique*, ne peut manquer de surprendre ceux qui ont le plus réfléchi sur la méthode, et qui, blessés d'une distinction moins réelle qu'apparente entre les diverses méthodes indiquées dans les ouvrages des philosophes, ont été conduits, par la justesse même de leur esprit, à prononcer qu'il n'y a qu'une seule méthode : mais, quelque fondée que soit une telle opinion, il n'en était pas moins nécessaire de démêler dans cette marche de l'esprit, toujours la même, une différence prise dans la nature de l'objet sur lequel on opère.

Pour rendre ceci plus sensible, qu'on me permette de choisir deux exemples dans Boileau. Pourquoi, traitant du raisonnement, ne pourrai-je pas citer un poëte qui a été surnommé le poëte de la raison ?

Quand Boileau nous dit :

« Au pied du mont Adule, entre mille roseaux,
» Le Rhin, tranquille et fier du progrès de ses eaux,
» Appuyé d'une main sur son urne penchante,
» Dormait au bruit flatteur de son onde naissante »

l'oreille attentive jouit de l'harmonie des sons qu'elle entend; l'imagination est arrêtée devant le tableau qu'on lui montre, tandis que la réflexion admire la savante méthode qui en a disposé les parties avec tant de goût.

Cette méthode si belle et si pure n'est pas toutefois la méthode philosophique ; l'art qui décrit ou qui peint se distingue de l'art qui prouve et qui démontre; et ce n'est pas la langue du raisonnement que Boileau fait parler à la poésie dans les beaux vers que vous venez d'entendre; mais quand nous lisons dans son Art poétique :

« J'évite d'être long et je deviens obscur, »

on sent tout de suite la liaison de deux jugemens; on sent même leur identité : qui ne sent en effet qu'en ne disant pas tout ce qu'il faut dire pour être entendus, nous sommes nécessairement mal entendus, nous manquons de clarté, en un mot, nous sommes obscurs ?

Penser, parler, écrire, c'est aller, ou bien d'une idée à une idée différente, d'un objet à un autre objet; ou bien, s'arrêtant à un seul objet, à une seule idée, c'est considérer cet objet, cette idée, sous différens points de vue successifs, sans jamais se laisser distraire par rien qui leur soit étranger. Quand Boileau nous présente successivement des *roseaux*, un *fleuve*, une *urne*, il fait passer notre esprit par une suite d'images différentes : mais quand, après avoir dit qu'une pensée n'est pas suffisamment développée, il ajoute qu'elle est obscure, il n'ajoute rien de nouveau que l'expression, puisque l'idée énoncée d'abord reparaît sous une forme nouvelle. Or, cette dernière manière de procéder appartient à la méthode *philosophique*, et la précédente à la méthode *descriptive*. Celle-ci réunit en tableaux des images empruntées aux divers objets de la nature : celle-là, bornée à un seul objet, en montre successivement toutes les formes, et les réunit en système.

Celui qui ignore le secret de la méthode philosophique pourra nous charmer quelque temps, s'il possède à un haut degré le talent de décrire; mais, ne connaissant pas toutes les sources du beau, il n'en présentera jamais que des modèles partiels;

et on finira par le délaisser, pour se livrer sans réserve aux jouissances complètes que nous donne, dans les productions d'Homère, de Virgile, de Boileau, de Racine, de Pascal ou de Montesquieu, l'alliance de la langue de l'imagination et de la langue de la raison.

La méthode philosophique, nécessaire partout, et jusque dans les ouvrages de pur agrément, pour en varier les détails et pour établir l'unité de but, ou d'intérêt, ou d'action, est surtout indispensable dans les sciences pour assurer leurs *progrès*, en conservant l'*unité* d'idée. Toute science est une suite de raisonnemens. — Une suite de raisonnemens est une suite de propositions identiques. — Une suite de propositions identiques est une suite de propositions dans chacune desquelles une même idée se montre sous différentes expressions. — Une suite de propositions où la même idée reparaît sous des expressions toujours nouvelles, doit être nécessairement une suite dans laquelle de nouveaux points de vue d'une même idée se montrent successivement.—Mais une telle suite met à découvert l'origine et la succession des points de vue de cette idée : par conséquent, la méthode philosophique qui procède toujours par une suite de raisonnemens, est la méthode même qui nous montre l'origine et les développemens successifs des idées.

Maintenant, on le voit, les quatre questions qu'on nous donne à résoudre se réduisent à une question unique, envisagée sous quatre points de vue : traiter de la méthode philosophique, c'est remonter à l'origine de nos connaissances ; c'est découvrir la source commune de toutes nos erreurs ; c'est approfondir les principes des sciences.

Telle est la langue du raisonnement. En passant d'une proposition à d'autres propositions, elle nous fait toujours sentir l'ordre qui les enchaîne, la liaison qui les rapproche, l'identité qui les confond, et, pour tout dire, l'unité d'objet sur lequel elles reposent.

En nous donnant ainsi l'exemple et le précepte, on ne nous dit pas seulement ce que nous avons à faire, on nous le montre.

Il fallait en effet pouvoir ramener l'objet entier du cours à une idée fondamentale ; sans quoi, nous aurions cru voir l'obligation de vous enseigner plusieurs sciences quand nous devions ne vous en enseigner qu'une. Il fallait que cette idée fondamentale fût l'idée même de la méthode, puisque le cours est principalement destiné à une école normale, c'est-à-dire, à une école de *méthode*.

Ce n'est que du moment où l'art vient aider la nature, que l'esprit acquiert le sentiment de sa force.

Privé de toute méthode, il reste immobile et plongé dans les ténèbres.

Livré à une mauvaise méthode, chacun de ses pas est une chute, et il est plus à plaindre de son savoir qu'il ne l'était de son ignorance.

Mais si la bonne méthode lui prête son appui, tout change. L'esprit se dégage des ténèbres qui l'enveloppaient : attiré par l'impression toujours croissante du jour qu'il a entrevu, il s'élève insensiblement ;

il monte de vérité en vérité; et, conduit par l'analogie jusqu'à la source de la lumière, il goûte enfin le plaisir inexprimable de se reposer au sein de l'évidence.

LEÇONS
DE
PHILOSOPHIE.

OBJET DE CES LEÇONS.

Pourquoi voyons-nous le soleil changer tous les jours le moment et le lieu de son lever ? *D'où viennent* les couleurs de cet arc brillant qui se peint au milieu des airs ? *Comment se fait-il* qu'agité sans cesse, l'Océan se soulève, et retombe alternativement sur lui-même ? Quelle est la *cause* du mouvement ? Où se cache l'origine des êtres ? Sur quel *fondement* reposent les sociétés ? Quels sont les *principes* qui servent d'appui à la morale ? Qui nous dira la *raison* de l'existence du mal sur la terre ? *Pourquoi* y a-t-il une terre ? *Pourquoi* (1) y a-t-il quelque chose ?

---

(1) On trouvera dans cet ouvrage, écrit pour des élèves, un emploi fréquent du caractère italique et un assez grand

Telles sont quelques-unes des innombrables questions que notre curiosité adresse incessamment à toute la nature; curiosité mille et mille fois trompée dans son attente, mais quelquefois aussi récompensée par des révélations sublimes.

Il ne suffit donc pas à l'homme de connaître ce qui est; il se sent tourmenté du besoin de connaître la *raison* de ce qui est.

Et comme il ne peut *ainsi* connaître sans posséder une intelligence qui l'associe, en quelque sorte, aux desseins de la création, il aspire surtout à découvrir la *raison* de cette intelligence.

Condamné à ignorer *comment* elle se forme, il ne consentirait jamais à lui donner une confiance entière; et alors même qu'elle pourrait lui dire le secret de l'univers, mais en se taisant sur le secret de sa propre nature, il ne craindrait pas de l'accuser, plus jaloux d'être admis

---

nombre de renvois. Les lecteurs instruits aiment peu ces sortes d'avertissemens dont ils n'ont pas besoin; il les pardonneront en faveur de ceux qui commencent l'étude de la philosophie.

OBJET DE CES LEÇONS.

à cet unique mystère, qu'ambitieux de pénétrer tous les autres.

Aussi les philosophes n'ont-ils rien négligé pour nous apprendre une chose si ardemment désirée. Théories, systèmes, hypothèses, moyens pris dans l'expérience, moyens cherchés hors de l'expérience; tout semble avoir été épuisé.

Mais ceux qui ont fait de l'évidence la règle de leurs jugemens, ceux qu'une sage réserve tient en garde contre l'autorité des noms, contre les séductions du talent, contre les prestiges de l'imagination; ceux-là se sont toujours refusés à des interprétations qui n'étaient qu'ingénieuses.

Les difficultés naissaient des difficultés, parce qu'on manquait des données nécessaires. A peine avait-on remarqué les *causes* de nos idées; et leurs *origines*, une seule exceptée (1), étaient totalement inconnues.

Nous essaierons de porter la lumière sur ces *causes* inaperçues, de mettre à découvert ces *origines* cachées. Si les idées naissent et se développent sous nos yeux, il nous sera facile d'ob-

---

(1) La sensation.

server *la manière dont se forme l'intelligence de l'homme*, d'apprendre en quoi consiste sa *nature*, de déterminer les *conditions* de sa possibilité, d'assigner la *raison* de son existence, de voir combien ses *limites* s'étendent au de là des *limites* des perceptions sensibles; et le problème fondamental de la philosophie sera résolu (1).

Quel que soit le sort de cet essai que nous livrons au public, on ne pourra nous accuser, ni d'avoir trop présumé de nous-mêmes, si nous étions tombés dans l'erreur, ni d'avoir ambitionné de vains applaudissemens, si nous nous sommes approchés de la vérité.

---

(1) La solution de ce problème est l'objet spécial des deux volumes que nous présentons au lecteur. On peut les considérer comme faisant partie d'un cours de philosophie. On peut aussi les considérer comme formant un tout complet; et alors, le titre qu'on lit à la tête de cet ouvrage, *Essai sur les facultés de l'âme*, devrait être remplacé par le suivant, *des Causes et des Origines de l'intelligence de l'homme*, ou plus brièvement, *des Principes de l'intelligence de l'homme*. Voyez particulièrement la douzième et dernière leçon du second volume.

Destiné à l'intérieur des écoles, cet essai ne devait jamais en sortir. Nous l'avons publié pour remplir un devoir qui nous était imposé (1).

(1) M. de Fontanes, grand-maître de l'université de France, nous ayant invité à lui communiquer quelques-unes des leçons que nous donnions à la faculté des lettres de Paris, et que nous avions données autrefois à l'université de Toulouse (au collége de l'Esquile), voulut bien nous dire qu'il les jugeait utiles à l'instruction de la jeunesse, et qu'il désirait qu'elles fussent imprimées. Un tel désir, et plus encore un tel suffrage, durent forcer notre consentement.

PREMIÈRE PARTIE.

DES FACULTÉS DE L'AME CONSIDÉRÉES DANS LEUR NATURE.

PREMIÈRE LEÇON.

De la méthode.

La nature, toujours variée dans les ouvrages qu'elle expose à nos regards, peut avoir mis autant de différence entre les esprits qu'elle en a mis entre les corps. Elle peut avoir donné à l'intelligence de chaque homme un caractère propre qui la distingue de toutes les autres ; mais ces inégalités primitives, si elles existent, s'effacent bientôt devant les grandes inégalités qui viennent de l'art et de la puissance des méthodes. Un enfant aidé d'un levier est plus fort qu'Hercule livré à ses propres forces. Celui qui connaît l'artifice des chiffres, étonnera le génie d'Archimède, si Archimède ne calcule que dans sa tête ou avec ses doigts.

« Je n'ai jamais cru, dit Descartes, avoir été particulièrement favorisé de la nature ; et souvent j'ai désiré d'en égaler d'autres, soit pour la facilité de retenir les impressions que j'avais reçues, soit pour celle d'imaginer les choses d'une manière distincte, soit pour la rapidité de la pensée. Si j'ai quelque avantage sur le commun des hommes, je le dois à *ma méthode.* »

Quand un esprit aussi pénétrant, après s'être long-temps étudié lui-même, et après avoir long-temps étudié les autres, nous dit que toute sa supériorité est l'ouvrage de la méthode, on doit, ce semble, mettre une extrême réserve dans l'opinion qu'on se fait quelquefois des dons naturels et des talens privilégiés. On le devra, à plus forte raison, si les philosophes de tous les temps, ceux-là même dont le génie précoce semble n'avoir pas eu d'enfance, ont pensé à peu près comme Descartes. Il en est peu, en effet, qui ne se soient appliqués à perfectionner un moyen auquel ils croyaient devoir toutes leurs découvertes, et qui, sous différens noms, n'aient cherché à nous le faire connaître. Ce sont d'abord des *méthodes* (1); ce sont des *règles pour bien philosopher* (2); c'est l'*art de persuader* (3); c'est un *organe* (4), expression remarquable :

---

(1) Descartes, Mallebranche, Condillac.
(2) Newton.
(3) Pascal.
(4) Aristote, Bacon.

la méthode, en effet, est l'instrument de l'esprit, comme les organes des sens sont les intrumens du corps.

Mais cet instrument de puissance, si nécessaire à notre faiblesse, semble se dérober à la pensée, quoiqu'il soit en grande partie son ouvrage. C'est ordinairement à notre insu que nous nous en servons ; et l'on dirait qu'il agit en nous et sans nous, alors même que nous l'employons avec le plus d'adresse et de sûreté. Comme il ne se montre pas aux sens, et que nos besoins nous portent sans cesse hors de nous, il ne pouvait pas être facile de le remarquer. Aussi, presque tous les hommes pensent, sans soupçonner qu'il y ait un art de penser ; comme ils reçoivent dans leurs yeux l'image de l'univers, sans songer aux merveilles de la mécanique qui opère ce prodige.

Il est donc indispensable de ramener l'attention au dedans de nous-mêmes, et de l'appliquer à la pensée. Il faut suivre l'esprit dans sa marche, l'observer dans ses actes, remarquer tout ce qui le dirige, tout ce qui l'égare ; il faut enfin nous assurer de ce qu'il peut naturellement, et de ce que naturellement il ne peut pas, si nous voulons trouver un art qui vienne au secours de la nature. Quand nous saurons pourquoi nous avons besoin de méthode, la méthode qui nous convient s'offrira peut-être d'elle-même.

Si nous étions organisés pour voir d'une première vue tout ce qui est renfermé dans les objets de nos sensations ; si l'esprit avait une activité suffisante pour démêler en un instant toutes ses idées ; si la mémoire était assez sûre pour les conserver fidèlement, assez prompte pour les reproduire, alors nos connaissances, acquises avec la plus grande facilité, nous seraient continuellement présentes, et nous n'aurions aucun besoin de méthode.

La nécessité d'une méthode provient donc de la faiblesse de l'esprit qui est borné dans sa capacité de sentir, dans sa faculté de penser, et dans sa mémoire. Les sensations trop fugitives sont inaperçues : un seul objet absorbe la pensée : la mémoire n'embrasse qu'un petit nombre d'idées ; et dans mille circonstances de la vie, dans l'étude des sciences surtout, nous éprouvons le besoin d'en retrouver un grand nombre, et de les avoir toutes présentes au même instant.

Comment l'homme franchira-t-il les bornes qui, de tous les côtés, s'élèvent autour de lui ? Comment sortira-t-il de l'ignorance à laquelle il semble condamné par sa nature ? Changera-t-il cette nature ? La faiblesse deviendra-t-elle force à sa volonté ?

Non : mais si, dans le sentiment de son impuissance, il trouvait le moyen de suppléer la force par l'adresse, de réduire le nombre à l'unité, en ramenant plusieurs idées à une idée unique, et de soumettre à un seul regard ce qui divisait en cent manières son attention ; alors, n'en doutons pas, on verrait se manifester des effets auparavant insensibles ou nuls ; l'esprit, délivré du fardeau qui l'accablait, avancerait avec une rapidité dont il s'étonnerait lui-même.

Or, ce moyen existe : cette méthode est tout près de nous, elle est en nous ; c'est elle qui règle nos facultés, et qui conduit notre esprit dans ces momens heureux que nous appelons des momens d'inspiration. Nous serons les maîtres de la suivre toujours, si nous parvenons à la connaître.

L'idée qui doit nous la montrer, quoique assez facile à saisir, n'est pourtant pas une idée simple ; elle se compose de deux idées qu'il faut nous donner d'abord. Quand nous saurons ce que c'est qu'un *principe*, et ce que c'est qu'un *système*, nous serons bien près de savoir ce que c'est que la *méthode* que nous cherchons ; et nous connaîtrons en même temps la valeur de deux mots qui sont comme les clefs de la langue de la philosophie.

Remarquez toute la diversité des caractères

que les peuples ont inventés pour peindre les sons de la voix; jetez les yeux sur cette planche, où l'on s'est plu à rapprocher les figures les plus bizarres et les dessins les plus réguliers; observez les formes variées à l'infini que présente le spectacle de l'univers. Si les yeux du corps ne suffisent pas, appelez à votre secours ceux de l'esprit, et tâchez de voir, comme en un tableau, cette multitude innombrable de caractères, de dessins et de figures.

Où est, direz-vous, l'intelligence capable d'embrasser tant de choses, la mémoire assez vaste pour les contenir, l'imagination assez puissante pour se les représenter d'une manière distincte?

Je vais donc offrir à votre pensée un objet plus simple. Imaginez un arc de cercle et sa corde, une ligne droite et une ligne courbe; variez la courbure de l'arc, variez aussi la position de la droite par rapport à l'horizon : votre imagination saisit facilement ces deux traits; elle les suit, ou croit les suivre, dans tous leurs changemens.

Eh bien, ces deux objets, dont l'un effrayait votre faiblesse, et dont l'autre vous paraît un simple jeu d'enfant, ne sont qu'un seul et même objet. C'est avec la droite et la courbe que l'art et la nature dessinent tous leurs ouvrages. Vous ne l'eussiez pas cru : deux élémens suffisent à tant de prodiges ; ils sont les principes générateurs de toutes les formes qui sont au monde.

Et si les courbes se composent de petites droites inclinées les unes sur les autres, comme le suppose souvent la géométrie, alors les deux principes se réduisent à un seul. La ligne droite est le principe unique de toutes les figures.

Qu'on me permette quelques exemples familiers ; qu'on me permette même de les prendre dans l'ordre de choses le plus commun, s'ils peuvent déterminer d'une manière précise l'idée que nous attachons au mot *principe*.

Personne n'ignore la manière dont se fait le pain. On a du grain qu'on broie sous la meule ; le grain ainsi broyé est imbibé d'eau ; il prend ensuite de la consistance sous la main qui le pétrit ; et bientôt l'action du feu le convertit en pain.

Voilà quatre faits qui tiennent les uns aux autres ; mais de telle manière que le quatrième est une modification du troisième, comme le troisième est une modification du second, et comme le second est une modification du premier. Or, toutes les fois qu'une même chose prend ainsi plusieurs formes l'une après l'autre, on donne à la première le nom de *principe*.

L'œuf du papillon se métamorphose en chenille, la chenille en chrysalide, la chrysalide en papillon : le papillon est un œuf dans son principe.

Et si, des arts mécaniques ou des opérations de la nature, nous nous transportons au milieu des sciences, qui ne sait qu'en arithmétique l'addition se montre successivement sous les formes de multiplication, d'élévation aux puissances, de théorie des exposans ; et, par conséquent, que toutes les méthodes qui servent à composer les nombres ont leur principe dans l'addition, comme toutes celles qui les décomposent ont le leur dans la soustraction ?

La connaissance des principes, en nous portant aux sources d'où découlent les vérités, ramène à une seule loi les phénomènes les plus divers et même les plus opposés en apparence : elle assimile, elle identifie des opérations qui semblaient n'avoir aucune analogie : d'une multitude de parties isolées, elle forme un tout symétrique et régulier ; et, chose admirable ! elle ajoute aux richesses de l'esprit, en réduisant le nombre de ses idées.

Malheureusement il est rare de saisir ces principes ; soit que, placés à une trop grande hauteur, ils soient inaccessibles à nos facultés ; soit que, trop rapprochés, ils se dérobent à notre faible vue, également troublée par la présence trop intime de l'objet, et par son trop d'éloignement.

Lorsque, plus heureux ou mieux placés, nous voyons une suite de phénomènes ordonnés les uns par rapport aux autres, et tous par rapport à un premier ; alors, d'un même regard, nous saisissons un principe et un *système*, le principe dans le premier des phénomènes, le système dans leur ensemble.

Le *système*, lorsqu'il est porté à sa perfection, est le plus haut degré de l'intelligence de l'homme. En ramenant à l'unité une multitude d'objets divers, et en réunissant ce que la nature semblait avoir séparé, il enferme une science toute entière dans une seule idée, dans un seul mot. Mais combien les bons systèmes sont rares ! et combien d'illusions peut faire naître l'attrait de la simplicité !

S'il a fallu les travaux des siècles pour apercevoir la liaison de la chute d'une pomme à l'orbite de la lune, des propriétés de l'ambre aux effets de la foudre, quel jugement porter de ces philosophes qui, d'un seul acte de leur pensée, ont voulu, ont cru embrasser et l'immensité de tous les phénomènes du monde visible, et l'immensité infiniment plus prodigieuse de ceux qui, cachés au sein de la nature, sont couverts d'un voile à jamais impénétrable ; ou de ceux qui, perdus dans les abîmes de l'espace, *fuient d'une fuite éternelle* les regards de l'homme ? et comment excuser l'audace de ces titres fastueux, *système de l'univers, système de la nature ?*

Mais, si c'est folie à l'homme de croire atteindre ce qui est au delà de ce qu'il sent et au delà de sa raison, c'est sagesse, c'est besoin, c'est devoir d'étudier ce qui est à sa portée.

Or, pour acquérir l'intelligence de quelqu'un de ces systèmes particuliers dont l'ensemble forme le système universel des êtres, il ne faut pas se conduire au hasard.

Puisque, dans la formation d'un système, on se propose de lier plusieurs phénomènes pris dans l'ordre physique ou dans l'ordre moral, il est d'abord bien évident qu'il faut commencer par s'instruire avec soin de ces phénomènes. Comment lier des faits qu'on ignore ? Cette remarque est si simple qu'elle en paraîtra inutile ou minutieuse; mais si l'on se rappelle que la plupart des philosophes sont portés à vivre au milieu de leurs idées plus qu'au milieu des choses, on jugera peut-être qu'on ne saurait trop souvent la reproduire.

Il est plus commode, sans doute, il est surtout plus expéditif pour l'impatience, de suivre en toute liberté les mouvemens d'une imagination que rien n'arrête, et d'ordonner au gré du caprice les êtres qu'elle crée en se jouant, que de se traîner péniblement d'observation en observation, d'expérience en expérience ; de revenir, sans jamais se lasser, sur ce qu'on a vu mille fois, jusqu'à ce qu'enfin on rencontre quelqu'une de ces vérités qui appellent d'autres vérités, et autour desquelles tout vient se ranger. Mais, comme ces vains systèmes, enfans de l'imagination, ne s'appuient pas sur la nature, rien ne peut les soutenir ; et le moment qui les voit s'élever, touche au moment qui les verra tomber pour toujours.

Voulez-vous acquérir de vraies connaissances : que tout soit détaillé, compté, pesé. C'est ne rien voir que voir des masses ; divisez votre objet ; étudiez successivement toutes ses parties, toutes ses propriétés ; donnez votre attention aux moindres circonstances. Les faits, ainsi long-temps observés et bien reconnus, laissent enfin apercevoir leurs vrais rapports ; non pas seulement les rapports de simultanéité, ou de contiguïté, ou de simple succession, ou même de causalité ; mais les rapports de génération, les rapports qui les unissent par les liens d'une origine commune ; alors vous aurez un système, et l'esprit sera satisfait.

Cette manière de procéder dans la formation

d'un système, cette méthode, la seule qui puisse nous instruire, prend un nom particulier.

Au lieu de dire en un grand nombre de mots que « l'esprit décompose un tout en ses différentes parties pour se faire une idée distincte de chacune ; qu'il compare ces parties pour découvrir leurs rapports, et pour remonter par ce moyen à leur origine, à leur principe ; » on dit, d'un seul mot, que l'esprit *analyse*.

Et ce mot, on le voit, n'a pas été choisi sans raison, puisque l'esprit étant obligé de commencer par la décomposition des objets dont il veut faire l'étude, la méthode est essentiellement décomposition, c'est-à-dire, *analyse*.

C'est donc l'*analyse* qui, ramenant à l'unité les idées les plus diverses qu'elle-même nous a données, fait produire à la faiblesse les effets de la force ; c'est l'analyse qui sans cesse ajoute à l'intelligence, ou plutôt l'intelligence est son ouvrage, et la méthode est trouvée.

Mais, que dis-je ? non, elle n'est pas trouvée ; elle est tout au plus indiquée : ce n'est qu'à mesure que nous avancerons dans l'étude de la philosophie, que nous pourrons découvrir les différens artifices de l'analyse, et bien connaître les secours qu'elle nous prête. Une première notion exacte, mais bornée, sera suivie de plusieurs autres qui devront être également exactes, mais moins circonscrites, jusqu'à ce que nous arrivions à une notion qui, s'il est possible, ne laisse rien à désirer.

Je termine donc ici ces réflexions; elles étaient indispensables, et elles suffisent pour entendre les leçons qui vont suivre. De plus longs développemens eussent été prématurés ; et j'ai dû ne pas vous les donner à une première séance. Laissons voir seulement le dessein du cours de philosophie que je me propose de faire avec vous.

Qu'est-ce que la philosophie? Quel est le plan qui peut le mieux en faciliter l'étude ?

Voilà ce qu'on voudrait savoir avant tout, et cette curiosité paraît assez naturelle. Cependant je demande la permission de ne pas la satisfaire en ce moment, parce que je dois m'abstenir de parler quand je n'ai pas la certitude de pouvoir me faire entendre. Vous trouverez, vous ferez vous-même la définition de la philosophie, quand vous en aurez médité les principales questions; et comment pourriez-vous apprécier la disposition des parties d'un tout que vous ne connaissez pas encore ? (Tom. 2, introduction à la 2°. partie.)

Si je disais que je ramène le cours de philosophie à un *traité des facultés de l'âme*, verriez-vous dans un simple titre l'expression abrégée de toutes les recherches des philosophes?

Si j'ajoutais que nous étudierons ces facultés dans leur *nature*, dans leurs *effets* et dans leurs *moyens*, le premier de ces points de vue rappellerait-il à votre esprit les efforts si souvent, j'ai presque dit, si vainement répétés, pour pénétrer ce qu'il y a de plus caché au dedans de nous?

Verriez-vous dans le second, tout ce que les anciens et les modernes ont compris dans leurs traités de métaphysique et de morale?

Et le troisième vous montrerait-il, d'une manière assez évidente, que c'est par la logique que nous terminerons le cours?

Et puis, sait-on en ce moment ce que c'est que logique, ce que c'est que métaphysique?

Je ne développerai donc pas aujourd'hui le plan du cours de philosophie, mais je puis indiquer le but vers lequel il se dirige, ou du moins le but vers lequel je chercherai à le diriger.

L'esprit humain n'est pas tout entier dans Virgile ou Boileau, ni dans Tite-Live ou Tacite, ni dans Démosthène ou Bossuet, ni dans Newton ou Euler, ni même dans la réunion des poëtes, des orateurs, des historiens et des géomètres.

Interrogez les philosophes. Consultez Socrate, Platon, Descartes, Mallebranche : les réponses de ces grands hommes vous ouvriront un nouvel univers. Vous ne connaissiez que les besoins et les plaisirs des sens, ou ceux de l'imagination, ou les attraits d'une vaine curiosité : ils vous ont créé de nouveaux besoins, pour vous donner de nouveaux plaisirs. Ils se sont retirés au dedans d'eux-mêmes ; et ils ont découvert un monde rempli de merveilles que l'œil ne peut voir, mais dont les beautés ont mille fois plus de réalité que celles du monde visible. Ils ont reconnu que l'homme extérieur n'est pas tout l'homme, ni sa plus noble partie. L'esprit a été séparé de la matière : les ressorts cachés qui donnent le jeu à la pensée ont été mis au jour : la raison observée dans ses causes et dans ses effets a été soumise à des lois ; et alors, de connaissance en connaissance, elle a pu s'élever jusqu'à un premier et unique régulateur, sans lequel l'ordre physique est impossible, et l'ordre moral une chimère.

Voilà quelques-unes des vérités que le genre humain doit à la philosophie. Sont-elles moins grandes, sont-elles moins belles que tout ce que nous ont appris l'astronomie ou la chimie ? Sont-elles moins dignes d'une noble curiosité ? plus étrangères à notre bonheur ? Qui pourrait ne pas sentir que notre premier intérêt est de nous connaître nous-mêmes !

On ne sera donc pas surpris qu'une étude dont l'objet nous touche de si près, ait appelé, dans tous les temps, les méditations d'un grand nombre d'hommes qui se sont dits *philosophes;* mais très-peu se sont montrés dignes d'un si beau nom.

Les uns, s'abandonnant à une imagination déréglée, n'ont enfanté que des rêves extravagans; d'autres, attachés à des sectes, n'ont vu la vérité que dans ce qui pouvait les faire triompher; presque tous, abusés par un langage qui leur était devenu familier avant la connaissance des choses, ont cru s'être fait des idées, quand ils n'avaient assemblé que des mots; et quelques-uns, il faut le dire à la honte de l'esprit humain, ont osé se proclamer sages, et ont été appelés philosophes, quand leur doctrine pervertissait la raison, sapait les fondemens des sociétés, et enlevait aux malheureux leur dernière espérance.

Il est donc nécessaire de faire un choix dans l'étude des philosophes, ou de ceux qu'on appelle ainsi.

Vous mettre en état de bien faire ce choix, serait un des résultats que j'ambitionnerais d'obtenir. Il faudrait que ceux qui auront suivi ces leçons, pussent à l'instant, et d'une manière infaillible, distinguer le bon du mauvais, l'excellent du médiocre; il faudrait, par exemple, qu'en jetant les yeux sur l'*Éthique* de Spinosa, on éprouvât une répugnance invincible à le suivre dans ses monstrueuses rêveries; comme il faudrait, qu'après avoir lu une page de Pascal, on s'écriât : Voilà l'esprit humain dans toute sa perfection !

C'est ainsi que celui dont le goût littéraire s'est formé par une longue étude des modèles, lit et relit avec amour les vers de Racine, quand le premier hémistiche de Chapelain l'arrête tout à coup, et lui ôte le courage de continuer sa lecture.

Si j'avais le bonheur de développer ou d'entretenir un tel esprit de critique dans une assemblée qui réunit tous les âges et tous les talens, les élèves de l'école normale et des savans du premier ordre, peut-être jugeriez-vous, messieurs, que vous n'avez pas entièrement perdu votre temps en fréquentant ce cours. Et je pourrais aussi penser que je ne l'ai pas employé d'une manière tout-à-fait inutile.

DEUXIÈME LEÇON.

Du Principe des facultés de l'âme (1)*, et de l'Influence du langage sur nos opinions.*

Les observations que je vous ai présentées sur les *principes*, sur les *systèmes* et sur l'*analyse*, ont un double but : en même temps qu'elles vous faciliteront l'Intelligence du système des facultés de l'âme, dont nous commençons aujourd'hui l'étude, elle vous mettront à portée de ju-

---

(1) Les facultés de l'âme supposent l'existence de l'âme, comme les propriétés des corps supposent l'existence des corps. Il semble donc qu'avant de parler de facultés de l'âme, il faudrait avoir établi, par une bonne démonstration, que l'âme existe, c'est-à-dire qu'il faudrait avoir démontré que ce que les philosophes appellent *notre âme*, ce que tout le monde appelle *notre âme*, est autre chose que le résultat de l'organisation du corps ; que c'est un être réel, une substance dont la nature est essentiellement différente de la substance corporelle ; mais cette démonstration, tirant sa principale force de la nature des facultés auxquelles nous devons les développemens de l'intelligence, nous avons cru devoir commencer par faire l'étude de ces facultés.

ger si je me conforme toujours aux préceptes de la méthode. Montrer la règle à ceux que l'on doit diriger, c'est se soumettre à la suivre.

Les facultés qui d'un être sensible font un être intelligent, moral et raisonnable; les opérations, qui d'une condition purement animale l'élèvent à la dignité d'homme : tel est l'objet du cours de philosophie (pag. 68):

Et comme ces facultés peuvent être considérées dans leur *nature*, dans leurs *effets* et dans

Nous parlerons aussi des corps, comme réellement existans, avant d'avoir prouvé qu'il y a des corps; et je prie qu'on veuille bien renvoyer les objections, soit contre l'existence de l'âme, soit contre la réalité des corps, au moment où nous traiterons ces deux importantes questions.

Qu'on me permette donc de supposer que nous avons un corps qui nous appartient, qu'il y a hors de nous d'autres corps, des animaux, des arbres, une terre, un soleil, etc. : tous les hommes le croient ainsi; tous sont forcés de le croire, les savans comme les ignorans, ceux qui font des livres pour prouver qu'il n'existe pas des corps, comme ceux qui ne savent ni lire, ni écrire.

On me permettra sans doute aussi de supposer, conformément à la croyance des peuples, et à celle des plus grands philosophes, que nous avons une âme distincte du corps.

Ces deux suppositions cesseront de l'être pour devenir des propositions démontrées, dans la seconde partie de ce cours.

leurs *moyens*, le cours se divise naturellement en trois parties (1).

Nous allons d'abord étudier les facultés de l'âme dans leur nature, ou en elles-mêmes. Cette étude, et les différentes réflexions qu'elle fera naître, formeront la première partie du cours.

Il s'agit de rechercher toutes les manières dont s'exerce ou dont peut s'exercer notre activité, de bien saisir les caractères qui les distinguent, et les rapports qui les unissent. Il s'agit en un mot de les réduire en système.

Condillac est le premier qui ait tenté la solution de ce problème d'une manière régulière, et il l'a reproduite jusqu'à huit ou dix fois dans ses divers ouvrages.

Une explication sur laquelle on revient si souvent, laisserait-elle soupçonner qu'on se méfie de soi-même et de ses preuves, ou bien dit-elle qu'on s'est pleinement satisfait? Condillac ne nous laisse pas dans l'incertitude. Il trouve à ses raisonnemens la force et l'évidence des démonstrations mathématiques. Il ne craint pas de prononcer qu'il est impossible de se former

---

(1) Cette division du cours de philosophie ne diffère pas, au fond, de celle que nous avons annoncée dans le Discours d'ouverture (p. 34) ; seulement elle est plus simple, et elle comprend l'autre dans son étendue.

de *l'entendement* une idée plus exacte que celle qu'il en donne (Log. p. 66).

Le principe dont il fait la base de ce système qui lui paraît si évident, c'est la *faculté de sentir*, ou, comme il s'exprime souvent, la *sensation*; autorisé en cela par l'analogie, puisque l'usage permet de dire la *pensée* pour la faculté de penser, la *parole* pour la faculté de parler, etc.

On savait, du moins on enseignait dans la philosophie la plus généralement adoptée, que pour assigner l'origine de toutes nos *connaissances*, il suffit de remonter aux sensations; mais il n'était pas encore venu dans la pensée que les *facultés* elles-mêmes ne fussent dans leur principe que la sensation.

Condillac a donc ajouté à la doctrine des autres philosophes. Ils ne cessaient de nous parler de l'origine des idées; et ils n'avaient jamais songé à chercher l'origine des facultés auxquelles nous devons ces idées.

Cet auteur a fait plus : il ne s'est pas contenté de nous dire qu'il fallait remonter à l'origine ou au principe, soit des idées, soit des facultés; il a fait sentir la nécessité d'en étudier la génération.

Si, en effet, on ne connaît pas cette génération; si l'on n'a pas vu comment toutes nos idées et toutes nos facultés naissent successivement les unes des autres, les idées des idées, et les facultés des facultés, tout est isolé; point de liaison, point de système, et par conséquent, point de science, point de philosophie.

Les principes ne suffisent pas aux besoins de l'esprit. On peut savoir que le mouvement réel de la terre est le principe des mouvemens apparens des corps célestes, et être très-ignorant en astronomie. On peut répéter, d'après quelques écrivains, que l'intérêt personnel est le principe de la morale, ou croire, avec le plus grand nombre, que la morale a son principe dans un sentiment opposé à l'intérêt personnel, et n'avoir qu'une connaissance très-imparfaite des devoirs envers Dieu, envers les hommes, envers soi-même.

Ces deux questions, *l'origine et la génération des facultés de l'âme, l'origine et la génération des idées* occuperont une grande place dans notre enseignement, et nous serons peut-être assez heureux pour les éclairer l'une et l'autre d'une lumière nouvelle.

On verra, dans la seconde partie, que cette proposition si célèbre, *rien n'est dans l'entendement qui n'ait été auparavant dans les sens*, ne peut être admise qu'avec de très-grandes restrictions, ou plutôt il sera démontré qu'elle ne saurait être admise; comme dans la première que nous commençons, il sera démontré que *les facultés de l'âme n'ont pas leur origine dans la sensation.* Je le dis ainsi d'avance, afin qu'on sache dans quel esprit seront faites ces leçons.

Je ne parlerai pas d'abord ma langue : je me servirai de celle qui est généralement convenue, de celle qui est adoptée par les plus grands philosophes, Descartes, Locke, Leibnitz, Mallebranche, etc. L'esprit n'a quelque liberté dans ses mouvemens, qu'autant qu'il va ou qu'il est conduit de ce qui lui est familier à ce qui lui est nouveau, de ce qu'il admet à ce qu'on veut lui faire admettre. Je dois donc, en commençant, me servir de la langue reçue. Je me réserve de la modifier, ou même de la refaire, à mesure que le besoin s'en fera sentir (T. 1. leç. 4. et t. 2. leç. 2).

Voyons la manière dont s'expriment les philosophes en parlant des facultés de l'âme.

J'ouvre leurs livres : ils traitent de l'entendement, de la volonté, du désir, de la liberté, de la pensée, des sensations, des idées, des perceptions, de la mémoire, de la comparaison, du jugement, du raisonnement, de l'imagination, de l'abstraction, de la réflexion, de la synthèse, de l'analyse, de la raison, des rapports, etc., etc.

Voilà ce qu'ils appellent les *facultés* de l'âme, les *facultés* de l'esprit.

L'esprit a la *faculté* de penser, de vouloir, de sentir, de percevoir, de se ressouvenir, de comparer, de juger, de raisonner, d'abstraire, d'analyser, etc., etc.

C'est de toutes ces facultés, de tous ces attributs de l'esprit, reconnus ou regardés par les philosophes comme autant de facultés, que nous cherchons le principe.

Si nous nous proposions d'en découvrir le système, nous devrions, conformément à ce que nous avons enseigné dans la première séance, remplir trois conditions; nous faire une idée très-exacte de chacune de ces facultés; les comparer de toutes les manières et sous tous les rapports, afin d'apercevoir le rapport de génération qui les fait sortir les unes des autres; et, par ce moyen, nous assurer de la faculté qui n'en présuppose aucune, que les autres présupposent, et de laquelle elles dérivent toutes. Ces trois conditions remplies, le système serait connu.

Mais ce n'est pas le système des facultés de l'âme que nous voulons trouver en ce moment. Nous nous bornons à la recherche du principe de ces facultés, en partant des idées reçues et en parlant comme on parle; en appelant du nom de *facultés*, toutes les choses que les philosophes appellent *facultés*, et dont nous venons de faire l'énumération.

Varions donc l'emploi de la méthode, et apprenons-en un nouvel artifice.

Je ne connais ni les facultés, ni leurs rapports, ni l'ordre dans lequel on doit en faire l'étude ; ou du moins je n'ai ici que des idées extrêmement imparfaites. Dans mon ignorance, j'écris les noms des facultés par ordre alphabétique.

Abstraction, analyse, attention,
Comparaison,
Désir,
Entendement,
Idée, imagination,
Jugement.
Liberté,
Mémoire,
Pensée, perception,
Raison, raisonnement, rapport, réflexion,
Sensation, synthèse,
Volonté.

La première faculté qui se présente, c'est *l'abstraction* : mais on abstrait quelque chose sans doute ; on abstrait des idées : l'abstraction n'est donc pas la première faculté ; elle suppose celle d'avoir des idées.

Analyse : c'est une méthode. L'analyse ne peut pas être la première faculté.

Attention : on donne son attention à des sensations, à des idées. L'attention n'est pas non plus la première faculté.

Comparaison : elle suppose évidemment quelque faculté antérieure.

Désir : avant de désirer, il faut connaître, il faut avoir senti.

Entendement : on dit les facultés de l'entendement. Cette faculté est donc composée ; elle est une réunion de facultés.

Idée : celle-ci paraît plus simple ; je la note.

Imagination : on imagine des comparaisons, des raisonnemens. Cette faculté en présuppose d'autres.

Jugement : le jugement ne peut se montrer qu'après la comparaison.

Liberté : c'est un choix, une préférence. Cette faculté n'est certainement pas la première.

Mémoire : il est trop manifeste que l'âme ne commence pas par se ressouvenir.

Pensée, se dit de toutes les facultés.

Perception : quoiqu'on dise qu'on a la perception d'un rapport, et que sous ce point de vue la perception ne puisse pas être la première faculté, il semble que, si l'âme n'avait absolument aucune perception, toutes les autres facultés lui seraient inutiles, ou peut-être même qu'elles n'existeraient pas. Par conséquent, si la perception n'est pas la première faculté, elle ne saurait en être éloignée. Je note la perception.

Raison, raisonnement, rapport, réflexion, sont incontestablement des facultés dérivées.

Sensation : je dis de la sensation ou faculté de sentir, ce que j'ai dit de la perception ou faculté de percevoir. Si l'âme ne sentait pas, de quoi serait-elle capable? pourrait-elle exercer quelque faculté? Je note la sensation.

Synthèse : c'est une méthode.

Volonté : elle suppose quelques idées, quelques perceptions, quelques sensations.

Voilà maintenant notre problème extrêmement simplifié. Nous sommes débarrassés d'une multitude de facultés qui ne peuvent être à la tête du système ; et le premier rang appartient nécessairement ou à l'idée, ou à la perception, ou à la sensation.

Mais ne peut-on pas simplifier encore? ces trois facultés n'admettent-elles pas entre elles quelque ordre de priorité?

En les examinant avec un peu d'attention, on verra bientôt que l'idée ne peut se montrer qu'après la sensation. Ne faut-il pas, en effet, que nous ayons reçu l'impression des objets avant d'en avoir quelque idée? l'idée ne peut donc occuper le premier rang.

Restent la sensation et la perception. Mais qu'est-ce que la perception ou la faculté de percevoir? Elle ne peut être que la faculté de sentir, ou celle d'avoir des idées. C'est donc un mot inutile propre à jeter de la confusion dans les esprits, et que nous bannirons de l'entrée de notre système.

La faculté de sentir est la première faculté de l'âme: tel est le résultat auquel vous serez inévitablement conduits par la langue que parlent tous les philosophes.

Vous refusez-vous à cette conclusion? répugnez-vous à l'admettre? Changez donc votre langue, ou, si vous tenez à la conserver, soyez conséquens, et dites que la faculté de sentir est en effet la première faculté de l'âme.

S'il en est ainsi, le principe de notre intelligence n'est plus un mystère ; il se montre à découvert. Il ne s'agit que de le suivre dans toutes ses conséquences, pour en former un système qui ne sera pas moins solide que régulier, puisqu'il aura ses fondemens dans la nature : ou plutôt, la chose est faite, et c'est Condillac qui en a la gloire.

Si, au contraire, la sensation ne peut être le principe que nous cherchons, alors le système, quelque régularité qu'il puisse présenter dans l'ordonnance de ses parties, manque par la base, et il est à refaire.

Nous avons donc à examiner d'abord, comment, de la simple sensation Condillac peut faire sortir toutes les puissances de l'esprit; et si nous trouvons que le problème ne soit pas bien résolu, nous chercherons à en donner une autre solution.

TROISIÈME LEÇON.

Système des opérations (1) ou *des facultés de l'âme, par Condillac.*

Si les philosophes avaient raisonné conséquemment à leur manière de parler, il semble qu'ils auraient dû voir la première faculté de l'âme dans la sensibilité, ou dans la sensation, ou dans le sentiment; expressions qui signifient ici une seule et même chose, la *faculté de sentir*.

Aucun d'eux, avant Condillac, n'est arrivé à ce résultat qu'ils ne prévoyaient pas; que plusieurs, que tous peut-être eussent désavoué. Ils ne pouvaient pas même y arriver, parce

---

(1) Chaque *opération* de l'âme, c'est-à-dire, chacune de ses *manières d'agir*, présuppose une *faculté*, un *pouvoir d'agir*. Ainsi, autant d'opérations autant de facultés correspondantes. Le système des opérations est donc en même temps le système des facultés. Exposer le premier, c'est exposer le second.

Est-il nécessaire d'avertir que *l'opération* étant *la faculté en exercice*, l'usage permet, dans beaucoup de circonstances, de substituer le mot *faculté* au mot *opération*, et réciproquement?

que, en prononçant le mot *faculté*, leur esprit se portait sur les *idées* qui sont le produit ou l'effet de l'action des facultés, mais qui ne sont pas des facultés.

On ne faisait pas cette distinction entre les idées et les facultés : on croyait satisfaire à tout en traitant des idées. On demandait si elles viennent des sens, si elles sont innées, si l'âme les reçoit passivement, etc.

On cherchait donc l'origine des idées, le principe des connaissances ; on ne s'avisait pas de chercher le principe des facultés : on établissait entre les idées un ordre plus ou moins régulier, plus ou moins naturel : il n'était pas question d'ordonner les facultés, de les réduire en système ; on n'y pensait pas.

Condillac est le seul qui ait imaginé de séparer les facultés de leurs produits, et de faire deux questions différentes de la théorie des facultés et de la théorie des idées. Et, chose bien singulière ! lui seul, entre tous les philosophes, semblait ne devoir pas faire cette séparation, puisqu'il ne voit partout que sensation ; puisqu'il regarde la sensation comme le principe unique dont les transformations successives deviennent et sont, non pas seulement des *idées*, des *rapports*, des *connaissances* ; mais aussi des *facultés*, des *opérations*, des *puissan-*

ces, des *habitudes* ; en un mot, tout ce qu'il est possible de concevoir dans l'âme.

Condillac a de commun avec un très-grand nombre de philosophes de faire dériver les idées des sensations : ce qui lui est particulier, c'est de faire dériver les facultés de la même source.

Locke avait dit : Toutes les idées viennent de la *sensation* ou de la *réflexion*. Condillac a dit : Toutes les idées, et la *réflexion* elle-même, viennent de la *sensation*.

Il faut l'entendre développer sa doctrine. Cet auteur veut prouver, et croit démontrer que toutes les facultés de l'âme naissent de la sensation ; qu'elles ne sont toutes que la sensation qui change de forme pour devenir chacune d'elles ; à peu près, si l'on peut comparer l'ordre physique à l'ordre intellectuel, comme la glace change de forme pour devenir de l'eau, et comme l'eau change de forme lorsqu'elle se convertit en vapeur.

Je vais vous donner lecture du chapitre de sa logique, où, pour la dixième fois, il présente l'analyse des facultés de l'âme ; analyse dont il est si sûr, qu'il n'y a rien en géométrie qui lui paraisse mieux démontré. Je ne sais si vous en jugerez de même ; mais je ne serais pas fâché que d'abord elle parût vous offrir les caractères de l'évidence. Les deux leçons suivantes en acquerraient plus d'intérêt.

« C'est l'âme seule qui connaît (1), parce que c'est l'âme seule qui sent; et il n'appartient qu'à elle de faire l'analyse de tout ce qui lui est connu par sensation. Cependant, comment apprendra-t-elle à se conduire, si elle ne se connaît pas elle-même, si elle ignore ses facultés? Il faut donc qu'elle s'étudie; il faut que nous découvrions toutes les facultés dont elle est capable; mais où les découvrirons-nous, sinon dans la faculté de sentir? Certainement cette faculté enveloppe toutes celles qui peuvent venir à notre connaissance. *Si ce n'est que parce que l'âme sent que nous connaissons les objets qui sont hors d'elle, connaîtrons-nous ce qui se passe en elle autrement que par ce qu'elle sent* (A)? Tout nous invite donc à faire l'analyse de la faculté de sentir (2). »

Entendement. « Lorsqu'une campagne s'offre à ma vue, je vois tout d'un premier coup d'œil, et je ne discerne rien encore. Pour démêler différens objets et me faire une idée distincte de

---

(1) *Logique de Condillac*, première partie, chap. 7.
(2) Je reviendrai sur tous les passages écrits en caractère italique, pour en faire l'examen.

leur forme et de leur situation, il faut que j'arrête mes regards sur chacun d'eux; mais quand j'en regarde un, les autres, quoique je les voie encore, sont cependant, par rapport à moi, comme si je ne les voyais plus; et, parmi tant de sensations qui se font à la fois, il semble que je n'en éprouve qu'une, celle de l'objet sur lequel je fixe mes regards.

» Ce regard est une action par laquelle mon œil tend à l'objet vers lequel il se dirige : par cette raison, je lui donne le nom d'*attention*; et il m'est évident que cette direction de l'organe est toute la part que le corps peut avoir à l'attention. Quelle est donc la part de l'âme ? Une sensation que nous éprouvons comme si elle était seule, parce que toutes les autres sont comme si nous ne les éprouvions pas.

» *L'attention que nous donnons à un objet, n'est donc, de la part de l'âme, que la sensation que cet objet fait sur nous* (B); sensation qui devient, en quelque manière, exclusive; et cette faculté est la première que nous remarquons dans la faculté de sentir.

» Comme nous donnons notre attention à un objet, nous pouvons la donner à deux à la fois: alors, au lieu d'une seule sensation exclusive, nous en éprouvons deux; et nous disons que nous les comparons, parce que nous ne les éprouvons exclusivement que pour les observer l'une à côté de l'autre, sans être distraits par d'autres sensations. Or, c'est proprement ce que signifie le mot *comparer*.

» La *comparaison* n'est donc qu'une double attention : *Elle consiste dans deux sensations qu'on éprouve, comme si on les éprouvait seules, et qui excluent toutes les autres* (C).

» Un objet est présent ou absent. S'il est présent, l'attention est la sensation qu'il fait sur nous ; s'il est absent, l'attention est le souvenir de la sensation qu'il a faite. C'est à ce souvenir que nous devons le pouvoir d'exercer la faculté de comparer des objets absens comme des objets présens.

» Nous ne pouvons comparer deux objets, ou éprouver, comme l'une à côté de l'autre, les deux sensations qu'ils font exclusivement sur nous, qu'aussitôt nous n'apercevions qu'ils se ressemblent ou qu'ils diffèrent. Or, apercevoir des ressemblances ou des différences, c'est juger. *Le jugement n'est donc encore que sensation* (D).

» Si, par un premier jugement, je connais un rapport, pour en connaître un autre j'ai besoin d'un second jugement. Que je veuille, par exemple, savoir en quoi deux arbres diffèrent, j'en observerai successivement la forme, la tige, les branches, les feuilles, les fruits, etc.; je comparerai successivement toutes ces choses, je ferai une suite de jugemens; et parce qu'alors mon attention réfléchit, en quelque sorte, d'un objet sur un autre, je dirai que je réfléchis.

» La *réflexion* n'est donc qu'une suite de jugemens qui se font par une suite de comparaisons; et, puisque dans les comparaisons et les jugemens, il n'y a que des sensations, il n'y a aussi que des sensations dans la réflexion.

» Lorsque, par la réflexion, on a remarqué les qualités par où les objets diffèrent, on peut, par la même réflexion, rassembler dans un seul les qualités qui sont séparées dans plusieurs : c'est ainsi qu'un poëte se fait, par exemple, l'idée d'un héros qui n'a jamais existé. Alors, les idées qu'on se fait sont des images qui n'ont de réalité que dans l'esprit; et la réflexion qui fait ces images prend le nom d'*imagination*.

» Un jugement que je prononce peut en renfermer implicitement un autre que je ne prononce pas. Si je dis qu'un corps est pesant, je dis implicitement que si on ne le soutient pas, il tombera. Or, lorsqu'un second jugement est ainsi renfermé dans un autre, on le peut prononcer comme une suite du premier; et par cette raison, on dit qu'il en est la conséquence. On dira, par exemple : Cette voûte est bien pesante ; donc, si elle n'est pas assez soutenue, elle tombera. Voilà ce qu'on entend par faire un *raisonnement*. Ce n'est autre chose que prononcer deux jugemens de cette espèce. Il n'y a donc que des sensations dans nos raisonnemens comme dans nos jugemens.

» Vous voyez que toutes les facultés que nous venons d'observer sont renfermées dans la faculté de sentir : l'âme acquiert par elle toutes ses connaissances; par elle, elle entend les choses qu'elle étudie, en quelque sorte, comme par l'oreille elle entend les sons; c'est pourquoi la réunion de toutes ces facultés se nomme *entendement*.

» L'entendement comprend donc l'attention, la comparaison, le jugement, la réflexion, l'imagination, et le raisonnement. On ne saurait s'en faire une idée plus exacte. »

Volonté. « *En considérant nos sensations comme représentatives, nous venons d'en voir sortir toutes les facultés de l'entendement* (E). Si nous les considérons comme agréables ou désagréables, nous en verrons naître toutes les facultés qu'on rapporte à la volonté.

» Quoique, par souffrir on entend proprement éprouver une sensation désagréable, il est certain que la privation d'une sensation agréable est une souffrance plus ou moins grande ; mais il faut remarquer qu'*être privé* et *manquer* ne signifient pas la même chose. On peut n'avoir jamais joui des choses dont on manque ; on peut même ne pas les connaître. Il en est autrement des choses dont nous sommes privés : non-seulement nous les connaissons, mais encore nous sommes dans l'habitude d'en jouir, ou du moins d'imaginer le plaisir que leur jouissance peut promettre. Or, une pareille privation est une souffrance qu'on nomme plus particulièrement *besoin*. Avoir besoin d'une chose, c'est souffrir parce qu'on en est privé.

» Cette souffrance, dans son plus faible degré, est moins une douleur qu'un état où nous ne nous trouvons pas bien, où nous ne nous trouvons pas à notre aise. Je nomme cet état *malaise*.

» Le malaise nous porte à nous donner des mouvemens pour nous procurer la chose dont nous avons besoin. Nous ne pouvons donc pas rester dans un parfait repos ; et par cette raison, *le malaise prend le nom d'inquiétude* (F). Plus nous trouvons d'obstacles à jouir, plus notre inquiétude croît, et cet état peut devenir un tourment.

» Le besoin ne trouble notre repos, ou ne

produit l'inquiétude, que parce qu'il détermine les facultés du corps et de l'âme sur les objets dont la privation nous fait souffrir. Nous nous retraçons le plaisir qu'ils nous ont fait : la réflexion nous fait juger de celui qu'ils peuvent nous faire encore ; l'imagination l'exagère ; et pour jouir, nous nous donnons tous les mouvemens dont nous sommes capables. Toutes nos facultés se dirigent donc sur les objets dont nous sentons le besoin ; et cette direction est proprement ce que nous entendons par *désir*.

» Comme il est naturel de se faire une habitude de jouir des choses agréables, il est naturel aussi de se faire une habitude de les désirer ; et les désirs tournés en habitude se nomment *passions*.

» De pareils désirs sont, en quelque sorte, permanens ; ou du moins, s'ils se suspendent par intervalles, ils se réveillent à la plus légère occasion. Plus ils sont vifs, plus les passions sont violentes.

» Si, lorsque nous désirons une chose, nous jugeons que nous l'obtiendrons, alors le jugement joint au désir produit l'*espérance*.

» Un autre jugement produira la *volonté*. C'est celui que nous portons lorsque l'expérience nous a fait une habitude de juger que nous ne devons trouver aucun obstacle à nos désirs. *Je veux*, signifie je désire, et rien ne peut s'opposer à mon désir, tout doit y concourir.

» Telle est, au propre, l'acception du mot volonté ; mais on est dans l'usage de lui donner une signification plus étendue ; et l'on entend par volonté, une faculté qui comprend toutes les habitudes qui naissent du besoin ; les désirs, les passions, l'espérance, le désespoir, la crainte, la confiance, la présomption, et plusieurs autres dont il est facile de se faire des idées. »

Pensée. « Enfin le mot *pensée*, plus général encore, comprend dans son acception toutes les facultés de l'entendement et toutes celles de la volonté.

» Car, penser c'est sentir, donner son attention, comparer, juger, réfléchir, imaginer, raisonner, désirer, avoir des passions, espérer, craindre, etc.

» Nous avons expliqué comment les facultés de l'âme naissent successivement de la sensation ; et on voit qu'elles ne sont que la sensation qui se transforme, pour devenir chacune d'elles. »

Voilà, messieurs, la manière dont Condillac explique l'origine et la génération des facultés de l'âme. Toutes sont d'abord renfermées et comme enveloppées dans la faculté de sentir ; et lorsqu'elles se montrent ou une à une, ou plusieurs à la fois, ce n'est jamais que la faculté de sentir qui se présente sous une seule forme ou sous plusieurs formes ; en sorte que *l'entendement*, la *volonté* et la *pensée*, ne sont et ne peuvent être que des modes divers de la *sensibilité*, des manières différentes de sentir ; et, pour parler sa langue, des *transformations de la sensation*.

Un tel système n'a pu être conçu et développé que par un esprit extrêmement habile à manier l'analyse. On croit sentir l'enchaînement le plus rigoureux entre toutes les parties. Rien ne paraît arbitraire : rien ne semble pouvoir être déplacé, et l'on éprouve d'abord un sentiment mêlé de plaisir et de surprise, en voyant une question jusque-là toujours présentée de la manière la plus embarrassée et la plus obscure, dorénavant ramenée à ce degré de clarté et de simplicité.

Cependant, si cette clarté était plus apparente que réelle ; si cette simplicité laissait échapper ce qu'il importe le plus de retenir sous les yeux de l'esprit ; si elle était l'oubli de quelque condition nécessaire à la solution du problème ; si le principe d'où part Condillac ne contenait pas tout ce qu'il en déduit ; et si enfin le fil des déductions se trouvait rompu plusieurs fois ; alors, entre un système simple, facile, ingénieux, mais manquant d'exactitude, et un système plus approchant de la vérité, fût-il présenté sous des formes moins heureuses, il n'y aurait pas à balancer ; car la simplicité est une chose relative à nous, au lieu que la vérité est une chose indépendante de la faiblesse de notre esprit.

Mais si l'on connaissait un système qui n'eût pas les défauts qu'on voit bien que nous reprochons à celui de Condillac ; si, en même temps, il avait l'avantage de porter les choses à un plus grand degré de simplicité, pourrions-nous ne pas l'adopter ?

J'ose à peine dire que je vous communiquerai un tel système.

De bons esprits, je le sais, regardent l'analyse de Condillac comme l'histoire la plus fidèle des développemens successifs de la pensée. Peut-être en est-il parmi vous qui partagent ce sentiment ; j'en ai même la certitude.

Je vous prie d'accorder une attention particulière à la leçon qui va suivre. Vous y trouverez un principe autre que la sensation, des différences dans les facultés, et quelques changemens dans la langue. Ce sera à vous à juger ensuite ce qu'il ne m'appartient que de vous proposer.

QUATRIÈME LEÇON.

Autre système des facultés de l'âme.

À quoi bon ces recherches, plus curieuses qu'utiles, sur les facultés de l'âme ? Ferons-nous un meilleur usage de ces facultés, quand nous aurons pénétré leur nature ? nos désirs seront-ils mieux réglés quand nous saurons ce que c'est qu'un désir ? et serons-nous plus raisonnables quand nous croirons savoir définir la raison ?

J'aurais bien des réponses à faire : je n'en ferai qu'une.

Placés, comme nous le sommes, à une époque de la civilisation, où la prodigieuse complication des intérêts semble avoir substitué une nouvelle espèce d'hommes à ces hommes simples qui vivaient à la naissance des sociétés, nous sommes forcés, pour nous soutenir dans cet état artificiel, de porter le secours de l'art dans notre raison et dans nos lois.

Du moment que les hommes, trop rapprochés, commencent à se faire obstacle ; quand l'opposition des intérêts fait succéder à l'union la discorde, et la guerre à la paix, tout change sur la terre. Les lois éternelles de la morale et de la justice cessent de faire entendre leurs voix à des cœurs qui se sont ouverts aux passions; elles sont remplacées par des lois positives, par des pactes, par des traités. Le bon sens naturel devient insuffisant pour démêler les rapports qui naissent de ce nouvel état; il se voit obligé de renoncer à sa simplicité primitive; et on se fait une raison artificielle, comme on s'est fait des lois artificielles.

Ainsi, l'homme ajoute à la nature; heureux, si, dans les développemens successifs de ses facultés, il la prend pour modèle; malheureux, si, indocile à ses leçons, il veut la soumettre à ses vains caprices.

Nous ne saurions étudier trop soigneusement les facultés que nous tenons immédiatement de la nature, et qui appartiennent à tous les hommes sans exception.

Reprenons donc cet utile sujet; et, pour le traiter avec plus de vérité, attachons-nous à le traiter avec plus de simplicité.

Lorsque des rayons de lumière frappent nos yeux, le mouvement imprimé à la rétine se communique au cerveau; et ce mouvement du cerveau est suivi d'un sentiment de l'âme, d'une sensation, de la sensation de *couleur*.

Lorsqu'un corps sonore met en vibration les molécules de l'air, ces vibrations se transmettent à l'organe de l'ouïe; le mouvement reçu par cet organe se communique au cerveau, et l'âme éprouve le sentiment du *son*.

Il en est des autres sens comme de ceux de la vue et de l'ouïe. Toutes les fois que le goût, l'odorat et le toucher reçoivent l'impression de quelque objet extérieur, le mouvement reçu se communique au cerveau, et ce mouvement du cerveau est toujours suivi d'un sentiment de l'âme.

Il y a donc trois choses à considérer dans nos sensations, dans les sentimens produits par l'action des objets extérieurs; l'impression sur l'organe, le mouvement du cerveau, et le sentiment lui-même.

Ce que nous venons de dire est incontestable, et nous n'imaginons pas que la contradiction puisse nous arrêter au premier pas que nous venons de faire. Essayons d'en faire un second aussi assuré que le premier.

L'âme vient d'être modifiée, elle vient d'éprouver des sensations à la suite des mouvemens du cerveau; mouvemens qui étaient eux-mêmes une suite de l'impression faite sur les organes par l'action des objets extérieurs.

QUATRIÈME LEÇON.

Or, dès que l'âme sent, elle est bien ou mal, elle éprouve du plaisir ou de la douleur (1): et l'expérience de chaque moment de la vie nous dit que l'âme ne reçoit pas indifféremment des modifications si contraires : elle agit, elle fait effort pour retenir le sentiment-plaisir, ou pour repousser le sentiment-douleur. L'expérience nous dit encore que cette action de l'âme ne se borne pas à modifier l'âme. Il arrive souvent en effet que cette action est suivie d'un mouvement du cerveau, lequel est suivi lui-même d'un mouvement de l'organe qui se porte vers l'objet extérieur, ou qui tend à s'en éloigner.

Nous avons ici deux séries de faits en sens inverse ; 1°. action de l'objet sur l'organe, de l'organe sur le cerveau, et du cerveau sur l'âme; 2°. action ou réaction de l'âme sur le cerveau ; communication du mouvement reçu par le cerveau à l'organe qui fuit l'objet, ou qui se dirige vers lui.

Les organes extérieurs des sens, le cerveau et l'âme peuvent donc et doivent être considérés dans deux états entièrement opposés. Dans

---

(1) Quelques métaphysiciens admettent des sensations indifférentes. Si cette opinion est fondée, il y a des sensations qui n'influent en rien sur les développemens de l'intelligence. La philosophie peut les négliger.

le premier état, l'organe et le cerveau reçoivent le mouvement, et l'âme reçoit la sensation : l'impulsion est du dehors au dedans, et l'âme est passive. Dans le second état, l'action est du dedans au dehors, et l'âme est active. Le principe du mouvement est dans l'âme qui agit sur le cerveau ; le cerveau remue l'organe, et l'organe cherche à atteindre l'objet, ou à l'éviter.

Toutes les langues du monde, celles des peuples civilisés et celles des peuples barbares, attestent cette vérité. Partout on *voit* et l'on *regarde*; on *entend* et l'on *écoute* ; on *sent* et l'on *flaire* ; on *goûte* et l'on *savoure* ; on *reçoit l'impression mécanique* des corps et on les *remue*. Tout le genre humain sait donc, et ne peut pas ne pas savoir, qu'il y a une différence entre voir et regarder, entre écouter et entendre ; il sait, en d'autres termes, que nous sommes tantôt passifs et tantôt actifs ; que l'âme est tour à tour passive et active.

Que l'on consulte l'analogie, la plus simple des analogies : l'œil voit et regarde, l'âme pâtit et agit.

Sensibilité, activité : voilà deux attributs que l'expérience nous force de reconnaître dans l'âme. Par la sensibilité, l'âme est susceptible d'être modifiée ; par l'activité, elle peut se modifier elle-même.

L'activité est donc puissance, pouvoir, *faculté*. La sensibilité n'est ni faculté, ni pouvoir, ni puissance; elle est simple *capacité* : ou, si l'on veut continuer de l'appeler *faculté*, ce sera une *faculté passive*, expression contradictoire, quoique employée par les meilleurs philosophes.

En reconnaissant dans l'âme la sensibilité et l'activité, comme deux attributs qui en sont inséparables, nous osons croire avoir énoncé une vérité que tous les sophismes ne sauraient ébranler.

Mais, après avoir exposé ce que nous croyons savoir, nous ne craindrons pas de faire l'aveu de ce que nous ignorons.

Si donc la curiosité de nos auditeurs voulait connaître la manière dont un mouvement du cerveau produit un sentiment dans l'âme, nous dirions que nous n'en savons rien. Si l'on nous demandait comment il peut se faire que l'action de l'âme remue le cerveau, nous répondrions que nous n'en savons rien. Si l'on nous demandait enfin : l'action de l'âme s'exerce-t-elle immédiatement sur elle-même, ou immédiatement sur le cerveau? l'âme a-t-elle besoin ou non d'un intermédiaire pour agir sur elle-même? nous répondrions encore que nous n'en savons absolument rien.

Toutefois il est nécessaire de vous avertir que

le mot *action*, appliqué à l'âme et au corps, se prend dans deux acceptions différentes. Appliqué à l'organe ou au cerveau, il signifie la même chose que *mouvement*, et l'action de l'âme ne peut pas consister dans le mouvement.

Pour expliquer l'influence réciproque du corps sur l'âme, et de l'âme sur le corps, les philosophes ont imaginé quatre hypothèses, qu'ils ont osé quelquefois appeler des démonstrations. Ces hypothèses sont connues sous les noms de système des *causes occasionelles*, de l'*harmonie préétablie*, du *médiateur plastique*, et de l'*influx physique*. La première appartient à Descartes et à Mallebranche; la seconde à Leibnitz; la troisième à Cudwort; la quatrième à tout le monde, mais particulièrement à Euler, qui l'a exposée avec toute la clarté qu'on lui connaît. Nous dirons ailleurs ce qu'il faut penser de ces prétendues démonstrations. (T. 2, leç. 8.)

Malgré l'ignorance dont nous venons de faire l'aveu, il demeure incontestable que l'âme est passive et active; passive, si on la considère comme modifiée par l'action des objets extérieurs; active, si on la considère comme se modifiant elle-même, comme modifiant ses sensations.

Il n'en faut pas davantage pour rendre raison de l'entendement et de la volonté; ou, ce qui revient au même, pour expliquer le système des facultés de l'âme.

ENTENDEMENT.

L'entendement sera connu du moment que nous connaîtrons toutes les manières d'agir, ou toutes les facultés qui nous servent à acquérir des connaissances; car la réunion de toutes ces facultés forme l'entendement.

Si, pour découvrir la nature de l'entendement, on croyait qu'il est nécessaire et qu'il suffit de remonter à ce qu'on appelle si improprement *la faculté de sentir*, cette première erreur ne pourrait nous conduire qu'à d'autres erreurs. Le principe de nos facultés intellectuelles ayant été mal observé, toutes les conséquences porteraient à faux, et le système, ouvrage de l'imagination, n'aurait pas de modèle dans la nature. Comment veut-on que la simple capacité de sentir, qu'une propriété toute passive soit la raison de ce qu'il y a d'actif dans nos modifications? la passivité deviendra-t-elle l'activité? se transformera-t-elle en activité?

Les sensations peuvent (1) avoir, avec les idées, avec les connaissances, un rapport de

(1) Je dirai dans la seconde partie quels sont les rapports des idées aux sensations. Jusque-là je ne dois rien affirmer sur la nature, ni sur l'origine des idées.

nature; mais elles n'ont aucun rapport de nature avec les facultés ou les puissances de l'esprit; et même on se tromperait singulièrement, si l'on pensait qu'il suffit d'avoir éprouvé beaucoup de sensations, pour être doué d'une grande intelligence.

Ce n'est point par les sensations que les hommes diffèrent tant les uns des autres. La nature a donné les mêmes sens à tous : tous ont reçu les mêmes impressions; tous ont vu les différentes saisons de l'année, et les différentes saisons de la vie ; tous ont l'expérience des biens et des maux qui nous viennent de la nature, de ceux qui nous viennent de nos semblables, et de ceux qui nous viennent de nous-mêmes. Tous les hommes du même âge ont donc passé à peu près par les mêmes épreuves de la vie : tous ont éprouvé à peu près les mêmes sensations; et cependant, quelle différence entre l'intelligence d'un homme et celle d'un homme!

Tout ce que nous savons, nous l'avons senti sans doute, mais combien de choses que nous avons senties, et que nous ignorons! Les sensations peuvent être le principe ou la source de nos premières connaissances, mais elles ne sont pas nos connaissances ; surtout elles ne sont pas toutes nos connaissances (T. 2, leç. 2); et, s'il faut rappeler des exemples malheureusement trop communs, qui n'a pas vu de ces infortunés qui sentent, et ne font que sentir; qui parviennent à un âge avancé, sans avoir jamais laissé paraître une étincelle de raison ? Il n'est pas nécessaire de se transporter dans les montagnes du Valais, pour rencontrer des créatures à figure humaine qui vivent dans une stupidité absolue, et dans un abrutissement tout-à-fait animal.

Puisque la différence des esprits ne provient pas du plus ou du moins de sensations, elle doit provenir de l'activité des uns, et de l'inertie des autres; car, en nous arrêtant ici aux seules idées qui ont leur principe incontestable dans les sensations (et nous établirons ailleurs qu'il y en a un nombre incomparablement plus grand qui dérivent d'autres principes (t. 2, leç. 2,), tout dans l'esprit humain se ramène à trois choses : aux *sensations*, au *travail de l'esprit sur les sensations*, et aux *idées* ou *connaissances* résultant de ce travail.

Le premier développement de l'intelligence, celui qui laisse apercevoir les premières idées, est le produit d'une action qui s'exerce immédiatement sur les sensations.

Pour obtenir un second développement, ou pour acquérir de nouvelles connaissances, nous avons de même besoin de trois conditions : idées acquises par un premier travail; nouveau travail sur ces premières idées; nouvelles idées résultant de ce nouveau travail.

En sorte qu'il s'agit toujours de partir d'un *senti* ou d'un *connu;* d'opérer sur ce senti ou sur ce connu, afin d'acquérir les premières idées, ou d'arriver à de nouvelles idées.

1°. Sensations, opérations, premières idées;

2°. Premières idées, opérations, nouvelles idées;

3°. Nouvelles idées, opérations, etc.;

Et toujours de même, sans qu'on puisse assigner de bornes à l'intelligence.

Toutes nos connaissances étant donc le produit d'un travail de l'esprit, le produit de l'action de ses facultés, il s'agit de nous faire une idée de ces facultés : il faut en déterminer le nombre; et cette détermination semble présenter d'abord de grandes difficultés.

Qui nous dira de combien de manières différentes nous devons opérer pour donner à l'intelligence tous ses développemens? combien de puissances l'homme doit faire agir pour s'élever, d'un état purement sensitif, au rang d'un Aristote, d'un Descartes, d'un Newton?

Nous le trouverons ce nombre précis de facultés, ou plutôt il est trouvé; et il va se montrer de lui-même, si nous nous souvenons de tout ce qu'exige l'étude de la nature.

Trois conditions sont indispensables, et elles suffisent à toutes nos connaissances, au plus simple des systèmes, comme à la plus vaste des sciences.

Nous l'avons dit (pag. 66) : il faut d'abord se faire des idées très-exactes de toutes les parties de l'objet qu'on étudie ; et c'est l'*attention* qui nous les donne.

Mais comment ces idées formeront-elles le corps d'une science, si elles ne tiennent pas les unes aux autres ? Il faut donc connaître leurs rapports ; et c'est la *comparaison* qui les découvre.

La science n'existe pas encore. Elle ne méritera son nom que du moment où, de rapport en rapport, l'esprit se sera élevé au rapport par où tout commence. Or, c'est le *raisonnement* qui nous porte ainsi jusqu'aux principes ; comme, des principes, il nous fait descendre jusques aux conséquences les plus éloignées.

Attention, comparaison, raisonnement : voilà toutes les facultés qui ont été départies à la plus intelligente des créatures ; une de moins, et ce ne pourrait être que le raisonnement, nous cesserions d'être hommes ; une de plus, on ne saurait l'imaginer.

Par l'attention, Galilée découvre que les

corps, en tombant verticalement près de la surface de la terre, parcourent quinze pieds dans la première seconde, quarante-cinq dans la suivante, soixante-quinze dans la troisième; en sorte que les espaces parcourus pendant les secondes qui se suivent, sont entre eux comme les nombres 1, 3, 5, 7, etc.

Par la comparaison de cette vitesse avec celle que prendrait le corps s'il était placé à la distance de la lune, Newton trouve que la pesanteur diminue comme croît le carré de la distance au centre de la terre.

Par le raisonnement, il démontre que cette règle s'applique au système planétaire tout entier, et qu'elle est une loi de la nature.

Par l'attention, nous découvrons les faits; par la comparaison, nous saisissons leurs rapports; par le raisonnement, nous les réduisons en système.

Par l'attention, mais par une attention qui ne se lasse jamais et qu'on a si bien appelée une longue *patience*, se montrent enfin ces idées heureuses qui annoncent la présence du génie : par la comparaison, le génie prend de l'étendue : par le raisonnement, il acquiert de la profondeur.

Par l'attention qui concentre la sensibilité sur un seul point; par la comparaison qui la partage et qui n'est qu'une double attention ; par le raisonnement qui la divise encore et qui n'est qu'une double comparaison, l'esprit devient donc une puissance : il agit, il *fait*; et comme il agit de trois manières différentes, et que de cette triple manière d'agir résultent les sciences dont s'honore le plus notre nature, nous refusera-t-on de conclure que l'âme, considérée comme un être intelligent, est une puissance qui se compose de trois puissances; qu'elle a trois pouvoirs, et qu'elle n'en a que trois; qu'elle a trois facultés, et qu'elle n'en a que trois.

Mais j'entends les objections. Quoi! la *sensibité* qui commence notre existence, la *mémoire* qui la continue, le *jugement* qui nous donne la connaissance des rapports, la *réflexion* qui nous fait rentrer au dedans de nous-mêmes, et l'*imagination*, la plus brillante et la plus féconde de nos facultés, ne seront plus des facultés! quelles sont les prétentions de la philosophie? croit-elle, en divisant, en classant selon ses besoins, ou selon ses caprices, changer la nature des choses?

La philosophie répondra que, par la sensation, nous ne *faisons* pas, mais qu'il *se fait* en nous; que la sensibilité est une simple *capacité*, une propriété de notre âme, mais qu'elle n'est pas une *faculté*;

Que la mémoire, soit qu'on la considère comme une simple disposition au rappel ou des sensations ou des idées, soit qu'on la confonde avec les sensations ou avec les idées rappelées, est un produit de l'attention; et pour parler dans tous les systèmes, la mémoire est une *sensation continuée mais affaiblie*; elle est ce qui reste *d'une* sensation, ce qui reste *après* une sensation; elle est une sensation renouvelée, une idée renouvelée, un phénomène, enfin, inconnu dans ses causes, mais qui lui-même n'est ni cause ni faculté.

Que dans le jugement, pris pour une perception de rapport, nous n'agissons pas : nous avons agi, à la vérité, puisqu'il a fallu comparer; mais la perception du rapport vient après l'action; le travail de l'esprit est fini au moment où il aperçoit le rapport.

La philosophie ne niera pas sans doute, que la réflexion et l'imagination ne soient des facultés, et même les facultés auxquelles nous devons le plus, tout ce qu'il y a de beautés et de richesses dans les arts, tout ce qu'il y a de profondeur dans les sciences; mais elle répondra que l'imagination, quel que soit l'éclat qui l'environne, n'est que la réflexion lorsqu'elle combine des images; et que la réflexion, se composant elle-même de raisonnemens, de comparaisons, et d'actes d'attention, n'est pas une faculté distincte de ces facultés.

L'entendement (1) humain comprend donc trois facultés, et n'en comprend que trois : l'attention, la comparaison, le raisonnement.

VOLONTÉ.

Mais il ne suffit pas à l'homme de connaître. L'homme veut être heureux, il lui est impossible de ne pas le vouloir; et, dans tous les

---

(1) *Entendement, intelligence :* ces deux mots peuvent se prendre dans le même sens; ils peuvent aussi se prendre dans un sens très-différent.

Le mot *entendement* sert à désigner l'*esprit*, c'est-à-dire, l'âme considérée comme un être qui connaît ou qui est capable de connaître; la *faculté* de former des idées, de les produire, de les faire; la *capacité* de recevoir des idées; la *réunion de toutes nos idées*.

Le mot *intelligence* désigne souvent l'*esprit*; quelquefois l'*âme*; quelquefois aussi la *faculté* de former les idées, la *capacité* de les recevoir; mais le plus ordinairement, la *réunion de toutes nos idées*, de *toutes nos connaissances*.

Dans cet ouvrage, l'*entendement* et l'*intelligence* désigneront la cause et l'effet; l'entendement, *les facultés productrices des idées;* l'intelligence, *les idées elles-mêmes, la réunion de toutes les idées.*

S'il nous arrive de prendre ces mots dans quelqu'une de leurs autres acceptions, elle sera toujours déterminée par le sens du discours.

momens de son existence, il tend vers le bonheur de toutes les puissances de son être.

Quand un besoin nous tourmente, quand la privation de l'objet que nous jugeons propre à nous délivrer du besoin se fait sentir avec force; alors surtout l'âme agit avec énergie : d'abord ce n'était qu'un léger malaise qui, sans porter le trouble au dedans de nous-mêmes, nous avertissait cependant de la nécessité d'un changement d'état : bientôt, c'est l'inquiétude qui commence à nous agiter, et qui va croissant d'un moment à l'autre ; enfin, toutes les facultés entrent ensemble en action ; toutes se dirigent à la fois vers cet objet dont la possession peut nous rendre le calme. L'attention se concentre toute entière sur son idée ; la comparaison de sa privation avec le souvenir de sa jouissance en rend la privation plus douloureuse encore ; et le raisonnement cherche tous les moyens de nous l'assurer.

Cette direction des facultés de l'entendement vers l'objet dont nous sentons le besoin, c'est le *désir*.

Lorsque l'âme désire, elle juge qu'un seul objet peut satisfaire ses besoins; ou bien elle juge que plusieurs objets sont propres à les satisfaire. Dans ce dernier cas, il arrive souvent qu'elle prend une détermination, c'est-à-dire, que l'action des facultés qui se partageait entre deux ou plusieurs objets, cesse de se partager ainsi pour se porter toute entière vers un seul : l'âme le choisit, elle le veut, elle le préfère.

Cette *préférence*, qui naît du désir, va elle-même donner naissance à une nouvelle faculté, sans laquelle il n'y aurait ni bien ni mal moral sur la terre, à la *liberté*.

S'il suffisait de nommer la liberté pour la faire connaître, cette leçon serait finie ; car, après les déterminations libres de l'âme, viennent les mouvemens du corps qui exécutent ces déterminations ; et les opérations du corps n'entrent pas dans le système des opérations de l'âme.

Mais, si rien ne paraît d'abord plus clair que la notion de la liberté ; si les hommes les plus ignorans, si les enfans même font de ce mot une application ordinairement très-juste ; quand le philosophe vient à s'interroger sur l'influence des plus légers motifs, sur la nature des causes et des effets ; quand il se dit que tout a été prévu, que des lois immuables régissent l'univers ; alors il hésite, partagé entre le sentiment qui lui crie qu'il est libre, et les argumens de sa raison qui semblent lui prouver que tout est soumis à la nécessité.

La liberté est d'une si haute importance dans

les destinées de l'homme, qu'on nous saura gré peut-être de nous arrêter un instant sur cette faculté.

Mais j'ai besoin de prévenir une réflexion qu'on pourrait m'opposer.

La question de la liberté se prête à tant de considérations, et à des considérations si subtiles, qu'il serait très-possible que tout le monde ne se rendît pas aux argumens que je vais produire. Comment, en effet, dans une matière qui a tant divisé, et qui divise tant les hommes, théologiens et philosophes, anciens et modernes, individus et nations; comment se flatter de rallier tous les esprits, en les ramenant à une seule et même manière de voir? Si donc quelqu'un d'entre vous, messieurs, n'était pas satisfait de ce que je vais dire sur la liberté, il ne faudrait pas qu'il se crût en droit d'en rien inférer contre le système des facultés de l'âme, objet de cette leçon. Seulement il pourrait en conclure que l'article de la liberté est à refaire.

J'ai besoin de prévenir aussi que dans ce que je vais dire sur la liberté, je prends l'homme tel qu'il est dans l'état actuel, et non tel qu'on peut le supposer dans un état antérieur. Je parle de l'homme sujet à l'ignorance, portant dans sa nature un penchant au mal comme au bien, et non d'une créature qui naîtrait avec une intelligence toute formée et une volonté toujours droite. Je parle des enfans d'Adam, et non d'Adam avant sa chute : mais commençons.

La condition de l'homme n'est pas de jouir d'un bonheur constant et inaltérable : il n'est pas destiné non plus à être toujours malheureux ; sa vie s'écoule dans une alternative de biens et de maux. Si ses vœux étaient exaucés, si ses désirs ne rencontraient jamais d'obstacle, il connaîtrait à peine le malheur : il se délivrerait bien vite des sensations pénibles, pour se livrer tout entier à celles qui lui font aimer l'existence.

L'homme *préfère* donc, comme nous l'avons observé, certaines sensations à d'autres sensations. De plusieurs manières d'être qu'il connaît, il recherche les unes, il écarte les autres.

C'est encore un fait, que souvent l'homme préfère ou choisit mal ; c'est-à-dire, qu'en comparant l'état qu'il a choisi à celui qu'il a rejeté et que sa mémoire lui rappelle, il juge préférable celui qu'il a rejeté, et qu'il souffre de l'avoir rejeté. Or, juger que l'état qu'on a rejeté est préférable à celui qu'on a choisi, et souffrir d'avoir mal choisi, c'est se *repentir*.

Ainsi donc, l'homme a le pouvoir de préférer, ou de choisir, ou de vouloir; et il lui arrive ensuite quelquefois de se repentir.

Le repentir étant un sentiment pénible, c'est une conséquence que l'homme ne veuille pas s'y exposer : c'est donc une conséquence qu'instruit par ses fautes il examine, avant de préférer, lequel des deux états qui se présentent à lui peut être suivi du repentir, lequel peut en être exempt.

Le voilà donc qui *délibère*, qui compare les deux états, qui cherche à en prévoir les suites. Il ne suffit plus qu'un état se présente comme agréable, il faut qu'il n'entraîne pas après soi le repentir.

On voit donc qu'il y a deux manières de préférer, de choisir, de vouloir : l'une a lieu avant l'expérience du repentir, l'autre quand nous en avons éprouvé les tourmens.

Lorsque nous n'avons pas encore reçu les leçons de l'expérience, nous préférons, nous choisissons, nous voulons l'état agréable, puisqu'un état agréable, ou qui nous agrée, ou que nous préférons, c'est la même chose.

Mais lorsque nous avons fait l'épreuve du repentir, lorsque nous savons qu'il peut être la suite d'une manière d'être agréable; alors cette manière d'être peut cesser d'être préférée, car elle peut cesser de paraître agréable. Cette manière d'être ne se présente pas seulement sous le rapport de plaisir, mais sous le rapport de plaisir qui peut être suivi de peine.

Si nous jugeons que la peine doive suivre le plaisir, et surtout si nous nous représentons cette peine comme très-vive, alors il pourra arriver, l'expérience l'atteste, que nous ne voudrons pas d'un tel plaisir. L'idée et la crainte de la peine feront rejeter un état qui eût été préféré sans cela ; nous ne préférerons pas ce que nous eussions préféré ; nous ne voudrons pas ce que nous aurions voulu.

L'expérience du repentir fait donc que bien souvent nous ne préférons pas ce que nous eussions préféré sans cette expérience. Le repentir nous apprend à sacrifier un plaisir présent par la crainte d'une douleur à venir, un bien présent par la crainte d'un mal futur.

Sacrifier le présent à l'avenir; se priver d'un plaisir actuel par la considération des suites fâcheuses qu'il peut entraîner après lui; préférer, ou vouloir, ou se déterminer, après délibération, est une manière de préférer, ou de vouloir, qui prend un nom particulier. Nous appelons cette manière de vouloir *liberté*.

La liberté est donc le *pouvoir de vouloir, ou de ne pas vouloir, après délibération;* et, comme l'expérience nous atteste que dans beaucoup de circonstances nous voulons en effet, ou nous ne voulons pas, après avoir délibéré, il faut bien que nous ayons le pouvoir d'agir ainsi; et par conséquent il est prouvé que nous sommes libres.

La liberté n'est pas un choix aveugle, il est éclairé par les lumières de l'expérience : ce n'est pas un choix sans raison, puisque c'est pour éviter un mal ou pour obtenir un bien, que nous faisons le sacrifice du présent au futur, ou, d'autres fois, du futur au présent.

Comme la volonté modifiée par l'expérience donne naissance à la liberté, la liberté produit elle-même la *moralité* ; et ce nouveau caractère (je ne dis pas cette nouvelle faculté) fait prendre à la liberté, telle que nous venons d'en déterminer l'idée, le nom de *liberté morale*, c'est-à-dire, de liberté qui engendre la moralité.

Le sacrifice que nous faisons d'un plaisir présent, dans l'espoir d'un avenir plus heureux, se rapporte uniquement et exclusivement à notre bien-être, ou il a pour objet le bien-être des autres. Je sacrifie le plaisir présent que j'aurais de manger encore, par la crainte d'un dérangement de santé, ou pour secourir un malheureux. Dans ce dernier cas, il y a une bonté morale dans mon action.

Pareillement, si je reçois un service à condition de quelque retour, si je m'engage à payer un service par un service, je puis, oubliant ma promesse, prendre le parti de l'ingratitude et de la mauvaise foi, parce qu'il peut m'en coûter pour être fidèle à ma parole; mais je puis aussi sacrifier l'avantage présent qui me reviendrait de mon indigne procédé, au tort que je ferais. Dans la première supposition, ma conduite est moralement mauvaise; elle est moralement bonne dans la seconde.

D'où il suit que la moralité et l'égoïsme sont deux contraires. L'homme moral se souvient qu'il a des frères ; l'égoïste, s'il y a de tels hommes, ne connaît que son vil moi; l'humanité lui est étrangère ; ce mot n'est qu'un vain son qui ne retentit jamais dans son cœur.

Ce caractère de moralité, ou d'égoïsme, qui modifie la liberté, reçoit une infinité de noms qui en expriment autant de nuances différentes: c'est la bonté, la générosité, la reconnaissance, etc., et leurs contraires.

Ce qui constitue proprement la moralité, c'est la fin que se propose l'agent libre, c'est-à-dire, le bonheur de ses semblables; et quelquefois aussi d'autres motifs, comme celui de ne pas blesser la dignité de notre nature, de nous conformer à l'ordre, de nous soumettre à la volonté du créateur; en un mot, un motif que la raison approuve, et qui soit étranger à notre intérêt personnel.

Voilà, messieurs, ce que j'avais à vous dire sur la liberté morale. Si l'erreur s'est glissée à mon insu dans quelqu'une des propositions que j'ai successivement énoncées, il vous sera facile de la découvrir, car je me suis attaché à porter une grande clarté dans un sujet qui s'y refuse plus que tout autre. (Leç. 7.)

Le dogme de la liberté ou du libre arbitre a été dans tous les temps en butte à des objections qui semblent l'anéantir. Aussi a-t-on vu des sectes de philosophes et des nations entières embrasser le système de la fatalité.

Je ne m'engagerai point dans ces interminables débats. Il me suffira de quelques mots pour répondre à deux objections qui portent sur la notion que je viens de vous donner de la liberté, et à deux autres qui tendent à renverser la liberté, de quelque manière qu'on la conçoive.

Première objection. Tous les hommes se disent libres, quand ils ont le pouvoir de faire ce qu'ils veulent. Des philosophes célèbres, Locke, Collins, S'Gravesende, Bonnet, etc., pensent en cela comme le peuple. Ils voient la liberté partout où se trouve le pouvoir de faire ce qu'on veut. C'est ce pouvoir qu'ils appellent liberté.

Réponse. Le pouvoir de faire ce qu'on veut peut s'allier avec la nécessité. La liberté est le pouvoir de faire ce qu'on veut après délibération. Si l'agent ne délibère pas, il ne se dirige pas lui-même ; il est entraîné.

Je conviens que souvent le pouvoir de faire ce qu'on veut est appelé liberté ; mais c'est le pouvoir de faire ce qu'on veut après délibération, qui est la liberté.

Seconde obj. Plus on est éclairé, plus la délibération est prompte, moins il y a de délibération ; et comme la liberté, d'après ce que nous venons de dire, est un choix après délibération, il semble que les lumières diminuent la liberté, et qu'une raison parfaitement éclairée nous ferait retomber sous le joug de la nécessité.

Rép. On ne fait pas attention, qu'il en est de l'excellence de la liberté comme de celle d'un bon gouvernement, dont la perfection consiste à ne pas se laisser apercevoir. La liberté la plus parfaite semble s'évanouir par sa perfection même, et prend l'apparence de la nécessité.

Heureux celui qui s'est fait une pareille nécessité, puisqu'il choisit toujours ce qui est le mieux! Remarquez pourtant que la liberté suppose toujours une délibération; mais cette délibération s'exécuterait si promptement dans une intelligence parfaite, qu'elle ne serait qu'une simple comparaison, ou la vue simultanée des deux objets sur lesquels devrait s'exercer le choix ou la préférence.

Troisième obj. On ne peut pas vouloir sans motif. La volonté n'est donc pas libre.

Rép. Mais nous les pesons, ces motifs; nous les balançons, nous délibérons; et c'est parce qu'il y a délibération, que la volonté devient et s'appelle liberté.

Quatrième obj. Dieu n'a-t-il pas prévu de toute éternité les événemens de l'univers, les actions des hommes? et Dieu n'est-il pas infaillible? Tout se fait donc par une inévitable nécessité.

Rép. Prévoir est une expression empruntée de la nature humaine : on ne saurait l'appliquer à la nature divine, pour laquelle il n'y a ni passé, ni futur. L'homme prévoit et se trompe. Dieu voit et ne se trompe pas : or, *voir* n'impose ni contrainte ni nécessité.

Concluons que la volonté est libre, que l'âme est libre, que l'homme est libre ;

Et, pour en revenir à notre système que cette discussion ne doit pas nous avoir fait perdre de vue,

Nous réunirons, sous le mot *volonté*, le désir, la préférence et la liberté ;

Comme sous le mot *entendement*, nous avons réuni l'attention, la comparaison et le raisonnement.

Il ne nous manquera rien si nous réunissons encore l'entendement et la volonté sous le mot *pensée*.

Ainsi la *pensée* ou la faculté de penser, comprend l'entendement et la volonté.

L'*entendement* comprend l'attention, la comparaison et le raisonnement. La *volonté* comprend le désir, la préférence et la liberté.

La liberté naît de la préférence, la préférence du désir : le désir est la direction des facultés de l'entendement qui naissent les unes des autres, le raisonnement de la comparaison, et la comparaison de l'attention.

Par conséquent, il est prouvé que la pensée ou la faculté de penser, qui embrasse toutes les facultés de l'âme, dérive de l'attention, c'est-à-dire, du pouvoir que nous avons de concentrer notre activité et notre sensibilité sur un seul objet pour les distribuer ensuite sur plusieurs.

Tel nous a paru le système des facultés de l'âme.

Par un heureux emploi de celles qui forment l'entendement, Newton découvrit les lois de l'univers. Par le bon usage de celles qui se rapportent à la volonté, Socrate trouva la sagesse.

Science, sagesse ! ces deux mots ont été synonymes dans quelques langues anciennes : pourquoi ne le sont-ils pas dans toutes les langues du monde ?

Messieurs, j'ai cherché à m'entendre moi-même, en rédigeant cet essai sur les facultés de l'âme, et si j'y avais réussi, j'aurais la certitude d'avoir été entendu. On analyse bien pour les autres, quand on a bien analysé pour soi : mais combien il est facile de se faire illusion ! et qu'il est rare de se méfier, autant qu'on le devrait, des jugemens ou trop précipités ou dès long-temps tournés en habitude ! Quel est en effet celui dont l'attention peut arrêter au passage et retenir assez long-temps, et les uns après les autres, tant de mots, tant d'idées qui effleurent à peine la sensibilité, qui échappent à l'entendement, et qui disparaissent avec la rapidité de l'éclair, pour faire place à d'autres mots et à d'autres idées?

Les vrais savans, avertis par leur propre expérience, ne se lassent pas de nous redire combien il est nécessaire de soumettre à un nouvel examen ce que nous avons vu, ce que nous avons examiné mille fois.

La meilleure disposition pour trouver la vérité serait de commencer par bien se pénétrer de sa profonde ignorance; mais où est la raison assez pure, assez désintéressée, pour se rendre une si exacte justice? Et quel est celui qui oserait se flatter de se croire aussi ignorant qu'il l'est en effet?

Le premier philosophe de l'antiquité, et le chef de la philosophie parmi les modernes, ont commencé l'œuvre de leurs méditations par le doute. La sagesse consisterait souvent à finir comme ces grands hommes ont commencé.

Nous sommes si faibles, que tout nous entraîne; si légers, qu'un rien nous distrait; si vains, que nous croyons tout savoir sans avoir rien appris: et cependant si passionnés, si entêtés, que nous tenons avec fureur à nos chimères. Si nous ne pensons pas, nous ne sommes rien; et si nous pensons, nous avons tous des pensées diverses.

Ces réflexions, dont il est impossible de se dissimuler la vérité, doivent nous inspirer une grande méfiance de nous-mêmes : elles doivent surtout l'inspirer à celui qui, traitant une matière qui n'est pas sans difficultés, et dans laquelle cependant tout le monde se croit juge, porte la parole devant une assemblée composée de véritables juges.

CINQUIÈME LEÇON.

Des principes des sciences. Examen critique du système de Condillac.

Je n'ai pas dû m'attendre qu'on adoptât à l'instant et sans opposition tout ce qui a été dit dans les leçons précédentes. Aussi n'ai-je pas été surpris qu'on m'ait adressé des objections. Je me propose d'y répondre, mais seulement à la prochaine séance. Celle-ci est destinée à de nouvelles considérations sur les systèmes et sur les principes qui leur servent d'appui. Je dois aussi vous faire connaître les raisons qui m'ont empêché d'adhérer au système de Condillac, dont vous avez entendu la lecture à l'avant-dernière leçon.

Le système complet des facultés de l'âme, nous l'avons déjà dit, doit nous les montrer dans leur *nature*, dans leurs *effets*, et dans leurs *moyens*. Il se compose de trois systèmes qui embrassent toute la philosophie.

Pour connaître la nature des facultés de l'âme, il faut remonter à leur origine. *Nature* vient de *nascor*, *natus*. Étudier une chose dans sa nature, c'est l'observer au moment de sa naissance, ou dans son origine, ou dans son principe, ou dans son commencement.

Un système qui négligerait de remonter à l'origine des choses qu'on voudrait expliquer, ne mériterait pas ce nom. Ce serait un assemblage d'élémens isolés qu'on connaîtrait mal, parce qu'on ne pourrait les connaître que par des définitions arbitraires. Alors, le défaut de liaison ne permettant pas à l'esprit de passer d'une idée à une autre idée, la mémoire se verrait obligée à des efforts continuels et souvent inutiles. On aurait une nomenclature : on n'aurait pas de système.

Ce n'est pas assez d'avoir aperçu les rapports immédiats, ou l'origine immédiate de chacune des parties d'un système. Si vous n'avez pas su distinguer celle qui doit occuper le premier rang ; si le lien qui unit un certain nombre de faits, ou d'idées, ou de méthodes, ne rattache pas tout à un fait primitif, à une idée première, à une méthode fondamentale, à un principe enfin, le système manque de base, et ne peut se soutenir.

Toute science repose sur un principe. Celle qui, par une multitude innombrable de rapports, accablait d'abord notre faiblesse, va se simplifiant à mesure que l'esprit en pénètre les différentes parties. Bientôt tout s'attire, tout se rapproche, tout s'unit, tout s'identifie; et la pluralité se perd dans l'unité.

Avec des principes, et le besoin de mettre quelque ordre dans nos idées, les difficultés disparaissent; et les connaissances, dont l'acquisition effrayait le plus notre paresse, n'offrent, dans leurs développemens successifs, qu'une suite de plaisirs.

Les principes sont le commencement des sciences : ils sont dans les notions les plus communes. Les conséquences, il est vrai, pour être sûres et facilement déduites, exigent que l'on possède la langue propre à la science dont on s'occupe; mais, cette connaissance indispensable une fois acquise, l'esprit est porté naturellement de conséquence en conséquence.

Et qu'on ne nous accuse pas d'oublier ce que nous avons enseigné précédemment, lorsque nous avons dit (page 62) que les principes se trouvent quelquefois au dessus de toutes nos facultés; car de tels principes, n'étant pour nous le commencement de rien, ne sont pas, à proprement parler, des principes. Ils ne sont pas principes de connaissances.

Comment donc se fait-il que les découvertes soient si rares, puisqu'il ne s'agit que de voir un principe, ou de découvrir une conséquence?

Les principes qu'il semble impossible de ne pas connaître, sont ignorés, ou mal connus et par conséquent stériles, par la raison même qu'ils sont trop près de nous. Comme nous les avons continuellement présens depuis l'enfance, ils ont cessé d'attirer notre attention, car il est rare que nous la donnions aux choses qui nous sont devenues familières. Alors, tout nous échappe, et nous ne savons plus voir ce que nous avons sous les yeux.

La fumée s'élève dans l'air. Voilà un fait bien connu de tout le monde; et ce fait est un principe dans lequel se trouve cette conséquence : *si vous enfermez de la fumée dans une légère enveloppe, cette enveloppe s'élèvera dans les airs.* Y eut-il jamais conséquence plus près de son principe? et néanmoins, combien de temps n'a-t-il pas fallu pour la soupçonner? et peut-être faut-il en faire partager l'honneur au hasard.

Il est donc très-rare, je ne dis pas de *voir*, mais de *remarquer* les principes; et il est presque aussi rare d'apercevoir les conséquences : mais la difficulté vient moins des choses elles-mêmes, que de la mauvaise manière de les étudier. L'art n'est pas étranger à la découverte des principes : vous en avez vu la preuve à la seconde leçon. La méthode et la connaissance de la langue suffisent pour tirer des conséquences exactes ; d'où il suit, pour le dire en passant, que l'esprit de l'homme ne crée jamais rien, puisque les principes sont donnés par la nature, et que les conséquences sont renfermées dans les principes. Mais n'anticipons pas sur ce qui doit être l'objet d'une autre partie de la philosophie. Ces développemens seraient prématurés : ils appartiennent à la logique.

Quoi ! dira-t-on, les principes des sciences sont dans tous les esprits ! ils sont continuellement sous les yeux ! N'est-ce pas abuser du langage et renverser toutes les idées, que de se permettre de pareilles assertions ? Les philosophes, lorsqu'ils établissent leurs principes, se bornent-ils donc au récit de quelques faits à la portée de tout le monde ? au rappel de quelques expériences familières ? à l'énoncé des plus simples sensations ? ne les voit-on pas, au contraire, incessamment occupés de la recherche des propositions générales, pour donner un appui à leurs systèmes ? toutes leurs méditations ne tendent-elles pas à la découverte de quelqu'une de ces vérités universelles qui embrassent une infinité de vérités de détail ?

Que nous serions heureux, messieurs, si ces propositions générales, dont l'étendue et l'application semblent n'admettre aucunes bornes, et qu'on place avec tant de sécurité à l'entrée des sciences, étaient aussi utiles qu'elles sont énoncées avec confiance! il suffirait de se bien pénétrer de quelques axiomes, pour connaître à fond tout ce qu'il est possible de savoir. Mais je demande si c'est pour ceux qui déjà possèdent les sciences, ou pour ceux qui les ignorent, qu'elles se trouvent renfermées dans quelques formules aussi expéditives : certes, ce n'est pas pour les ignorans ; qui oserait le soutenir? or, si elles ne sont que l'expression abrégée des idées acquises, elles sont des *résultats* et non des *principes ;* et ce sont des principes que nous cherchons.

Toutefois, ne soyons pas rigoureux jusqu'à l'excès; et pour éviter un défaut, gardons-nous de tomber dans un autre. Parce qu'on a abusé du mot *principe*, en l'appliquant à tout ce qu'il y a de plus général, n'en abusons pas nous-mêmes, en le restreignant aux seules connaissances qui sortent immédiatement des sensations. Un seul et même mot peut exprimer des idées différentes, pourvu qu'on s'arrête à ce qu'elles ont de commun : il peut même s'appliquer aux idées les plus opposées, car les idées les plus opposées peuvent avoir quelque analogie. Rien n'est certainement plus opposé que les idées de *principe* et de *résultat*, puisque le principe est le commencement, et le résultat la fin ; Descartes, cependant, a pu dire très-bien : *mes principes sont le dernier résultat des anciens géometres*, ce qui signifie : *je commence où les anciens ont fini;* mais remarquez bien que ce n'est pas l'esprit de Descartes qui commence où les anciens ont fini ; c'est son livre.

Si la plupart des sciences, telles que les mathématiques, la physique, la chimie, l'astronomie peuvent supposer des connaissances antérieures ; si quelquefois il leur est permis de prendre des résultats pour des principes, il n'en est pas ainsi de la métaphysique, c'est-à-dire, d'une science qui a pour objet principal de montrer l'origine de nos connaissances. Ici, rien ne précède, rien n'est supposé, rien n'est emprunté. Nous sommes placés aux sources de la pensée : nous assistons, s'il est permis de le dire, à la création de la lumière qui doit éclairer l'intelligence.

Les principes de la métaphysique sont donc les élémens de tout savoir, les premiers rudimens de toute connaissance; ils sont le commencement de tout ; et les systèmes élevés sur de tels principes, les seuls qu'elle avoue, dureront autant que la nature des choses, autant que la nature de l'esprit humain.

Ces réflexions éclairent d'un nouveau jour

les idées que nous nous étions faites à la première séance. Elles serviront aussi à rendre plus sensible ce que nous allons ajouter sur le système des facultés de l'âme.

Les facultés de l'âme, les opérations de l'esprit, les divers modes d'action de la pensée, ont été, depuis la naissance de la philosophie, l'objet constant des méditations des philosophes. Tous ont senti le besoin de les régler; tous ont senti que, pour les bien régler, il fallait les connaître.

Comme le meilleur instrument de musique, sous la main de celui qui en ignore le mécanisme, et qui n'a pas appris à distinguer les effets des cordes qui vibrent inégalement, ne peut rendre que des sons irréguliers; graves quand l'oreille en demande d'aigus, aigus quand elle en demande de graves; rudes et sourds quand elle veut de la douceur ou de l'éclat: ainsi, les facultés de l'esprit n'enfanteront que désordre et confusion, tant que nous ignorerons ce qu'elles sont dans leur nature et dans leurs effets : et comme des touches frappées au hasard ne peuvent donner qu'une harmonie monstrueuse, le jeu désordonné des facultés ne produira que des systèmes monstrueux.

On ne pouvait donc se porter avec trop d'ardeur à une étude dont l'objet nous intéresse aussi vivement; et, après tant de recherches, nous n'aurions pas besoin d'en faire de nouvelles, si, au lieu de s'adresser à l'imagination qui se plaît dans les combinaisons des possibles, on eût consulté l'expérience qui ne s'appuie que sur des réalités. On a donc construit de bien des manières le système intellectuel. On a cherché à deviner la nature des ressorts qui le mettent en action : mais il ne fallait pas commencer par construire ; il ne fallait pas chercher à deviner; il fallait observer.

Quelques philosophes, il est vrai, guidés par l'exemple des physiciens qui, depuis les découvertes de Galilée et les conseils de Bacon, voyaient tous les jours reculer devant eux les bornes de leur science, sentirent enfin qu'il fallait étudier l'esprit humain dans lui-même, en le soumettant à un cours régulier d'expériences, comme on y avait soumis les objets du monde matériel.

Dès lors, la métaphysique changea de face : les mots firent place à des idées ; et les idées durent montrer leur origine dans quelque *sentiment*. Celles qui ne purent subir cette épreuve, furent bannies des bons ouvrages. Le nombre des questions inintelligibles diminua de jour en jour; et la science, délivrée d'un poids inutile, avança rapidement.

Mais si plusieurs obstacles furent écartés; si plusieurs causes d'erreur furent aperçues; si l'on eut une théorie des idées dont la raison pouvait s'accommoder, on ne fut pas également heureux dans la théorie des puissances productrices de ces idées. On conduisait bien son esprit : on n'était pas assuré de le bien conduire toujours, parce qu'on ignorait l'artifice, ou acquis ou naturel, qui le dirigeait dans ses opérations : on eut des systèmes plus ou moins satisfaisans sur l'origine de nos *connaissances*, sur leur certitude, leur étendue, leurs bornes; on ne songea pas à réduire en système les *facultés*, toujours mal démêlées, auxquelles nous les devions : on dissertait sur la *mémoire*, sur le *jugement*, sur le raisonnement, sur l'analyse, sur l'imagination, sur le génie; et l'on était si loin de saisir les rapports qui lient ces qualités de l'esprit, qu'on en regardait la plupart comme opposées dans leur nature. La mémoire était l'ennemie du jugement; l'analyse devait nécessairement éteindre l'imagination. En un mot, on ignorait, ou l'on oubliait, que la connaissance des facultés de l'âme, comme toutes les autres connaissances, n'est que liaison, ordre, harmonie, système; expressions qui toutes indiquent le besoin le plus impérieux de l'esprit, s'il est vrai qu'il ne peut s'enrichir de nouvelles idées qu'à mesure qu'il simplifie; ni en jouir, ni en disposer, ni même les conserver qu'autant qu'il les ordonne, qu'il les régularise, et qu'il les fait tendre vers l'unité.

Un homme doit être excepté. Parmi tous les philosophes anciens ou modernes, Condillac seul a pensé que, de même qu'en arithmétique, tout peut se ramener à la *digitation*, en mécanique aux lois du plus simple levier, en astronomie physique à la balance, en économie politique à l'idée de la valeur des choses, en musique à la résonnance du corps sonore; de même dans l'étude de l'esprit humain, tout devait se ramener à un principe unique, qui, dans une variété infinie de transmutations, offrît tous les phénomènes de la raison et de la pensée.

Condillac exposa d'abord cette doctrine dans son *Essai sur l'origine des connaissances humaines*, ouvrage dans lequel il fait tout dériver de la *perception* ou de la *conscience* (*Essai sur l'origine*, etc., pag. 40 et 50). Depuis, il a substitué à ces deux mots celui de *sentiment*, et plus souvent celui de *sensation*; mais en changeant le mot, il n'a pas changé la chose. Son principe générateur est toujours le même : c'est toujours la modification que l'âme éprouve, à l'occasion des mouvemens produits dans les organes par l'action des objets extérieurs.

L'auteur attachait le plus grand prix à cette découverte. Il l'a reproduite dans tous ses ouvrages, et toujours avec plus de confiance à mesure qu'il en faisait l'objet de nouvelles méditations. Elle lui paraissait si évidente que dans sa *Logique*, après une analyse des facultés de l'entendement, qu'il fait toutes sortir de la sensation qui se transforme (ou qu'il transforme) en chacune d'elles, il ne craint pas de dire que, de même qu'en algèbre l'équation fondamentale passe par différentes transformations pour devenir l'équation finale qui résout le problème, de même *la sensation passe par différentes transformations pour devenir l'entendement*. (*Logique*, pag. 175.)

Vous connaissez les argumens qui ont amené Condillac à ce degré de conviction : vous avez médité les passages où il les expose, et particulièrement ceux que je vous ai fait remarquer (leçon 3) : ils ont été aussi l'objet de mes méditations, non pas seulement pendant quelques jours, mais pendant plusieurs années. Attiré par le charme de leur simplicité, caractère ordinaire du vrai, j'entrais dans des détails que l'auteur a négligés ; je me plaisais à développer ce qui n'était qu'indiqué ; je cherchais à éclairer ce que d'abord on pouvait ne pas apercevoir, à fortifier ce qui semblait manquer d'appui. Inutiles efforts ! le raisonnement a toujours été impuissant pour franchir le passage de la sensation à l'attention ; et, soit que Condillac ait été dans l'illusion pendant trente ans, soit que jamais il n'ait énoncé sa pensée avec une clarté suffisante, soit que moi-même j'aie manqué de pénétration, il m'a toujours été impossible de concevoir, non pas que la sensation précède l'attention, mais que la sensation se change en attention ; non pas que dans l'âme un état actif succède immédiatement à un état passif, mais qu'il y ait identité de nature entre ces deux états, en sorte que l'activité soit une transformation de la passivité ; et je suis si loin de donner mon assentiment à cette proposition, qu'à peine sais-je ce qu'il est possible d'entendre, par le rapprochement des termes dont elle se compose.

Le changement de la sensation en attention n'est pas la seule chose qui m'ait arrêté dans l'analyse de Condillac. Ce qu'il dit sur le jugement et sur l'inquiétude, se refuse obstinément à entrer dans mon intelligence ; et les raisons qui paraissent si lumineuses à l'auteur, ne sont pour moi qu'un faux jour, ou plutôt que l'absence de toute lumière.

Il s'agit de motiver l'opposition qui se trouve entre ma manière de voir, et celle d'un esprit aussi distingué, sur une matière qui l'avait occupé toute sa vie.

Revenons sur les pages dont je vous ai donné lecture à la troisième séance, et parcourons-en successivement les endroits que je vous ai fait remarquer.

(A) *Si ce n'est que parce que l'âme sent, que nous connaissons les objets qui sont hors d'elle, connaîtrons-nous ce qui se passe en elle autrement que parce qu'elle sent?*

Souvenez-vous que l'objet de Condillac est de prouver que toutes les *facultés de l'âme* ne sont dans leur principe que *sensation;* souvenez-vous en même temps, que par les mots *ce qui se passe en elle,* il entend ici (pag. 87) *les facultés de l'âme* ; cela posé :

1°. Il n'est pas exact de dire que l'âme ne connaît les objets qui sont hors d'elle que parce qu'elle sent. Il n'est pas exact non plus de dire que l'âme ne connaît ce qui se passe en elle, ou ses facultés, que parce qu'elle sent.

L'âme, il est vrai, a besoin de sentir pour connaître; l'âme ne connaît qu'*autant* qu'elle sent : mais ne connaît-elle que *parce qu'elle sent?* connaît-elle *uniquement* parce qu'elle sent?

Déjà nous avons fait voir (pag. 106) que la sensibilité seule, indépendamment de l'activité, ne pourrait nous donner la connaissance ; et s'il restait quelques doutes, j'ose assurer qu'ils ne résisteront pas aux preuves multipliées par lesquelles nous établirons, comme vérité fondamentale, qu'*il ne suffit pas de sentir pour connaître*. (T. 2, leç. 2.)

2°. Mais accordons pour le moment que l'âme ne puisse connaître ses facultés que parce qu'elle sent : peut-on en déduire que les facultés de l'âme dérivent de la sensation, qu'elles sont des transformations de la sensation, qu'elles ne sont que sensation ?

De ce que l'âme ne connaît les objets extérieurs que parce qu'elle sent, conclurez-vous, aurez-vous le droit de conclure que les *objets extérieurs* dérivent de la sensation ? Non ; vous conclurez, et vous devrez conclure, que *la connaissance des objets extérieurs* dérive de la sensation.

Pareillement, de ce que l'âme ne connaît ses facultés que parce qu'elle sent, on a, sans doute, le droit de conclure que *la connaissance des facultés* dérive de la sensation ; mais c'est s'abuser que de conclure que les *facultés elles-mêmes* dérivent de la sensation.

Le vice du raisonnement de Condillac consiste donc en ce qu'il confond *la connaissance des facultés* avec les *facultés*, la *connaissance* d'un objet avec la *réalité* de cet objet.

Il devait les confondre, dira-t-on; car il n'appartient pas à la bonne philosophie de parler de ce que les choses sont en elles-mêmes, mais seulement des idées que nous pouvons nous en former.

Pourquoi donc traite-t-il successivement *de l'origine et de la génération des idées*, et *de l'origine et de la génération des facultés de l'âme?* pourquoi annonce-t-il (*Logique*, p. 4) qu'il expliquera l'origine et la génération, soit des *idées*, soit des *facultés* de l'âme? Il lui était si aisé de dire qu'il expliquerait l'origine et la génération des *idées que nous nous faisons des facultés de l'âme!* Condillac a donc voulu parler des facultés.

Quant à ce que la bonne philosophie permet ou défend, relativement à la recherche de la nature des choses, ou des choses considérées en elles-mêmes, il ne sera pas difficile de le dire quand nous aurons levé l'équivoque où l'on tombe dans l'emploi du mot *connaître*. Je ne puis donner cet éclaircissement que dans la seconde partie. (T. 2, leç. 7.)

(B) (pag. 88.) *L'attention que nous donnons à un objet n'est, de la part de l'âme, que la sensation que cet objet fait sur nous.*

L'attention, de la part de l'âme, est certainement quelque chose de plus que la sensation qu'un objet fait sur nous. En effet, on distingue dans l'organe deux états opposés; celui où il reçoit l'impression de l'objet, et celui où il se dirige sur l'objet. Il faut de même, et nous y sommes forcés par le sentiment que nous en avons, distinguer dans l'âme deux états opposés; celui dans lequel elle reçoit la sensation, et celui dans lequel elle agit ou réagit sur la sensation. C'est ce second état, et non le premier, qui constitue l'attention. (Leç. 4.)

(C) (pag. 89.) La *comparaison* n'est donc qu'une double attention. *Elle consiste dans deux sensations qu'on éprouve comme si on les éprouvait seules, et qui excluent toutes les autres.*

Il est évident que si l'attention est autre chose qu'une sensation, la comparaison, c'est-à-dire la double attention, est autre chose qu'une double sensation, que deux sensations.

(D) (pag. 89.) « Nous ne pouvons comparer deux objets, ou éprouver, comme l'une à côté de l'autre, les deux sensations qu'ils font exclusivement sur nous, qu'aussitôt nous n'apercevions qu'ils se ressemblent ou qu'ils diffèrent. Or, apercevoir des ressemblances ou des différences, c'est juger. *Le jugement n'est donc encore que sensation.* »

Cette conclusion a de quoi étonner. De ce qu'on ne peut éprouver deux sensations sans apercevoir entre elles quelque ressemblance ou quelque différence, vous voulez que la perception de ce rapport, ou le jugement, soit sensation, ne soit que sensation ? il y a certainement ici quelque malentendu.

Je conviens qu'on dit *sentir* un rapport, et même qu'on *sent* en effet un rapport, qu'on *sent* des rapports ; mais prenez garde que la manière dont on sent quand on aperçoit un rapport, n'est pas la manière dont on sent quand on éprouve une sensation.

La sensation suppose un objet extérieur qui la produit, ou plutôt qui l'occasione, et auquel elle correspond. Le sentiment de rapport ne correspond à aucun objet extérieur. Quand j'ai en même temps la sensation d'un arbre et celle d'une maison ; à la sensation de l'arbre répond hors de moi un arbre ; à la sensation de la maison répond hors de moi une maison ; mais au sentiment de la différence qui se trouve entre l'arbre et la maison ne répond aucun objet extérieur. (T. 2, leç. 6.)

La manière dont nous sentons quand nous éprouvons une sensation, n'est donc pas la manière dont nous sentons quand nous apercevons un rapport : ce qui le confirme, c'est que la sensation peut être un plaisir très-vif ou une très-forte douleur, au lieu que le sentiment de rapport ne présente jamais ce caractère.

Le sentiment de rapport, la perception de rapport, la perception de ressemblance ou de différence, le jugement enfin, n'est donc pas une sensation.

Ce qui trompe ici, c'est que le même mot *sentir* s'applique à deux phénomènes d'un ordre différent, aux sensations et aux rapports, aux *sentimens-sensations* et aux *sentimens-rapports*, si l'on peut ainsi le dire : mais, en s'appliquant ainsi à deux phénomènes qui diffèrent de nature, il faut nécessairement qu'il prenne deux acceptions différentes; et je doute que la langue française, qui permet avec raison de dire *sentir un rapport*, permette de dire une *sensation de rapport*; certainement on s'exprimera mieux en disant un *sentiment de rapport* (1). (T. 2, leç. 2 et 4.)

(E) (pag. 91.) *En considérant nos sensations*

---

(1) Toute sensation est sentiment; mais tout sentiment n'est pas sensation. On verra plus loin combien il importe de ne pas confondre ces deux choses.

comme représentatives, nous venons d'en voir naître toutes les facultés de l'entendement.

Les facultés de l'entendement sont entrées en exercice à l'occasion des sensations, à la suite des sensations : on ne les a pas vues naître des sensations.

(F) (pag. 92.) « Le malaise nous porte à nous donner des mouvemens pour nous procurer la chose dont nous avons besoin. Nous ne pouvons donc pas rester dans un parfait repos ; et, par cette raison, *le malaise prend le nom d'inquiétude.* »

L'inquiétude est autre chose que le malaise. Le malaise est un sentiment désagréable, et l'âme est passive en l'éprouvant. L'inquiétude est un commencement d'action, un commencement de mouvement. Pour que l'inquiétude fût la même chose que le malaise, il faudrait que l'activité fût la même chose que la passivité, le mouvement la même chose que le repos.

Il y a donc ici lacune, et solution de continuité. En allant du malaise à l'inquiétude, on ne va pas du même au même ; comme nous venons de voir qu'on ne va pas du même au même, en passant de deux sensations à la perception de rapport, ou au jugement ; et comme encore, on ne va pas du même au même dans le passage de la sensation à l'attention.

Le principe d'où part Condillac dans son analyse des facultés de l'âme, n'est donc pas un principe de facultés ; et la chaîne de son analyse, ou de son raisonnement, paraît rompue trois fois.

A ces remarques sur ce qu'on trouve dans la *Logique*, j'en ajouterai quelques autres sur un passage du *Traité des sensations* qui me semble renfermer toute la difficulté. Comme il est très-court, il vous sera plus facile de découvrir l'erreur, s'il y en a, ou les vices du langage, si l'auteur s'est mal exprimé, ou enfin le peu de fondement de ma critique, si elle porte à faux. J'en appelle à votre discernement et à votre amour pour la vérité. Voici le passage.

« A la première odeur, la capacité de sentir de notre statue est toute entière à l'impression qui se fait sur son organe : voilà ce que j'appelle *attention*. » (*Traité des sensations*, pag. 58.)

Vous appelez *attention* la modification produite dans l'âme par l'impression d'un corps odoriférant sur l'odorat ! on est libre dans ses appellations ; mais donner à une impression reçue, à un phénomène purement passif, un nom qui réveille nécessairement l'idée d'action, n'est-ce pas renoncer à vouloir être entendu ?

Mais, dirait-il peut-être, je donne le nom d'*attention* à la première sensation, afin qu'on soit averti que l'activité s'exerce au même instant que la sensibilité; afin que l'on sache que la sensibilité et l'activité ne sont qu'une seule et même chose, et que ce n'est que par abstraction que nous voyons deux phénomènes dans un seul. *Sensation* et *attention* sont bien deux mots différens, mais ce ne sont pas deux choses différentes; j'ai mis cette vérité en évidence à la tête de mon ouvrage, pour prévenir le reproche que vous me faites de transformer la passivité en activité, quand je transforme la sensation en attention.

Pourquoi donc transformez-vous? Qu'est-il besoin de transformation pour obtenir l'attention, si la première chose qui se manifeste dans l'âme est l'attention? les faits dérivés peuvent être des transformations de faits antérieurs; mais un fait primitif n'est la transformation de rien; et, si une première sensation est une première attention, je ne puis plus vous entendre quand vous me parlez de la nécessité d'une transformation pour obtenir l'attention.

Si vous confondez la sensation avec l'attention, s'il est vrai que la sensation soit attention, alors, ou nous sommes toujours et essentiellement actifs, ou toujours et essentiellement passifs ; mais une expérience de tous les momens nous dit que nous sommes tour à tour passifs et actifs ; passifs, lorsque la cause de nos modifications est hors de nous ; actifs, lorsque nous sommes nous-mêmes cette cause.

Relisons le passage : « A la première odeur, la capacité de sentir de notre statue est toute entière *à l'impression qui se fait sur son organe.* »

L'auteur a voulu dire : « A la première odeur, la capacité de sentir est toute entière à cette odeur, à la *sensation produite par l'impression qui se fait sur l'organe*, et non pas à *l'impression qui se fait sur l'organe.* » Ceci ne peut être qu'une distraction, ou une manière trop elliptique de s'exprimer.

Continuons. « La capacité de sentir est *toute entière* à l'impression qui se fait sur l'organe. »

Mais une première odeur peut être très-faible, elle peut être très-forte. Si l'odeur est à peine sensible, et à peine sentie, comment la capacité de sentir sera-t-elle absorbée toute *entière ;* ou, si la capacité de sentir est toute entière à la plus faible des odeurs, comment pourra-t-elle suffire à une odeur forte ?

« La capacité de sentir *est* toute entière à l'impression. »

Cette manière de s'exprimer ne laisse-t-elle rien à désirer ? et sommes-nous assurés de saisir la pensée de l'auteur ? Je n'ignore pas combien il est difficile de représenter, par le langage, un état que nous n'avons jamais connu, puisque nous n'avons jamais été réduits à un sens unique : mais, plus les objets se refusent à une exposition évidente, plus nous devons nous montrer scrupuleux dans le choix des termes. Ne pouvant nous flatter d'obtenir une clarté parfaite, cherchons du moins à éviter toute équivoque.

La capacité de sentir *est* toute entière à l'impression. Ce mot *est* indique-t-il que la capacité de sentir, ou plutôt que l'âme elle-même se porte sur l'impression, sur la sensation ? ou bien veut-on dire que l'âme reçoit cette impression, cette sensation, d'une manière toute passive? Dans la première supposition, on serait excusable, peut-être, de voir l'attention dans une première odeur; mais alors, comme nous l'avons observé, un état passif est opposé à notre nature. Dans la supposition, au contraire, où un premier état serait purement passif, il me paraît insoutenable de dire qu'il soit attention; et c'est tout confondre que de lui donner ce nom.

Résumant toutes ces critiques, il ne me semble donc pas exact de dire :

1°. Qu'une première sensation dont l'intensité, considérée dans ses causes physiques, peut varier depuis le plus léger ébranlement de la fibre jusqu'à la convulsion de toute la machine, soit ce même phénomène que nous appelons *attention* :

2°. Que la capacité de sentir soit toute entière à une première odeur, quelque puisse être le degré d'énergie ou de faiblesse de cette odeur.

3°. Je ne puis deviner la pensée de l'auteur, quand il cherche à déterminer le caractère de la première modification de la statue; puisque cette modification, provenant d'une impression faite sur l'odorat, est nécessairement passive, et que par le nom d'*attention* qu'il lui donne, il la fait, ou semble la faire active.

Et, ce qui a le droit d'étonner plus que tout, c'est que Condillac, voulant montrer l'attention dans le premier exercice de la sensibilité, que partout ailleurs il appelle *faculté* de sentir, ne la désigne ici que par l'expression toute passive de *capacité* de sentir.

4°. A ces critiques, ajoutez celle que je viens de faire de son analyse des facultés de l'âme, et jugez vous-mêmes.

Qu'il est aisé, messieurs, de relever quelques inexactitudes échappées aux plus grands philosophes, et que vous seriez loin de ma pensée, si vous croyiez que je me prévaux d'un tel avantage qui, peut-être encore, me sera contesté ! Nous devons tant à Condillac ; les découvertes qu'il a faites sont si utiles, si fécondes, que nous ne saurions les étudier avec trop de soin ; et, si la critique que je viens de hasarder vous paraît fondée, elle est elle-même le fruit d'une longue méditation de ses écrits.

SIXIÈME LEÇON.

Objections relatives à l'activité de l'âme et à la nature de l'attention (1).

JE croyais avoir prouvé que la sensation et l'attention sont deux choses, non-seulement différentes, mais opposées dans leur nature. On ne se rend pas à mes preuves ; on attaque mes raisonnemens.

On dit : 1°. que l'âme produit elle-même ses sensations ; 2°. qu'elle est dans un état actif lorsqu'elle les éprouve ; 3°. on cherche à faire voir que Condillac a dû confondre la sensation et l'attention en un seul et même phénomène ; 4°. on ajoute que l'attention n'est rien, si on veut la distinguer de la sensation ; 5°. enfin, on désire que je justifie une proposition que j'ai avancée à la dernière séance, savoir, qu'il n'y a pas de création proprement dite dans l'esprit humain.

---

(1) Les objections auxquelles on répond dans cette leçon et dans les leçons suivantes, ont toutes été faites par divers auditeurs.

Pour répondre d'une manière un peu satisfaisante à la *première objection*, j'ai besoin d'entrer dans quelques détails historiques.

L'opinion que l'âme produit elle-même ses sensations, qu'elle est la vraie cause des modifications qu'elle éprouve à la suite des impressions faites sur les organes, a été celle de plusieurs philosophes. Permettez-moi de vous entretenir un moment des péripatéticiens, et de la manière dont ils concevaient que se forment les sensations, ou les idées sensibles, car ils confondaient ces deux choses. Je me bornerai à celles qui sont relatives à la vue.

Les péripatéticiens enseignaient que lorsque nous voyons un corps, il se détache de la surface de ce corps, des images, des spectres, des fantômes, des simulacres, des *espèces* enfin, qui voltigent dans l'air, entrent dans les yeux, et font une impression sur la rétine.

Ces espèces, ainsi détachées et exprimées, pour ainsi dire, des objets, étaient appelées espèces *expresses* ; et, comme elles faisaient une impression sur la rétine, elles prenaient, dès ce moment, le nom d'espèces *impresses*. Ces espèces impresses communiquaient jusqu'à l'imagination, ou à la *fantaisie*, ou au *sensorium commune* qui, selon les uns, n'était que le cerveau lui-même, et qui, selon les autres, était une faculté distincte du cerveau, et moins matérielle que le cerveau, quoiqu'elle ne fût pas tout-à-fait spirituelle.

Voilà donc les espèces dans l'imagination, ou dans la *fantaisie* : que vont-elles devenir ? il y a derrière elles, deux âmes ; une âme active et une âme passive, l'intellect agent et l'intellect patient. L'intellect agent s'empare des espèces : il les spiritualise, ou achève de les spiritualiser ; les transmet ainsi spiritualisées, à l'intellect patient ; et voilà les idées des objets sensibles, ou les sensations, qui, comme on le voit, sont produites par l'intellect agent, ou par l'âme active.

Remarquez qu'on distinguait quelquefois trois sortes d'*espèces* ; deux expresses et une impresse ; 1°. expresses des objets ; 2°. impresses ou imprimées dans l'imagination ; 3°. expresses de l'imagination par l'âme active, pour devenir les sensations de l'âme passive.

Je ne sais, messieurs, si vous avez bien saisi tout ce jeu, et toutes ces métamorphoses des *espèces* : moi, qui viens de vous les exposer, j'ose à peine m'en flatter.

Cette doctrine d'Aristote, ou d'Épicure, a été enseignée pendant des siècles, en France, comme elle l'était dans toute l'Europe ; et ce n'était pas sans danger qu'on pouvait s'en écarter. On sait qu'une plaisanterie de Boileau empêcha le parlement de Paris de prendre un arrêt très-sérieux pour maintenir la philosophie d'Aristote, et pour empêcher l'enseignement du Carthésianisme qui avait porté un coup fatal à l'idole des scolastiques.

Un philosophe moderne, Charles Bonnet, incline beaucoup vers l'opinion qui fait l'âme, cause de ses sensations. Voici comment il s'exprime dans son *Essai analytique sur l'âme* (pag. 98).

« Assurément, le corps n'agit pas sur l'âme comme un corps agit sur un autre corps. La simplicité du sentiment le prouve. Le sentiment est un : le corps est multiple; mais je conçois qu'en conséquence de l'action des fibres nerveuses, il se passe dans l'âme quelque chose qui répond à cette action. L'âme réagit à sa manière; et l'effet de cette réaction est ce que nous nommons *perception* ou *sensation*. »

Un homme non moins célèbre que Bonnet, Sthalh, ne doutait pas que l'âme ne fût cause de ses sensations : et comment en aurait-il douté, lui qui attribuait à l'âme le pouvoir de produire tout en nous, jusqu'aux mouvemens qu'on appelle involontaires, la circulation du sang, la sécrétion des humeurs, etc.? L'âme, en un mot, suivant Sthalh, produit toutes les modifications du corps, et d'elle-même, sans aucune exception.

Il est bien surprenant que l'expérience ne lui ait pas ouvert les yeux, à lui, et à tous ceux qui veulent que nous soyons nous-mêmes la cause de nos sensations? Direz-vous, lorsqu'on fait l'amputation d'un membre à un malade qui ne peut être sauvé que par cette cruelle opération, que c'est l'âme du malade qui se donne les douleurs atroces qu'il éprouve?

L'âme ne fait donc pas elle-même ses sensations : elles sont le résultat des mouvemens imprimés aux fibres de notre corps.

Deuxième obj. Mais, dit-on, si l'âme est passive lors de la production de ses sensations, ne sort-elle pas de cet état passif à l'instant qu'elles sont produites? n'agit-elle pas aussitôt qu'elle les éprouve, aussitôt du moins qu'elle souffre?

Rép. Oui sans doute, l'âme sort de l'état passif, à l'instant qu'elle éprouve une sensation douloureuse; elle ne peut pas, en même temps, souffrir et être inactive. Nous sommes d'accord en cela; mais je soutiens, contre l'objection, que l'activité qui se montre à la suite de la sensation, se montrât-elle au même instant que la sensation, n'est pas une modification de la sensation : c'est un phénomène d'une nature toute opposée, comme je l'ai déjà prouvé dans la dernière et l'avant-dernière leçons, et comme dans un moment je vais l'appuyer sur de nouvelles preuves, afin qu'il ne reste pas le moindre doute dans vos esprits.

Troisième obj. La sensation peut-elle être séparée de l'attention ? par cela seul que nous sentons, ne sommes-nous pas attentifs ? or, s'il en est ainsi, la sensation et l'attention ne sont pas deux phénomèmes différens : ce n'est qu'une seule et même chose que nous divisons en deux, par abstraction. Pourquoi donc ne penseraiton pas, avec Condillac, que toutes nos facultés, de même que toutes nos connaissances, ne sont que sensation ?

Rép. J'accorde, si l'on veut, que la sensation soit inséparable d'un acte d'attention involontaire, c'est-à-dire, d'une réaction instinctive. Je ne saurais accorder que la sensation soit inséparable d'une réaction volontaire, ou de l'attention proprement dite, puisque dans le nombre de sensations que j'éprouve, il en est très-peu sur lesquelles je réagis volontairement, ou sur lesquelles je dirige mon attention. Au moment où je parle, je reçois par la vue une foule de sensations, des objets qui sont devant moi ; et mon attention, si je viens à la donner, ne se porte que sur un seul de tous ces objets que je vois à la fois, que sur une seule sensation par conséquent.

Mais supposons que l'attention volontaire, ou involontaire, accompagne toujours la sensation ; que ces deux phénomènes soient inséparables ; s'ensuit-il qu'ils ne soient qu'un seul et même phénomène ? qu'il y ait identité dans leur nature ? qu'il y ait unité de phénomène ? non certainement, et c'est la conclusion opposée qui est la vérité : dire que deux choses sont inséparables, c'est dire qu'elles sont deux, et non pas une seule.

Quatrième obj. Elles ne sont qu'une dans la réalité ; et, si nous croyons qu'elles sont deux, c'est par une illusion de l'esprit.

Rép. Deux phénomènes dont l'un peut exister sans l'autre, ne sont-ils pas deux phénomènes bien distincts ? or, encore une fois, la sensation peut exister sans l'attention, puisque dans le nombre prodigieux de sensations dont nous sommes comme assaillis à chaque instant il en est très-peu qui attirent notre attention. Montrons ceci d'une manière évidente.

Nous *voyons* plus de choses que nous n'en *regardons* : on ne peut le nier; nous voyons tous les objets qui font une impression sensible sur la rétine, et nous ne regardons que ceux sur lesquels nous dirigeons nos yeux. Il y a donc en nous plus de sensations qu'il n'y a d'actes d'attention. On me présente une page écrite dans une langue inconnue : je reçois d'abord un grand nombre de sensations confuses. Que l'attention se porte sur une seule lettre; que le regard se dirige sur un seul point; aussitôt ce point, auparavant inaperçu, mais senti confusément, se fait jour au milieu de tous les autres, tandis que les lettres environnantes, qui n'ont produit que de simples sensations, restent dans l'obscurité.

Il en est de même de tous les sens : chacun d'eux vous fournira la même observation. Vous verrez, par exemple, que nous *entendons* plus de choses que nous ne pouvons en *écouter*. Lorsque, assistant à un spectacle qui nous intéresse vivement, il se fait du bruit autour de nous, tout le monde a éprouvé que l'attention redouble pour ne rien perdre de ce qui se passe sur la scène; et cependant, nous l'entendons ce bruit importun qui nous distrait malgré nous.

Il me paraît donc hors de doute que la sensation peut avoir lieu sans l'attention; et il n'est que trop vrai que nous donnons rarement notre attention à ce que nous éprouvons : voilà pourquoi nous sommes si ignorans.

Mais, pour le redire encore, je suppose qu'il fût démontré que la sensation et l'attention vont toujours ensemble; pourrait-on en conclure que la sensation est attention, ou que l'attention n'est que sensation ? De ce que deux choses sont inséparables, ce serait une bien grande inadvertance que de les confondre dans une seule et même nature. Le *recto* et le *verso* d'une feuille de papier sont inséparables; est-ce à dire qu'ils ne soient pas distincts ? L'idée d'un corps choquant est inséparable de celle d'un corps choqué; voudrait-on en conclure que ces deux idées ne sont qu'une seule idée ? et, pour laisser les exemples particuliers, qu'on ne pourrait jamais épuiser, toute idée relative n'en suppose-t-elle pas une autre? peut-on avoir l'idée de montagne sans l'idée contraire de vallée, celle de grand sans celle de petit, celle de fort sans celle de faible, etc. ?

Ainsi, d'abord, la sensation n'est pas inséparable de l'attention; et puis, ces deux choses fussent-elles inséparables, il ne s'ensuivrait pas qu'elles fussent identiques dans leur nature, ou qu'elles fussent une seule et même chose.

Comment peut-on confondre deux phénomènes aussi opposés? L'attention est essentiellement active : la sensation est toute passive. L'âme n'éprouve des sensations qu'à la suite d'un mouvement qui va du dehors au dedans : nous donnons notre attention à ces mêmes sensations par un acte qui se porte du dedans au dehors.

Cinquième obj. On insiste, et l'on dit : si l'attention n'est pas la sensation, qu'est-elle donc? définissez-nous l'attention.

Rép. Je ne la définirai pas, et cependant je donnerai une réponse qui, j'espère, vous satisfera.

Nous avons réduit à trois les facultés de l'entendement, c'est-à-dire, les facultés que la nature nous a données pour acquérir des connaissances : toutes nos idées, en effet, sont le produit, ou du raisonnement, ou de la comparaison, ou de l'attention ; du raisonnement, lorsqu'elles étaient enveloppées et cachées dans d'autres idées; de la comparaison, lorsqu'elles supposent la présence simultanée de plusieurs idées; de l'attention, lorsqu'une seule idée, lorsqu'un seul objet occupe notre esprit.

La faculté de raisonner dérive de celle de comparer ; la faculté de comparer dérive de celle d'être attentif. Le raisonnement est une double comparaison ; la comparaison, une double attention.

Mais l'attention, d'où dérive-t-elle ? pourrons-nous la définir comme nous venons de définir le raisonnement et la comparaison ? et, si nous ne pouvons pas la définir, aura-t-on le droit de nous dire que nous n'en avons aucune idée, ou même que nous n'en avons pas une idée très-claire ?

L'attention étant le premier emploi de notre activité, le premier de tous les modes d'action que nous découvrons au dedans de nous-mêmes, chercher à définir l'attention, c'est chercher l'impossible.

Définir une idée, un fait, c'est montrer l'idée ou le fait connu dont ils dérivent, et la modification qu'ils ont dû éprouver pour devenir l'idée ou le fait qu'on se propose de définir. Définir le nombre *huit*, c'est rappeler d'abord le nombre sept qu'on est censé connaître, et avertir que ce nombre sept connu est augmenté d'une unité. Définir la *multiplication*, c'est, à l'idée de l'addition, qu'il faut supposer connue, ajouter celle de l'abréviation au moyen de laquelle l'addition devient l'opération qui multiplie. Définir le *papier*, c'est, à l'idée de toile ou de soie, ou de toute autre matière avec laquelle on peut le faire, et qu'il faut supposer connue, ajouter l'idée des opérations qu'on fait subir à cette matière pour qu'elle devienne du papier.

La définition d'une idée n'est donc possible, qu'autant qu'on a une idée antérieure de laquelle dérive celle qu'on se propose de définir. D'où il suit que l'idée fondamentale d'une science ne peut jamais être définie; car l'idée fondamentale d'une science en est l'idée première, et par conséquent une idée qui n'en a pas d'antérieure, du moins parmi toutes les idées qui forment cette science.

On ne définira pas l'attention, ni l'activité de l'âme, parce que dans l'âme il n'y a rien d'antérieur à son activité; je veux dire, rien d'antérieur, d'où l'activité puisse tirer son origine. Il ne suffirait pas de dire que le *sentiment* est antérieur à l'*action*, et que l'âme n'agit que parce qu'elle sent, ou qu'elle a senti; car il ne suffit pas qu'un fait soit antérieur à un autre pour être sa raison, il faut, et qu'il lui soit antérieur, et qu'il subisse une modification qui le change en cet autre; or, par quelle modification la sensibilité pourra-t-elle se changer en activité? conçoit-on le sens de ces mots? une propriété passive changée en une faculté active! l'énoncé seul est une contradiction.

L'activité de l'âme ne peut donc pas se définir : nous la connaissons parce que nous en sentons l'exercice : et même, à proprement parler, c'est l'action et non l'activité que nous sentons. Mais ni l'action, ni l'activité, c'est-à-dire, cette force que nous sentons au dedans de nous-mêmes, et qui est la cause de tous les changemens qui ne dépendent pas des objets extérieurs, ne pourront jamais se définir ; et, pour les connaître, il faudra toujours en appeler à l'expérience, à la seule expérience.

Concluons, à l'inverse des objections qu'on nous a adressées :

1°. Que l'âme n'est pas la cause productrice de ses sensations ;

2°. Que, de ce qu'elle agit au moment même qu'elle sent, il ne s'ensuit pas que l'action soit une modification de la sensation ;

3°. Que la sensation n'est pas suivie nécessairement de l'attention ;

4°. Que dans la supposition où la sensation et l'attention seraient inséparables, il ne s'ensuivrait pas qu'elles ne fussent qu'un seul et unique phénomène ;

5°. Que l'idée de l'attention est très-claire, quoiqu'on ne puisse pas la définir.

Après cette discussion, qui vous fera concevoir plus évidemment, combien la sensibilité seule est impuissante pour rendre raison de l'intelligence, je dois revenir sur une idée que j'ai mise en avant à la dernière leçon.

J'ai dit que l'esprit de l'homme ne crée rien, qu'il ne peut rien créer. Cette proposition amenée par ce qui la précédait, mais que je n'ai fait suivre d'aucun développement, a été trouvée paradoxale par quelques-uns d'entre vous. Comme, *paradoxal*, dans la bouche de ceux qui font des objections, est à peu près la même chose que *faux*; je me vois obligé d'entrer dans quelques considérations, anticipées peut-être, mais nécessaires pour faire sentir la vérité de mon *paradoxe*.

Quels que soient les systèmes dont nous faisons l'étude, qu'ils soient l'ouvrage de la nature ou de l'homme, la connaissance que nous pouvons en acquérir se réduit à celle des principes et à celle de leurs conséquences : et, comme les conséquences se bornent à nous montrer ce qui était caché dans les principes, et que les principes sont donnés par la nature, il s'ensuit que l'esprit de l'homme ne jouit, en aucune manière, de la puissance de créer. Il trouve les principes, et ne fait que découvrir les conséquences, c'est-à-dire, qu'il les aperçoit sous l'enveloppe qui les lui dérobait.

L'esprit de l'homme ne *crée* donc pas. Mais

respectons la langue : gardons-nous de lui enlever ses richesses, et de l'appauvrir par une sévérité que la raison et le goût ne sauraient nous pardonner.

Homère, Corneille, Newton, seront toujours des génies créateurs. Eh ! qui pourrait ne pas voir des créations charmantes dans les fictions ingénieuses dont l'Arioste a rempli son poëme ? et Platon, et Mallebranche n'étaient-ils pas doués d'une imagination créatrice ? trop créatrice, peut-être. La philosophie, qui n'eût jamais, la première, employé ce langage, se charge de le justifier.

Qui le croirait ? c'est aux mathématiques qu'elle s'adresse pour trouver le motif de ces expressions, sans doute exagérées : c'est la science qui force les facultés de l'esprit à se montrer dans toute leur rectitude, qu'elle interroge pour connaître la nature des effets qu'elles produisent.

Tous les procédés mathématiques se réduisent à trois, que leur simplicité rend aussi sûrs que faciles à imiter.

Ces procédés sont l'addition, la soustraction et la substitution. Ils sont un *type* qu'on ne doit jamais perdre de vue.

Le raisonnement, en effet, qui ne serait pas un calcul, ne serait pas un raisonnement : ce serait un assemblage d'idées incohérentes, ou de mots disposés au hasard.

Il faut donc que le raisonnement, pour mériter ce nom, prenne quelqu'une des formes qui correspondent aux procédés suivis par les mathématiciens. Je vais en présenter trois exemples. Vous me pardonnerez de ne pas les choisir dans les auteurs classiques, quoique ce soit dans leurs ouvrages qu'on trouve les plus beaux modèles du raisonnement. J'ai pensé qu'il ne serait pas mal de les prendre un peu techniques, un peu scolastiques même. Ils resteront plus facilement dans la mémoire.

Premier exemple. Pascal, encore enfant, sait l'arithmétique, la géométrie, l'algèbre; donc il sait les mathématiques. *Addition.* On voit que le seul mot, *mathématiques*, équivaut à la réunion des trois mots *arithmétique, géométrie, algèbre*; il en est la somme.

Deuxième exemple. Pascal sait les mathématiques; donc il sait l'arithmétique. *Soustraction.* Ici, d'une somme totale, les mathématiques, nous retranchons une somme partielle; ou, si vous l'aimez mieux, de l'idée composée *mathématiques*, nous retranchons l'idée moins composée, *arithmétique*.

Troisième exemple. Pascal connaît la géométrie ; il connaît donc cette science dont Euclide nous a le premier donné des élémens. *Substitution.* En effet, la science dont Euclide nous a le premier donné des élémens, et la géométrie, sont une seule et même chose.

Lisez Virgile, Cicéron, Bossuet, La Fontaine, La Bruyère ; lisez tous les grands auteurs ; lisez les plus médiocres, les plus mauvais, si vous pouvez : vous ne trouverez jamais dans leurs *raisonnemens*, je ne dis pas dans leurs *écrits*, que les trois formes correspondantes aux trois procédés des mathématiciens, parce qu'il est impossible à l'esprit humain, quand il raisonne, d'aller autrement que par compositions, ou par décompositions, ou par simples substitutions.

Maintenant, laquelle de ces trois formes pourra mériter au génie le nom de *créateur ?*

La substitution ? mais la substitution ne faisant que mettre une expression en place d'une autre, et montrer sous d'autres termes ce qu'on savait déjà, sur quel fondement lui accorderait-on la prérogative de faire quelque chose de rien ?

La soustraction ? mais si la soustraction, si l'art des déductions peut annoncer une grande sagacité, une grande justesse d'esprit, jamais on n'honorera du nom de *créateur*, un talent qui se borne à nous faire apercevoir une idée qui déjà existait dans une autre idée.

Reste la troisième forme, celle qui unit ce qui était divisé, qui rassemble ce qui était épars, qui recueille cent beautés dispersées sur différens objets de la nature, pour en faire une beauté unique, un beau idéal; un tout préexistant, il est vrai, dans ses parties isolées, mais qui, dans leur réunion, va nous offrir des combinaisons nouvelles et jusqu'alors inconnues. Les hommes, charmés et reconnaissans du plaisir que leur donnaient les auteurs de ces fictions ingénieuses, ne crurent pouvoir les récompenser dignement, qu'en les proclamant des génies *créateurs*.

SEPTIÈME LEÇON.

Éclaircissemens sur la méthode, sur le système des facultés de l'âme, et en particulier sur la liberté et sur l'attention.

J'AI reçu, de vive voix et par écrit, plusieurs observations qui me paraissent assez importantes pour être le sujet d'une leçon.

Les uns désirent que je reproduise le système des facultés de l'âme; d'autres, que j'insiste particulièrement sur la liberté; d'autres, sur la nature de l'attention; on me reproche d'aller trop vite, et l'on me reproche aussi d'aller trop lentement.

Je répondrai d'abord à ces derniers; et, quoiqu'il ne paraisse pas facile de les satisfaire à la fois, je veux, en justifiant la marche que nous suivons, essayer de justifier en même temps, et ceux qui se plaignent que nous allons trop vite, et ceux qui trouvent que nous allons trop lentement.

Si le cours de philosophie est bien ordonné dans toutes ses parties; si les leçons sont bien systématisées, qu'importe, après tout, que nous nous arrêtions plus long-temps sur une seule question, ou que nous en parcourions une longue suite avec rapidité ? Si le cours se compose de trente ou de quarante leçons disposées suivant les lois de l'analyse, la dixième, ou la vingtième, ou toute autre, est une conséquence de celles qui précèdent, et sert elle-même de principe à celles qui suivent. Chaque leçon, à quelque distance du commencement ou de la fin qu'on la prenne, contient, en quelque sorte, le cours tout entier : lors donc qu'on nous croit stationnaires, il peut se faire que nous avancions; et, lorsqu'on nous voit avancer, il est possible que nous soyons stationnaires.

S'il existait un système sans défaut, il serait dans toutes ses parties toujours le même, et toujours divers.

Unité, diversité; certitude, progrès : certitude dans l'unité ; progrès dans la diversité. Voilà en deux mots tout l'artifice des connaissances qui s'élèvent au dessus du simple sentiment.

Et qu'on se garde de penser qu'il y ait contradiction dans ces énoncés qui mettent à découvert tout le secret de l'esprit; car les choses ne sont pas constantes, uniformes, unes, sous le point de vue qui les change, qui les varie et qui les multiplie.

Ainsi, ceux qui aiment à s'arrêter long-temps sur une même idée, qui se plaisent à en examiner tous les rapports, à la pénétrer jusque dans ses élémens, ceux-là ont un juste sentiment de la nécessité de bien savoir ce qu'ils savent; marque infaillible de succès toujours croissans.

Et ceux qui, dans des systèmes bien ordonnés, éprouvent une secrète impatience de se porter en avant, peuvent aussi se flatter de trouver la vérité, puisqu'ils cherchent à la reconnaître sous des formes toujours nouvelles.

Cependant, s'il fallait faire un choix entre ces deux dispositions, dont l'une a pour caractère la persévérance, une persévérance qui n'abandonne jamais son objet, et dont l'autre se montre par un désir inquiet de connaître tout à la fois, la première me paraîtrait de beaucoup préférable.

Si l'on se laisse aller à cette avidité de tout savoir, à cette impatience qui voudrait donner des ailes à l'esprit, il est à craindre qu'on ne reçoive que des impressions fugitives : on effleure tout; on n'approfondit rien; on vole sur la sommité des objets, d'où la vue ne saurait rien saisir d'une manière distincte : tandis qu'en se bornant à une seule pensée, en la serrant étroitement, on s'en rend le maître; on en dispose à son gré ; on la fait servir à l'acquisition de nouvelles connaissances.

Vous jugerez donc, qu'il peut être utile, et même nécessaire, de nous arrêter quelques instans sur le système des facultés de l'âme. En répétant, avec d'autres expressions, ce que nous savons déjà, il se trouvera que nous le saurons mieux.

Le système des facultés de l'âme se compose de deux systèmes : le système des facultés de l'entendement, et le système des facultés de la volonté. Le premier comprend trois facultés particulières : l'attention, la comparaison, le raisonnement. Le second en comprend également trois : le désir, la préférence, la liberté.

Remarquez une sorte de correspondance, une analogie même assez sensible, entre les facultés du premier et les facultés du second. Ces facultés, mises en regard, vous offrent l'attention d'un côté, et le désir de l'autre ; la comparaison et la préférence ; le raisonnement et la liberté.

Comme l'attention est la concentration de l'activité de l'âme sur un objet, afin d'en acquérir l'idée ; le désir est la concentration de cette même activité sur un objet, afin d'en obtenir la jouissance.

La comparaison est le rapprochement de deux

objets : la préférence est le choix entre deux objets qu'on vient de comparer.

Le raisonnement et la liberté ne présentent peut-être pas la même analogie ; cependant, en quoi consiste un acte de liberté ? n'est-il pas une détermination prise, après avoir mis en balance deux ou plusieurs partis, après en avoir *calculé*, pour ainsi dire, les avantages et les inconvéniens ? et la conclusion d'un raisonnement, n'est-elle pas le résultat de deux comparaisons, ou d'une sorte de *balancement* entre deux propositions ?

Ce serait, sans doute, une puérilité que de rechercher de pareilles symétries : mais quand elles se rencontrent naturellement, il ne faut pas les négliger. L'esprit est si faible qu'il a besoin de s'aider de toute espèce de secours ; et la symétrie en est un, puisqu'elle facilite l'action de l'esprit, et qu'elle soulage la mémoire.

Le système des facultés de l'âme ne peut rien laisser à désirer s'il nous donne une idée, bien claire, bien distincte, de toutes ses facultés, de leurs rapports, et de leur principe. Or, il remplit ces trois conditions : nous l'avons démontré. Il doit, par conséquent, satisfaire la raison.

Mais, dit-on, qui peut se flatter d'avoir cette idée claire et distincte de toutes les facultés de l'âme ? qui pourrait surtout ne pas souhaiter quelques nouveaux éclaircissemens sur la liberté morale qui termine le système, et sur l'attention qui le commence? Combien d'objections s'élèvent contre la liberté ? Combien d'obscurités environnent la nature de l'attention ?

Je vais vous soumettre quelques réflexions propres, si je ne me trompe, à écarter la plupart des difficultés qu'on fait contre la liberté morale. Je tâcherai aussi de répandre quelque nouvelle lumière sur ce qu'on trouve si obscur, la nature de l'attention.

La liberté est une des questions les plus importantes et les plus épineuses dont s'occupe la philosophie. Dans tous les temps, elle a exercé la méditation des plus grands esprits : à plusieurs époques, elle a enfanté des sectes, et agité des nations entières. C'est la question du *destin* des anciens, de la *fatalité* des musulmans, et du *libre arbitre* des chrétiens. Vous savez tous que la liberté, mal entendue, a produit des guerres qui, plus d'une fois, ont ensanglanté l'Europe, ou, du moins, qu'elle en a été le prétexte, si elle n'en a pas été la cause.

Je ne reproduirai pas les argumens qui établissent la liberté morale de l'homme : vous les connaissez suffisamment ; mais ce que vous connaissez moins bien, ce sont les ambiguïtés et la confusion qui règnent dans la plupart des traités que nous ont laissés, sur cette question, les auteurs même les plus célèbres.

On a confondu avec la *liberté morale* quatre choses qui ne sont pas elle, la *liberté naturelle*, la *liberté sociale* ou *politique*, l'*activité* de l'âme, et la *volonté*.

La plupart des philosophes, en définissant la liberté *le pouvoir de faire ce qu'on veut*, ont cru définir la liberté morale; ils n'ont pas seulement défini la simple liberté ; car nous avons vu (pag. 125) que le pouvoir de faire ce qu'on veut peut s'allier avec la nécessité. Cependant, comme nous ne sommes pas les maîtres de la langue, et que l'usage commande, en quelque sorte, de donner le nom de *liberté* au pouvoir de faire ce qu'on veut, nous concilierons peut-être tout, en donnant à ce pouvoir le nom de *liberté naturelle*.

La *liberté naturelle* est commune à l'homme et aux animaux. Elle consiste dans le pouvoir d'agir pour satisfaire ses besoins. Toute la nature vivante est dans un mouvement continuel pour se délivrer d'un besoin qui se renouvelle sans cesse. Depuis le ciron jusqu'à l'éléphant, tout s'agite pour trouver l'aliment indispensable au soutien de la vie. Tous les animaux, en agissant pour satisfaire leurs besoins, font ce qu'ils ont besoin de faire, ce qu'ils désirent de faire, ce qu'ils veulent faire ; *ils font ce qu'ils veulent.* Quand le tigre déchire l'agneau, il fait ce qu'il veut ; quand l'agneau tette sa mère, il fait ce qu'il veut. Dira-t-on que le tigre ou l'agneau font des actes moralement bons ou mauvais ? les animaux, avec le pouvoir de faire ce qu'ils veulent, ne jouissent donc pas de cet attribut qui appartient à l'homme exclusivement, la *liberté morale.*

Quelquefois on a confondu la *liberté sociale* ou *politique*, avec la liberté morale. On ne faisait pas attention que la liberté politique, résultat d'une bonne organisation du corps politique, suppose tout à la fois, l'existence de la liberté naturelle et celle de la liberté morale.

D'autres, voulant prouver que l'homme jouit de la liberté morale, se sont attachés à faire voir que l'âme était douée d'un principe d'*activité*, ou de *spontanéité*; et ils se sont arrêtés à ce premier pas, croyant que l'activité entraînait nécessairement avec elle la liberté, ou même qu'elle était identique avec la liberté.

Ils n'ont pas aperçu qu'entre la simple activité et la liberté, il s'interposait deux facultés, le désir et la volonté (1). En effet, nous agissons d'abord par instinct et machinalement : bientôt le plaisir, ou la douleur qui suivent nos premiers mouvemens, nous avertissent de les répéter ou de nous en abstenir ; et alors, les mouvemens sont désirés ; ils sont choisis, préférés, voulus; l'activité devient désir, volonté; comme la volonté, lorsqu'elle aura été précédée par la délibération, deviendra la liberté.

Voici l'ordre dans lequel se fait ce développement. Activité, désir, volonté (ou préférence), liberté, moralité : la moralité est l'effet de la liberté ; la liberté dérive de la volonté ; la volonté, du désir ; le désir présuppose l'activité, condition de toutes les facultés. Il ne peut donc pas exister de moralité sans liberté, ni liberté sans volonté, ni volonté sans désir, ni désir sans activité. Mais il est possible qu'il y ait activité sans désir, désir sans volonté, volonté sans liberté, et liberté sans moralité.

Que si l'on niait qu'un être sensible pût être actif, sans qu'aussitôt il désirât et voulût, on accordera du moins, et l'on devra accorder

---

(1) Dans cet alinéa et les suivans, le mot *volonté* doit être pris, non dans son acception générale, mais dans son acception particulière ; il est synonyme de *choix*, de *préférence*.

qu'il pourrait être actif sans vouloir librement, et sans être susceptible de moralité ; il n'en faut pas davantage, puisque dans ce moment j'ai affaire à ceux qui prétendent qu'il suffit d'être actif pour être libre, et libre d'une liberté morale.

Ceux qui ont placé la liberté morale dans la simple *volonté*, ont plus approché du but que ceux qui l'avaient confondue avec la simple activité ; mais s'ils ont approché du but, ils ne l'ont pas atteint. Deux conditions sont nécessaires pour que la volonté devienne liberté morale : une délibération antérieure, pour qu'elle devienne liberté ; et un but autre que l'intérêt exclusif du *moi*, pour qu'elle devienne morale. (pag. 118 et 120.)

N'oubliez donc pas, lorsque, lisant des traités sur la liberté, vous vous trouverez embarrassés dans des difficultés inextricables, de vous demander si les auteurs n'auraient pas confondu avec la liberté morale, la liberté naturelle, ou la liberté politique, ou la simple activité, ou la volonté considérée indépendamment de toute délibération antérieure. Cette précaution économisera votre temps et votre travail.

Après ces remarques sur la liberté morale qui termine le système des facultés de l'âme, on veut que nous nous reportions au principe de ce système, à l'attention. Je croyais avoir suffisamment éclairci tout ce qui regarde la nature de cette faculté; il paraît qu'on en juge autrement. Je vais donc revenir sur ce que j'ai déjà dit.

Souvenez-vous de la manière dont toutes les facultés de l'âme sont liées les unes aux autres. La liberté dérive de la préférence; la préférence, du désir : le désir naît de l'action des facultés de l'entendement, qui sont l'attention, la comparaison et le raisonnement. Le raisonnement n'est qu'une double comparaison; la comparaison est une double attention; et l'attention, faculté première, est le principe générateur de toutes les facultés.

Quelle est la nature de ce principe? qu'est-ce que l'attention?

Voilà ce qu'on m'avait demandé, et ce qu'on me demande encore.

Je répondrai ce que j'ai déjà répondu, que je ne puis vous faire connaître cette faculté par des paroles. On ne définit pas les mots par des mots à l'infini. Lorsqu'on est arrivé à un mot primitif, à une idée première, on se trouve placé au commencement de tout : on est au terme où il faut nécessairement s'arrêter. Or, l'attention est le principe des facultés de l'âme; elle est donc au delà de toute définition.

Parce qu'il est impossible de définir l'attention, ne croyez pas que l'idée de cette faculté première laisse quelque chose à désirer du côté de la clarté; les principes portent avec eux leur lumière; et c'est cette lumière qui éclaire toutes les définitions, toutes les démonstrations, et qui se projette sur tous les développemens des sciences.

L'attention, ou la première manifestation de cette force qui, dans l'âme, modifie les sensations, les idées, et qui, dans le corps, produit les mouvemens appelés *volontaires*, ne se fait sentir que par son exercice; elle ne peut donc être connue que par elle-même.

On s'abuserait étrangement, si l'on croyait avoir une idée plus claire de la force que nous attribuons au corps, que de la force de l'âme. Lorsqu'un corps en choque un autre, et que par le choc il lui communique du mouvement, cette force de percussion, dont nous croyons avoir une idée, est, ou une force semblable à celle dont nous avons le sentiment, ou un phénomène d'un ordre différent. Dans la première supposition, c'est notre sentiment que nous prêtons au corps : nous jugeons qu'il se passe en lui quelque chose de semblable à ce qui se passe au dedans de nous; et ce jugement, fondé sur une fausse analogie, ne peut être qu'une erreur.

Si l'on suppose dans le corps choquant une

force qui n'ait aucun rapport, aucune analogie avec ce que nous sentons, il n'y a plus d'idée (je ne dis pas de réalité) sous les mots qu'on prononce.

L'idée que nous avons de l'activité de l'âme lorsque nous sommes attentifs à un objet; l'idée de cette force qui se concentre pour rendre la sensation plus vive, n'est donc, pour le redire encore, susceptible d'aucune définition : il nous est impossible de l'exprimer par des paroles; et cette impossibilité même confirme la vérité de notre système.

Le système des facultés de l'âme est démontré dans toutes ses parties, et rien, j'ose le dire, ne nous est mieux connu, ni en physique, ni en mécanique.

N'est-ce pas, dira-t-on, la plus étrange des illusions, de prétendre que l'on puisse connaître un système qui ne tombe sous aucun de nos sens, un système abstrait, intellectuel, un système métaphysique enfin, avec la même évidence que nous connaissons un système mécanique, un système tout matériel? nous voyons la montre; nous la manions; nous pouvons la transporter d'un lieu dans un autre : y a-t-il quelque chose de semblable ou d'analogue dans le système des facultés de l'âme?

L'objection, il faut en convenir, présente

les apparences de la vérité. Mais souvent l'erreur se cache sous de telles apparences. Vous ne voyez pas les facultés de l'âme : voyez-vous la faim ? voyez-vous la soif ?

Non, mais je les sens, répondez-vous.

Eh quoi ! ne sentez-vous pas l'attention ? ne l'avez-vous jamais assez long-temps exercée pour fatiguer vos organes ? ignorez-vous les effets d'une contention d'esprit trop long-temps prolongée ? vous sentez donc l'attention, tout aussi bien que vous sentez la faim ou la soif. Or, si vous la sentez, pourquoi ne pourriez-vous la connaître ? nos connaissances ne sont-elles pas fondées sur le sentiment ? (T. 2.)

Mais prouvons ce que je viens d'avancer ; que rien, en effet, ne nous est mieux connu que le système des facultés de l'âme ; et, s'il faut répéter ce que nous avons dit plus d'une fois, ne craignons pas de nous répéter.

Pour former un système, ou pour le concevoir quand il est formé, trois conditions, avons-nous dit, sont indispensables : idées exactes et précises de toutes les parties ; perception distincte de leurs rapports ; connaissance du principe générateur.

Voilà, en bien peu de mots, tout ce qui est nécessaire pour faire soi-même des découvertes, ou pour s'approprier les découvertes des autres :

mais ces expressions abrégées, ces propositions générales, admirables pour soulager la mémoire, parce qu'elles réduisent les connaissances acquises, à quelques mots, à quelques idées, sont tout-à-fait impuissantes pour faire naître ces idées. Le vague qui les environne peut satisfaire la présomption qui ne sait pas douter, et qui n'ignore rien. Il ne saurait contenter la raison.

On peut comparer, à quelques égards, les propositions générales, les maximes universelles, à ces effets de commerce qui représentent de fortes sommes, qui même en tiennent lieu, mais dont on suspecte un peu la valeur, jusqu'à ce qu'on les voie réalisées.

Réalisons donc : faisons sortir les règles de leur généralité : appliquons-les à quelque exemple particulier.

Celui que je choisis, puisque je l'ai mis en avant, et puisqu'on me l'oppose, est un chef-d'œuvre de l'industrie humaine, une des plus belles créations du génie de la mécanique ; c'est une montre. Voyons en quoi consiste la connaissance que nous pouvons en acquérir, et comparons cette connaissance à celle que nous avons du système des facultés de l'âme.

Je suppose donc que nous voulions nous former une idée juste et parfaite de ce système mécanique. N'est-il pas naturel d'en mettre toutes les parties sous nos yeux, de les examiner les unes après les autres, d'en observer les formes et les dimensions? Lorsque ce premier travail est fait, lorsque nous connaissons bien la nature et le nombre de tous les rouages, pouvons-nous ne pas les rapprocher les uns des autres pour former un tout d'une multitude de parties éparses? enfin, la curiosité peut-elle ne pas se demander quel est le mobile qui donne la première impulsion, et qui met tout en jeu?

Or, messieurs, lorsque vous aurez une idée bien distincte de toutes les pièces qui doivent entrer dans la composition de la montre; lorsque vous aurez aperçu la manière dont elles tiennent les unes aux autres, et que vous aurez reconnu le ressort qui communique le mouvement à une première roue, d'où il se transmet à une seconde, à une troisième, et enfin à l'aiguille qui marque les heures, en divisant le temps en parties égales, quelles nouvelles recherches vous sont nécessaires? Vous connaissez le principe, les moyens et le but; l'esprit est satisfait, et n'a plus rien à désirer.

Mais s'il ne vous manque rien pour l'intelligence parfaite de la montre qui est un système mécanique, que vous manque-t-il pour l'intelligence des facultés de l'âme (quoique le système qu'elles forment soit un système métaphysique) puisque ce système se fonde sur la perception distincte de chaque faculté en particulier, sur celle de leurs rapports, et sur la certitude d'avoir trouvé leur principe?

La parité est exacte, et si vous niez que je connaisse le système des facultés de l'âme, j'ai un droit égal de nier que vous connaissiez la montre.

Me pardonnera-t-on d'aller plus loin, et d'essayer de prouver que s'il y avait disparité, elle serait à l'avantage du système des facultés de l'âme?

Vous savez que dans une montre tout tient à un ressort; mais vous ignorez en quoi consiste la nature de ce ressort. Vous savez que le mouvement se communique d'une roue à une autre; mais vous ignorez de quelle manière se fait la communication du mouvement. Ces difficultés ne sont pas dans le système des facultés de l'âme. Car, certainement, je sais mieux ce qui se fait en moi, ou plutôt ce que je fais, quand je donne mon attention, que je ne sais ce qui se passe dans une lame d'acier, quand, après avoir été pliée, elle cherche à reprendre sa première forme. Je sais mieux comment la comparaison est suivie du raisonnement, que je ne sais comment une impulsion ou une pression est suivie d'un mouvement.

On dirait qu'il n'y a plus d'idées dans notre esprit, dès qu'il n'y a plus d'images. C'est un préjugé qui tombera de lui-même, quand nous traiterons de la nature de l'idée. On verra, et déjà l'on peut voir dans ce moment, qu'il n'y a *d'idées-images* que celles qui sont relatives à la vue et au toucher. (T. 2, leç. 4.)

Voilà les éclaircissemens qu'on m'a demandés, ou du moins voilà quelques éclaircissemens. Peut-être trouverez-vous que le peu que je viens de dire sur les systèmes en général, sur les fausses notions qu'on se fait de la liberté, sur la nature de l'attention et sur le degré de clarté qu'il nous est permis d'attribuer au système des facultés de l'âme, ajoute quelque chose à ce que nous savions.

HUITIÈME LEÇON.

Objections contre le système que nous avons adopté.

On me propose de nouvelles difficultés à résoudre, des doutes à dissiper, des questions auxquelles il faut répondre.

Messieurs, ce n'est pas moi qui fais le cours, ou du moins je ne le fais pas seul. Vos réflexions devancent les miennes : elles me portent en avant. Quelquefois vous prévenez des choses que je voulais dire ; d'autres fois vous m'en suggérez que je n'aurais pas dites. Nos leçons ne peuvent que gagner à ces communications que je dois aimer, puisque vous y mettez quelque intérêt.

Nous trouverons encore un avantage dans cette manière de philosopher, celui de varier la forme de nos discussions : un jour, ce sera un discours suivi ; une autre fois, ce sera une espèce d'entretien. Platon, Galilée, Mallebranche, et plusieurs autres grands philosophes, ont choisi le dialogue pour exposer leurs idées. Pourquoi n'imiterions-nous pas quelquefois de tels exemples ?

Les objections qu'on m'a adressées, me venant de divers côtés, ne sont pas très-liées entre elles, comme on peut le penser; mais toutes se rapportent à quelqu'une des choses que nous avons dites, et que je dois, ou justifier puisqu'on les attaque, ou éclairer par de nouvelles observations, puisqu'on m'en témoigne le désir.

Première objection. Vous composez l'entendement humain de trois facultés, l'attention, la comparaison, le raisonnement; et vous paraissez tenir beaucoup à n'en admettre, ni plus, ni moins. C'est porter les lois de la nécessité dans ce qu'il y a au monde de plus arbitraire. Quel inconvénient y aurait-il, d'un côté à reconnaître avec tous les métaphysiciens, la réflexion et l'imagination, comme parties intégrantes de l'entendement? et de l'autre, ne serait-il pas mieux, peut-être, et surtout plus simple, de ne pas faire de système, et de tout ramener à la seule attention; puisque, d'après vous-même, toutes les facultés considérées dans leur principe, ne sont que l'attention. On peut donc avoir une idée très-exacte de l'entendement, en lui attribuant plus de trois facultés : on le peut encore, en ne lui en attribuant qu'une seule. Convenez que votre système est *vôtre* en effet; qu'il n'est pas l'ouvrage de la nature; et qu'il est tout-à-fait arbitraire.

Réponse. Non, il n'est pas arbitraire, ni *mien*, comme on l'entend.

Un être, borné par sa nature à la simple attention, et manquant de la faculté de comparer, et de celle de raisonner, n'aurait aucune idée de rapport, et il lui serait impossible de voir une idée renfermée dans une autre idée.

Un être, doué de la faculté de donner son attention, et de celle de comparer, mais privé du raisonnement, ne verrait, dans une idée absolue ou relative, que cette même idée, sans jamais en tirer de nouvelles idées. Telle est, ce semble, la condition des animaux. Ils donnent leur attention; ils font quelques comparaisons : le raisonnement excède les limites de leur nature, quoique je ne veuille pas nier que dans bien des circonstances ils se conduisent comme s'ils avaient raisonné.

Mais nous qui, des premières idées absolues et relatives, avons fait sortir les arts et les sciences; nous, qui voyons les effets dans les causes, et les causes dans les effets, les conséquences dans leurs principes, et les principes dans leurs conséquences, nous avons, dans notre nature, une faculté d'un ordre supérieur, une faculté qui s'élève au-dessus de la simple attention et de la simple comparaison; nous avons la faculté de raisonner.

On ne peut donc reconnaître moins de trois facultés dans l'entendement.

Il ne faudrait pas objecter que la comparaison et le raisonnement n'étant que diverses manières de donner son attention, on doit n'admettre qu'une seule faculté; car les diverses manières d'être attentif, les divers modes d'action de l'âme, sont précisément ce que nous appelons ses *facultés*. Nous avons le droit de les appeler ainsi; nous le devons même, puisqu'il en résulte des effets différens de ceux que produit la simple attention.

En second lieu, sur quoi pourrait-on se fonder pour reconnaître plus de trois facultés dans l'entendement? Montrez-moi une idée qui ne soit le produit, ni de l'attention, ni de la comparaison, ni du raisonnement; à l'instant, j'introduis une nouvelle faculté dans le système.

Il est vrai que l'on compte la réflexion et l'imagination parmi les facultés de l'esprit; mais il faut prendre garde que la réflexion, l'imagination, et toutes les autres facultés qu'on pourrait distinguer, comme le goût, la pénétration, la sagacité, etc., se composent des trois facultés qui entrent dans notre système. La réflexion et l'imagination ne supposent pas quelque nouveau moyen d'agir, quelque nouvelle puissance de l'âme. Ce ne sont jamais que les trois facultés élémentaires qui agissent, ou séparées, ou réunies, ou successivement, ou simultanément, mais toujours les mêmes, quelle que soit d'ailleurs la diversité des objets sur lesquels s'exerce leur action.

On ne peut donc reconnaître ni plus ni moins de trois facultés dans l'entendement.

Seconde obj. S'il ne suffit pas de l'attention, de la comparaison, et du raisonnement, pour rendre raison de toutes les productions de l'esprit, vous serez forcé d'admettre quelque nouvelle faculté. Or, nous croyons avoir le droit de penser ainsi, et ce n'est pas vous qui pourrez nous le contester; car nous allons vous opposer à vous-même. Dans le discours sur la *langue du raisonnement*, que nous avons entendu à l'ouverture du cours, vous avez distingué la *méthode philosophique* de la *méthode descriptive*, l'analyse de raisonnement qui nous conduit d'un principe à ses conséquences, de cette autre analyse qui parcourt successivement les différentes parties d'un objet. (Pag. 43.) Vous devriez donc, ce semble, pour être fidèle à votre doctrine, compter parmi les facultés de l'entendement cette manière d'opérer, qui consiste à décrire les objets; une *faculté descriptive*, si l'on peut ainsi parler.

Rép. Voyons si l'attention, la comparaison et le raisonnement, ne suffisent pas à tout, et si une faculté autre que celles-là nous est nécessaire pour rendre raison de ce procédé de l'esprit qui se borne à la simple description des objets. Je prends au hasard la fable de la Mouche et du Coche :

> Dans un chemin montant, sablonneux, malaisé,
> Et de tous les côtés au soleil exposé,
>   Six forts chevaux tiraient un coche.
> Femmes, moines, vieillards, tout était descendu.
> L'attelage suait, soufflait, était rendu, etc.

« Dans un chemin montant, sablonneux, malaisé, »

C'est par l'observation, par l'attention, qu'on voit qu'un chemin est montant et sablonneux; mais s'il est montant et sablonneux, le raisonnement nous dit qu'il sera malaisé.

« Et de tous les côtés au soleil exposé, »

Vous ne trouvez ici qu'un acte d'attention, qu'un simple regard. Il n'y a pas de comparaison, puisqu'il s'agit d'un seul chemin. Il n'y a pas de raisonnement; car, de ce qu'un chemin est montant, sablonneux et malaisé, il ne s'ensuit pas qu'il soit exposé aux rayons du soleil.

« Six forts chevaux tiraient un coche. »

Voilà la comparaison; si nous n'avions pas vu d'autres chevaux, ceux-ci ne paraîtraient ni forts ni faibles.

« Femmes, moines, veillards, tout était descendu. »

Nous avons dans un seul vers les trois opérations à la fois; l'attention qu'on donne à chaque voyageur, la comparaison qui les fait distinguer les uns des autres, et, dans le mot *tout*, une espèce de raisonnement qui correspond à l'addition. J'en ai parlé dans une des séances précédentes. (Pag. 169.)

« L'attelage suait, soufflait, était rendu. »

L'attention nous dit que les chevaux suaient et qu'ils soufflaient : elle nous dit aussi qu'ils étaient rendus; mais le raisonnement tout seul eût suffi : de ce que les chevaux suaient, qu'ils soufflaient, et qu'ils tiraient un coche dans un chemin montant, sablonneux et malaisé, il est clair qu'ils devaient être rendus, l'expérience nous ayant appris que ces choses vont toujours ensemble.

Je ne continue pas cet examen. Il est prouvé qu'il suffit de l'attention, de la comparaison et du raisonnement, pour obtenir cet effet, qu'on appelle *genre descriptif*: et remarquez que le raisonnement doit toujours s'entremêler dans les descriptions, sans quoi nous nous en lasserions bien vite. En lisant une pure description, nous sommes presque entièrement passifs, au lieu que nous agissons dans le raisonnement; et les plaisirs de l'esprit sont surtout dans l'action.

On peut voir, d'après la manière dont s'exprime La Fontaine, que pour faire un raisonnement, il n'est pas nécessaire d'employer les signes matériels, *car, donc, en effet*, etc. : ces conjonctions ne peuvent être heureusement employées que lorsque les conséquences sont inattendues, soit à cause de leur singularité, soit parce qu'elles sont, ou qu'elles paraissent éloignées de leurs principes : *j'existe;* donc *quelque chose a toujours existé* : voilà le *donc* bien placé. Il avertit l'esprit du rapprochement de deux propositions qui semblaient séparées par un intervalle immense. Il en est de même du fameux argument de Descartes, quoique je ne veuille pas en garantir la solidité : *Dieu est possible;* donc *il est*. Mais, en général, il

faut raisonner sans afficher le raisonnement :
c'est la manière des grands écrivains, de Fénélon, de Bossuet, de Molière, de Boileau, et de tous les hommes de goût.

A l'occasion des vers que je viens de citer, et en vous rappelant le plan du cours de philosophie que j'ai indiqué dans une des premières séances, je hasarderai une idée qui peut-être vous surprendra d'abord; c'est qu'on pourrait faire un cours de philosophie, ou du moins de métaphysique et de logique, sur une page de Boileau, ou sur une scène de Racine, ou sur une fable de La Fontaine. Et pourquoi ne le trouverions-nous pas tout entier dans la fable du *Chêne et du Roseau?* n'y voit-on pas l'emploi le plus heureux des *facultés* de l'esprit, l'attention, la comparaison et le raisonnement? cette fable, chef-d'oeuvre du génie, n'est-elle pas un des plus beaux *produits* de l'action de ces facultés? n'offre-t-elle pas enfin le *moyen* le plus parfait dont puissent s'aider nos facultés, dans la langue admirable que parle La Fontaine? car, je veux le dire d'avance, pour vous fournir un texte de méditation : les langues sont l'instrument nécessaire et unique du raisonnement; les langues et les organes des sens sont les instrumens de l'attention et de la comparaison ; les langues, aidées de la mémoire, en l'absence des objets ; les langues et les organes en leur présence.

Ne me demandez pas à l'instant la preuve de ces propositions ; dispensez-moi d'ajouter une légère modification à ce que je viens de dire sur le raisonnement ; et cependant ne vous plaignez pas, comme on l'a fait plus d'une fois, que chacune de nos leçons laisse quelque chose à désirer : il faut bien qu'elles laissent quelque chose à désirer. Si chaque leçon se suffisait à elle-même, nous n'aurions pas un cours, un traité ; nous aurions autant de traités différens que de leçons. Si chaque leçon fait désirer la suivante, tant mieux pour vous et pour moi.

Je l'avais déjà dit (pag. 173), et la fable du *Chêne et du Roseau* semble le confirmer. Le cours tout entier doit se trouver, en quelque sorte, dans chacune de ses parties, mais je ne puis pas l'en faire sortir en une heure. Si je pouvais vous montrer la métaphysique, la morale et la logique, comme un peintre montre une action entière dans un tableau, vous verriez tout à la fois, mais vous ne verriez que confusion. Heureusement il m'est impossible de vous présenter mes idées autrement que dans un ordre successif, parce qu'il m'est impossible d'articuler plusieurs sons à la fois.

Mais l'impuissance de tout dire en un instant

est une chose dont il ne faut pas nous plaindre, puisque nous lui devons ce qu'il y a de clair et de distinct dans la pensée.

Cette succession forcée des idées par le langage parlé, démontre de la manière la plus sensible une proposition dont la vérité semble contredite par l'expérience, savoir, que les langues sont autant de *méthodes analytiques*, quoiqu'il y ait si peu d'hommes qui sachent, en parlant, bien analyser leur pensée.

Voilà encore une idée et une espèce d'énigme que je livre à vos méditations.

Troisième obj. Dans tout ce que nous avons entendu jusqu'ici, une chose a droit de nous surprendre. Vous avez proposé un système des facultés de l'*âme* ; vous avez rejeté un autre système des facultés de l'*âme* ; vous avez cherché à repousser les objections qu'on a faites contre votre système des facultés de l'*âme*. Ce mot *âme* revient à chaque phrase dans vos discours ; mais avez-vous démontré que nous ayons une âme ?

Rép. 1°. Est-il bien nécessaire d'avoir démontré l'existence de l'âme pour connaître les facultés de l'entendement ? Avant, comme après cette démonstration, il est incontestable que l'homme conçoit les choses, qu'il s'en fait des idées : il a donc des facultés par lesquelles il forme son intelligence, et que, par conséquent, on a le droit d'appeler *facultés intellectuelles.* Vous ne voulez pas que j'aie exposé le système des facultés de l'âme : convenez du moins que j'ai exposé le système des facultés intellectuelles de l'homme; et si je viens à vous prouver que ces facultés intellectuelles, qui appartiennent à l'homme, ne peuvent pas appartenir à son corps, vous serez obligés d'avouer qu'elles appartiennent à quelque chose qui diffère du corps, et qui cependant fait partie de l'homme. Mais je n'ai pas besoin pour le moment de vous donner cette preuve, puisque notre système reste tout entier, quelque opinion qu'on ait sur la nature de l'âme, ou sur la nature du principe pensant, du principe qui possède des facultés intellectuelles.

2°. Je prie celui d'entre vous qui a fait l'objection à laquelle je viens de répondre, de vouloir bien se souvenir que j'ai averti en commençant, que je supposais d'abord l'existence de l'âme, et que j'ai demandé la permission d'en renvoyer la preuve, à un moment où nous serons mieux placés pour en sentir toute la force. Boileau dit, en parlant de Malherbe :

« D'un mot mis en sa place enseigna le pouvoir. »

Une explication mise *à sa place* a encore plus de pouvoir qu'un mot, à moins que ce mot lui-même ne soit une explication. Je tâcherai de mettre à sa place la preuve de l'existence de l'âme : elle en paraîtra plus convaincante, et elle le sera réellement davantage.

Mais, messieurs, je la prépare de loin, cette preuve, en faisant l'analyse d'un certain nombre de facultés qui, ne pouvant appartenir au corps, commencent l'idée de l'âme. Nous ne pouvons arriver à la connaissance des êtres que par l'étude de leurs propriétés. Lorsqu'après avoir bien conçu ce que c'est que nos facultés intellectuelles, nous aurons parlé de toutes nos différentes manières de sentir, et de toutes nos différentes manières de connaître, qui sont autant de propriétés spirituelles, si on peut le dire, la preuve qu'on demande se montrera d'elle-même. (T. 2., leç. 12.)

Quatrième obj. Mon dessein n'est pas d'attaquer la théorie des facultés de l'âme en général, ni en particulier celle de l'entendement, dont il s'agit dans cette discussion. Les réponses dont vous avez accompagné les objections qui vous ont été adressées satisfont ma raison : mais, pour être convaincu, je ne suis pas tout-à-fait persuadé. J'ai la certitude ; je ne sens pas l'évidence.

Lorsque vous nous dites : l'attention, la comparaison, et le raisonnement, comprennent toutes les opérations de l'esprit, toutes les facultés dont l'âme a besoin pour acquérir des connaissances ; cela me paraît d'abord d'une grande clarté : mais, quand je reviens sur mes idées antérieures, cette clarté s'affaiblit aussitôt, et la confiance que m'inspirait votre système fait place aux doutes et aux incertitudes.

Voici les raisons qui me tiennent en suspens entre les opinions que j'avais et celles que vous voulez mettre à leur place.

1°. Toutes les logiques, à commencer par celle d'Aristote, ramènent à trois ou à quatre les facultés de l'entendement. Ces facultés sont l'idée, le jugement et le raisonnement, auxquelles on ajoute quelquefois la méthode. Ce système, reçu de tout temps dans les écoles, et même hors des écoles, est-il le vôtre ? en est-il différent ? Ce qu'on appelle *idée*, n'est-ce pas votre *attention* ? Ce qu'on appelle *jugement*, n'est-ce pas ce que vous appelez *comparaison* ?

2°. En plaçant à la tête de votre système l'attention, que faites-vous de *l'idée*, de la *perception*, du *sentiment*, du *sens intime*, de la con-

science; de la *sensation?* Toutes ces opérations, ou du moins quelques-unes d'entre elles, ne sont-elles pas à l'origine de tout ? ne se montrent-elles pas au premier moment de notre existence?

Rép. Le peu de soin qu'ont pris les philosophes de distinguer les facultés de l'âme, de ce qui n'est pas elles, de ce qui est le produit ou l'effet de leur action, est une des causes qui ont le plus obscurci toutes les questions de la logique et de la métaphysique. Cette confusion des idées devait nécessairement en amener une semblable dans le langage; et il est devenu presque impossible de savoir ce qu'on pense et ce qu'on dit, de s'entendre soi-même et d'être entendu des autres. Ainsi, le mot *pensée* exprime et les idées que nous nous formons des choses, et le travail de l'esprit nécessaire pour acquérir ces idées. Ainsi, le mot *entendement* signifie l'action de nos facultés, et la réunion de toutes nos connaissances : il en est de même de la plupart des mots qui entrent dans le dictionnaire philosophique.

Alors, la pensée est indivisible, et la pensée est divisible. Elle est indivisible comme principe d'action; elle est divisible comme réunion d'opérations, comme réunion d'idées, comme réunion, tout à la fois, d'opérations et d'idées. Alors, l'entendement est actif, il est passif; actif, quand on le considère comme une faculté, ou comme un assemblage de facultés ; passif, lorsque, le prenant dans le sens étymologique, on ne voit en lui qu'une simple capacité de recevoir les idées. Alors, le jugement est un acte, ou une simple perception de rapport; un acte, quand on le confond avec la comparaison; une simple perception, ou même, comme on l'a dit, un repos absolu de l'âme, quand on le prend pour le résultat de la comparaison. Alors enfin, tout devenant problématique, parce que tout est vrai, parce que tout est faux, on voit les doctrines, ou plutôt les assertions les plus opposées, soutenues avec un égal acharnement. Chacun parle d'après sa propre conviction; chacun en appelle au sentiment ; mais tous sont égarés par un sentiment trompeur, et par une fausse conviction : les mêmes disputes et les mêmes divisions recommencent éternellement pour ne jamais finir; et la philosophie, qui devrait être l'asile de la paix autant que celui de la sagesse, devient une lice toujours ouverte aux passions et aux combats des opinions les plus extravagantes.

C'est pour couper le mal dans sa racine, que nous avons fondé la division du cours de philosophie sur la distinction qui se trouve entre les puissances de l'esprit et le produit de ces puissances. Dans la première partie que nous traitons en ce moment, il s'agit des *facultés de l'âme*, considérées dans leur *nature*, et il ne s'agit pas d'autre chose. Dans la seconde, nous ferons l'étude des *effets* qu'on obtient par l'exercice de ces mêmes facultés, c'est-à-dire, que nous observerons nos idées et nos connaissances, dans leur *origine*, ou plutôt dans *leurs origines*, dans leurs *causes*, et dans les *divers modes de leur formation*. Cette séparation des facultés de l'âme et de leurs produits, marquée d'une manière si évidente, nous empêchera de les confondre : elle préviendra les malentendus qui rendaient impossible tout rapprochement ; et elle facilitera la solution de plusieurs questions sur lesquelles on ne pouvait jamais s'accorder.

Et, pour en venir aux rapports qu'on suppose entre ce que je vous enseigne et ce qu'on trouve dans toutes les logiques, il est facile de voir, que la logique, ou, comme on la définit, *la science régulatrice des facultés de l'esprit*, ne peut, en aucune manière, commencer par un traité de l'*idée*. Les idées sont le résultat de l'action de nos facultés ; elles ne sont pas des facultés: par conséquent elles ne peuvent pas entrer dans une théorie des facultés. L'attention, principe des facultés de l'entendement dans le système que nous avons adopté, ne peut donc pas se ramener à l'*idée* qu'on suppose faussement principe de facultés, ou première faculté, dans le système que suit la logique des écoles.

Quant au *jugement*, si l'on ne veut pas se borner à entendre par ce mot la simple perception du rapport entre les idées, et qu'on veuille lui faire exprimer le travail qui est nécessaire pour découvrir ce rapport ; alors, j'en conviens, la comparaison sera la même chose que le jugement, et nous dirons comme les autres, mais ce ne sera que du moment qu'ils auront dit comme nous.

Le système reçu dans les écoles n'a donc qu'une fausse analogie avec celui que je vous ai proposé.

Je passe à la seconde observation qui m'a été faite.

N'y a-t-il pas plusieurs facultés qui, dans notre âme, précèdent celles dont vous nous parlez ? Comment ne pas reconnaître, d'abord, le *sentiment*, la *sensation*, l'*idée*, la *perception*, le *sens intime*, la *conscience*; toutes choses qui, soit que les métaphysiciens veuillent les confondre, soit qu'ils les séparent, se montrent certainement avant l'exercice de l'attention ?

Il y a ici bien des choses à démêler. Disons

d'abord ce que nous entendons par le mot *sen-timent*; nous ne serons plus embarrassés pour expliquer les autres.

Le sentiment (1) est ce que nous éprouvons, lorsque les objets extérieurs agissent sur nos organes, ou encore, lorsque, indépendamment de l'action de tout objet extérieur, il se fait quelque changement dans l'intérieur de notre corps. Nous sentons, par l'effet d'un coup reçu, par l'impression de la lumière sur la rétine, etc.; nous sentons, à la suite de certains mouvemens qui ont lieu dans la membrane de l'estomac; c'est le sentiment de la faim, etc.

Nous ne connaissons le sentiment que parce que nous l'éprouvons. Si nous n'avions jamais souffert la faim, nous ignorerions ce qu'elle est. Si nous n'avions jamais vu des couleurs, nous ne pourrions pas les connaître. Les diverses manières de sentir ne nous sont connues que par l'expérience, et les paroles seraient inutiles pour en donner une idée à celui qui ne les aurait pas éprouvées. Mais, pour ne pouvoir être définies ou expliquées par des paroles, elles

---

(1) Il ne sagit ici que d'une seule espèce de *sentiment*. On verra dans la seconde partie (leç. 2) qu'il faut en distinguer quatre espèces. Je ne serais pas entendu si je voulais anticiper.

n'en sont pas moins connues avec la plus grande clarté. Quoi de plus clair, de plus distinct, que les sons, les couleurs, les saveurs ? Nous arrive-t-il jamais de les confondre ?

Si le sentiment ne peut être connu que par expérience, tout ce qui dérive du sentiment peut être connu, à la fois, et par expérience, et par des explications verbales.

Ainsi, la *sensation* est le sentiment rapporté aux organes du corps, ou aux objets extérieurs. La sensation douloureuse qu'occasione la goutte, est un sentiment de l'âme rapporté au pied : la sensation de l'odeur de rose est le sentiment de cette odeur rapporté à la rose, ou, si vous voulez, considéré comme nous venant de la rose, ou, si vous voulez encore, considéré comme produit par la rose, par les émanations qui s'échappent de la rose et qui frappent le sens de l'odorat.

L'*idée* ou la *perception* est le sentiment démêlé d'avec d'autres sentimens, avec lesquels il se trouvait confondu. Ceci sera expliqué, d'une manière très-détaillée, dans la seconde partie (T. 2, leç. 1 et 4.)

Le *sens intime*, ou le *sentiment intérieur* est le sentiment considéré comme concentré en nous-mêmes.

La *conscience*, c'est encore le sentiment,

lorsqu'il nous avertit de notre propre existence, ou de l'existence de nos modifications.

C'est donc par l'exercice de notre activité, c'est par un retour sur nous-mêmes, quelque rapide qu'il puisse être, ou par une action de l'âme qui se porte au dehors, que le sentiment devient idée, sens intime, sensation, et que nous acquérons la conscience de notre propre existence.

Le sentiment est antérieur, sans doute, ne fût-ce que d'un instant indivisible, à l'attention, et à toute action de l'âme, puisque l'âme ne peut agir et donner son attention qu'autant qu'elle sent ou qu'elle a senti : mais le sentiment n'est pas une faculté, comme on le suppose dans l'objection ; il est le résultat des mouvemens qui s'opèrent dans le corps. Son antériorité n'empêche donc pas l'attention d'être la faculté première, la faculté de laquelle dérivent toutes les autres facultés.

J'ai dit que le sentiment, lorsqu'il nous avertit de notre propre existence, prend le nom de *conscience* : on a demandé, si un être sensible sait qu'il existe, du moment qu'il éprouve un premier sentiment; si, par exemple, la statue de Galatée, au moment qu'elle s'anime sous le ciseau de Pygmalion, au premier moment où elle commence à sentir, peut dire *moi*.

Les métaphysiciens se partagent sur la solution de cette question. Les uns prétendent qu'il ne suffit pas d'un premier sentiment pour être averti qu'on existe ; et les autres, que l'*existence*, ou la *personnalité*, ou le *moi*, se montre avec le premier sentiment.

Condillac, dans son *Traité des sensations*, suppose une statue dont la vie commence par le sentiment d'odeur de rose ; et il dit que, relativement à nous qui sommes placés en dehors, elle est une statue qui sent une odeur de rose ; mais que, relativement à elle-même, elle n'est que l'odeur de rose, c'est-à-dire que le simple sentiment d'odeur.

On a attaqué cette opinion, et l'on a soutenu contre Condillac, qu'à une première odeur, la statue, ou plutôt l'âme de la statue, serait, relativement à elle-même, non pas seulement une odeur de rose, mais qu'elle serait, et se croirait, une âme modifiée en odeur de rose.

La différence de ces deux manières de voir est moins grande qu'elle ne le paraît d'abord.

En effet, Condillac, en refusant de reconnaître la personnalité dans un premier sentiment, la trouve dans un second ou dans un troisième ; car, en faisant passer successivement sa statue, de l'odeur de rose à celle d'œillet, de jasmin et de violette, elle doit nécessairement distinguer en elle-même quelque chose de variable et quelque chose de constant : du variable, elle fait ses modifications ; du constant, elle fait son *moi*.

La question peut donc se ramener à ces termes : est-ce au premier instant, ou bien au second, ou bien au troisième, qu'un être sensible est averti de son existence ? et l'on comprend que la diversité des réponses ne prouverait pas une différence bien importante dans la manière de voir.

Je crois cependant cette question susceptible d'une solution qui ne laisse aucun doute.

Je dis donc, que d'abord la statue a le *sentiment* de son existence ; mais qu'il lui faut une suite de modifications pour en avoir l'*idée*. Si cette explication ne suffit pas, j'y reviendrai à la prochaine séance, en attendant qu'elle reçoive tous ses développemens dans la deuxième partie, dont l'objet principal est de montrer la différence qui se trouve entre nos *idées* et nos *sentimens*.

Je finis par une réflexion de Condillac, aussi profonde qu'ingénieuse : après avoir observé que la statue, bornée au sens de l'odorat, ne pourrait connaître que des odeurs, et qu'il lui serait impossible d'avoir aucune idée d'étendue, de figure, de résistance, aucune idée des corps en un mot, il s'adresse aux matérialistes.

« Que les philosophes, dit-il, auxquels il paraît évident que tout est matériel, se mettent pour un moment à sa place, et qu'ils imaginent comment ils pourraient soupçonner qu'il existe quelque chose qui ressemble à ce que nous appelons *matière !* »

Je vous exhorte à méditer ces paroles qui se trouvent à la première page du *Traité des sensations*. Vous ne tarderez pas à vous dire, qu'il y a donc bien peu de philosophie dans l'opinion de ceux qui refusent l'existence à tout ce qui n'est pas matière.

NEUVIÈME LEÇON.

Si le système de Condillac favorise le matérialisme.

Je vous dois quelques éclaircissemens sur le sentiment de l'existence, sur la personnalité, sur le *moi*. Ce qui en demande surtout, c'est le passage de Condillac par lequel j'ai terminé la leçon précédente. La réflexion dont j'ai accompagné la lecture de ce passage, n'a pas été goûtée de tout le monde. Elle a donné lieu, au contraire, aux oppositions les plus marquées, tant sur la justesse de la réflexion elle-même, que sur les vrais sentimens de Condillac. Nous avons là une ample matière à discussion; et je croirai avoir employé la séance d'aujourd'hui d'une manière très-utile, si je réussis à faire tomber une prévention injuste. Commençons par ce qui est relatif au sentiment de l'existence. Cette question ne souffre aucune difficulté, pourvu qu'on sache se mettre à la place de la statue.

Condillac fait la supposition d'une statue organisée comme nous, et qui sentirait pour la première fois. Ce sera, si vous l'aimez mieux, un homme qu'on suppose n'avoir jamais rien senti, et qui est au moment de recevoir une première sensation. On le réduit au sens de l'odorat; et sa première modification est une odeur, une sensation d'odeur, une *sensation-odeur*. Condillac examine quelles sont les connaissances auxquelles peut s'élever cet homme, ou cette statue; et quelles sont les facultés intellectuelles qui entreront en exercice, avec le sens de l'odorat.

Mon intention n'est pas de m'engager dans cette suite de recherches, quoique très-curieuses et très-importantes. Je me borne à ce qui résulte dans l'âme de la statue, de la sensation d'une première odeur.

Les uns, comme je l'ai déjà dit, prétendent qu'une première sensation ne donne pas la conscience de l'existence; les autres soutiennent le contraire.

Ces deux opinions, tout-à-fait opposées en apparence, peuvent ne pas l'être dans la réalité. L'âme n'a pas la conscience de son existence à la première sensation qu'elle éprouve, si, par conscience, on entend une perception distincte; et l'âme en a la conscience, si, par ce mot, on se borne à entendre un sentiment confus.

Il est si vrai que l'âme aurait le sentiment de

son existence, qu'une sensation n'est que l'âme elle-même sentant, l'âme modifiée d'une certaine manière. Éprouver une sensation, c'est donc se sentir modifié; c'est se sentir, c'est avoir le sentiment du *soi*. Mais ce sentiment, se trouvant confondu avec le sentiment de la modification, ne peut pas en être distingué d'abord. L'âme ne peut pas, au premier instant, séparer deux choses qu'elles sent à la fois, elle ne peut pas dire, *je, odeur* : elle ne peut pas commencer par juger; et elle commencerait par faire un jugement, si, au premier instant, elle pouvait dire *je odeur*, ou *je suis odeur*.

Il me paraît donc qu'une première modification suffit pour donner le *sentiment* de l'existence, quoiqu'elle ne puisse pas en donner l'*idée*. (T. 2, leç. 1 et suiv.)

Ajoutez que, si une première modification ne portait pas avec elle le sentiment de l'existence, on ne voit pas comment une seconde, ou une troisième, ou une quatrième pourrait le donner; et qu'ainsi nous ne l'aurions pas nous-mêmes. Cette question me paraît donc résolue d'une manière satisfaisante.

En voici une autre, que nous résoudrons également par la même supposition d'une statue bornée au sens de l'odorat. Comme elle n'éprouverait que des sensations d'odeur, elle n'aurait aucune idée de l'étendue, ni de la mobilité, ni de la pesanteur, ni des sons, ni des couleurs, ni des saveurs, ni du froid, ni du chaud ; et cependant, elle aurait des idées de plaisir et de douleur, des idées de succession, d'étonnement : elle donnerait son attention, elle désirerait, elle aurait un entendement et une volonté. Seulement, l'exercice de ses facultés se trouverait circonscrit dans des limites extrêmement étroites. Or, ceci nous mène à une conclusion à laquelle on aurait pu ne pas s'attendre : c'est que les facultés auxquelles nous devons notre intelligence et notre raison, ne dépendent pas, quant à leur existence, de l'organisation de notre corps.

Condillac a donc anéanti d'un seul mot l'argument le plus spécieux, peut-être, des matérialistes. Car enfin, si un être peut exister; s'il peut être heureux ou malheureux ; s'il peut avoir les mêmes facultés intellectuelles et morales que nous, sans soupçonner qu'il existe de l'étendue, que deviennent les prétentions de ceux qui affirment avec tant d'assurance, qu'un être inétendu est une chimère; qu'une substance immatérielle est une négation d'existence ?

On ne dira pas que la supposition d'un être réduit au sens de l'odorat, soit inadmissible.

Les aveugles sont réduits à quatre sens : les aveugles-sourds sont réduits à trois : s'ils étaient encore privés de l'odorat, ce qui n'est pas sans exemple, il ne leur en resterait que deux : et ne dit-on pas que les hommes attaqués de la lèpre, perdent le sens du toucher ? On peut donc facilement imaginer un être sensible qui n'aurait qu'un sens unique, ce qui suffit pour nous donner le droit d'en faire la supposition.

Malgré ce que je viens de dire, mon intention, en vous donnant lecture du passage de Condillac, n'était pas de prouver la spiritualité de l'âme. Cette question n'appartenait pas à la dernière leçon ; elle n'est pas non plus l'objet de celle-ci. Seulement, j'ai saisi l'occasion de jeter dans vos esprits une semence de vérité, réservant pour un autre temps le soin de la faire éclore. J'ai été bien aise aussi de vous faire voir combien Condillac est éloigné du matérialisme que lui reproche l'irréflexion, puisque sa première pensée, en commençant le *Traité des sensations*, est de frapper de défaveur ce système, comme il l'avait déjà fait, en commençant son premier ouvrage, l'*Essai sur l'origine des connaissances humaines*.

Mais j'ai eu l'occasion de me convaincre, pour la millième fois, d'une chose qui étonne toujours, et qui, cependant, ne devrait plus étonner : c'est que les mêmes raisons, les mêmes argumens puissent faire naître dans les esprits, des opinions si opposées.

L'un de vous, immédiatement après la dernière séance, voulut bien me témoigner qu'il était singulièrement frappé de la preuve de l'immatérialité de l'âme qu'il venait d'entendre; et dans le même moment, on disait d'un autre côté, que le passage de Condillac ne prouvait rien, ni contre son matérialisme, ni contre le matérialisme en lui-même ; et j'ai su depuis, que ces deux opinions avaient été débattues avec une extrême vivacité.

Une telle divergence dans la manière de voir, est une chose remarquable. Je n'ai rien à dire, dans ce moment, à celui dont l'excellent esprit et la raison éclairée ont si bien pénétré les conséquences d'une idée qui semblait n'être que jetée : à l'autre, ou aux autres, je répondrai par une anecdote.

Un Hollandais fut présenté au roi de Siam, et eut avec lui une longue conversation. Le roi écoutait avec ravissement le récit des merveilles de l'Europe. Le Hollandais s'avisa de dire qu'il y avait une saison de l'année où les habitans de son pays marchaient sur l'eau à pied sec. Le roi, qui jusqu'alors avait montré une singulière satisfaction, changea tout à coup de visage; et, prenant un air courroucé, il dit au Hollandais : Vous mériteriez, pour une imposture aussi grossière, de ressentir les effets de mon indignation; retirez-vous de ma présence.

Le roi de Siam n'avait jamais vu l'eau que dans un état de fluidité. Il ne soupçonnait pas que le froid pût la rendre solide, et lui donner assez de consistance pour supporter le poids d'un homme. Nous sommes nés tous, et nous vivons tous au milieu de la matière : l'idée d'un état, où l'on pourrait sentir et penser sans soupçonner l'existence des corps, nous paraît d'abord une chimère; et nous nions la possibilité d'un tel état. Le roi de Siam qui nie la glace, c'est le matérialiste qui nie l'âme.

Comment se fait-il qu'un écrivain qui a employé toutes les ressources de son esprit à combattre le matérialisme, et à démontrer la spiritualité de l'âme, soit accusé d'être matérialiste? comment se fait-il encore qu'on lui impute d'ôter à l'âme toute son activité, tandis qu'il la reconnaît, qu'il l'établit à chaque ligne de ses ouvrages?

J'ai cherché long-temps les raisons sur lesquelles peuvent se fonder de telles inculpations; et je les ai toujours cherchées vainement. Il a donc fallu deviner ce que je ne voyais nulle part; et je veux vous communiquer mes conjectures. Mais auparavant il faut que nous sachions bien ce que c'est que les facultés de l'âme, et leurs diverses transformations, suivant Condillac. Il faut en avoir une idée bien précise, bien exacte, afin de nous assurer si les accusations de matérialisme portent sur la doctrine de cet auteur. J'ai lieu de penser, d'après la manière dont se sont exprimés quelques-uns d'entre vous, que cette doctrine n'a pas été parfaitement comprise. Je crois être sûr également, que de tous les écrivains qui l'ont approuvée ou critiquée, bien peu en ont pénétré le véritable sens.

Condillac reconnaît six facultés dans l'entendement, ou sept, en comptant la sensation, origine commune, suivant lui, de l'entendement et de la volonté : *sensation, attention, comparaison, jugement, réflexion, imagination, raisonnement.*

Ces facultés ne sont pas indépendantes les unes des autres; elles sont liées de telle manière, que chacune, excepté la première et la dernière, dérive de celle qui la précède, et engendre celle qui la suit. Le jugement dérive de la comparaison, et engendre la réflexion; la comparaison, qui donne naissance au jugement, dérive de l'attention; et l'attention, origine de la comparaison, a elle-même son origine dans la sensation, origine première, ou principe de toutes les facultés.

La dérivation de ces facultés, du jugement, par exemple, consiste en ce que le jugement n'est autre chose que la comparaison elle même, mais la comparaison modifiée par un changement qui lui est survenu : de même, la comparaison n'est que l'attention modifiée ; et l'attention enfin n'est que la sensation qui a subi un changement.

Mais quel est ce changement? quelle est cette modification dont a besoin une faculté, pour donner naissance à la suivante, pour devenir la suivante ?

Condillac va vous l'expliquer. Une sensation, lorsque vous dirigez vos organes sur l'objet qui l'a occasionée, acquiert un nouveau degré d'énergie; elle devient plus vive qu'elle n'était. Ce surcroît de vivacité dans la sensation est un changement qui s'est opéré en elle ; et alors elle prend le nom d'*attention*.

L'attention peut être double; l'âme peut éprouver à la fois deux sensations qui l'affectent avec une certaine vivacité. Quand l'attention, de simple qu'elle était, devient double, on a la *comparaison*.

Mais, par cela seul que l'âme compare, elle

sent quelque ressemblance ou quelque différence. Voilà le *jugement*.

Or, le jugement est simple ou composé. S'il est composé, il renferme un autre jugement, ou plusieurs autres jugemens :

« Un chemin est montant, sablonneux, malaisé; »

Nous avons là un jugement qui se compose de deux jugemens : 1°. un chemin est montant et sablonneux; 2°. un chemin est malaisé; et le second de ces jugemens, *un chemin est malaisé*, se trouve contenu dans le premier, *un chemin est montant et sablonneux*. Sentir que deux jugemens sont ainsi liés par le rapport du contenant au contenu, c'est *raisonner*.

La sensation, suivant Condillac, se change donc, ou, comme il s'exprime, se *transforme* successivement en attention, en comparaison, en jugement, etc. Si l'on trouvait que le mot *transformation* n'offre pas une idée suffisamment déterminée, on pourra l'interpréter d'une manière qui ne laisse rien de vague en l'appliquant à un système qui tombe sous les sens.

Vous savez tous que les filamens de l'écorce du chanvre ou du lin, par certaines opérations qu'on leur fait subir, se montrent sous la forme de fil ; et que le fil se transforme successivement en toile et en papier. Ici, le mot *transformation* présente une idée extrêmement claire, parce qu'il exprime un changement de forme survenu à une substance qui, étant matérielle, est susceptible de *formes*.

Ce même mot, *transformation*, emprunté de l'école d'Aristote et de celle de Bacon qui ne cesse de parler de *formes positives*, de *formes privatives*, de *formes substantielles*, etc., peut donc, par un transport du sens propre au sens métaphorique, s'appliquer assez heureusement aux changemens successifs qu'éprouve la sensation, dans le système de Condillac.

Et, si enfin on ne veut pas de ce mot, on n'a qu'à dire plus simplement, que la sensation se *change* en attention, en comparaison, en jugement, etc., ou encore, qu'elle *devient* attention, comparaison, etc., et que toutes les facultés de l'âme ne sont, dans leur principe, que la sensation, et, en elles-mêmes, que la sensation modifiée.

Voilà une exposition claire du système de Condillac, et si claire qu'il est impossible, je crois, de ne pas le comprendre. Ceux qui d'abord ne l'avaient pas bien saisi, ne me sauront pas mauvais gré de le leur avoir présenté de nouveau.

Mais, si l'on ne peut reprocher à ce système

un défaut de clarté, n'a-t-on pas le droit de lui reprocher le manque de vérité ?

Oui, messieurs, je le pense, et ne puis m'empêcher de le penser : un système ne peut se soutenir qu'autant que les faits, dont on veut rendre raison, sont bien constatés, et bien liés entre eux. Sont-ils bien constatés, sont-ils bien liés, dans le système de Condillac? n'avons-nous pas fait voir que l'*attention*, le *jugement* et l'*inquiétude* sont présentés d'une manière inexacte ? n'avons-nous pas démontré que la chaîne qui devrait être continue, depuis la première faculté jusqu'à la dernière, est rompue trois fois; dans le passage de la sensation à l'attention, dans celui de la comparaison au jugement, et dans celui du malaise à l'inquiétude. (Pag. 147.)

Telles sont les raisons qui nous ont forcés à abandonner ce système. S'il reposait sur des faits qu'on pût vérifier en s'observant soi-même; si leur déduction était une vraie génération, nous nous serions empressés de l'adopter, sans craindre le danger de matérialisme ; car rien au monde n'en est plus éloigné. Vous en jugerez bientôt vous-même.

La plupart des philosophes tiennent, et ont toujours tenu à quelque secte. Autrefois c'étaient des stoïciens, des épicuriens, des pyrrhoniens, des péripatéticiens : aujourd'hui, ce sont des cartésiens, des mallebranchistes, des lockistes, etc. Leibnitz, n'était occupé que d'une seule pensée. Il aurait voulu tout accorder, tout réunir; les gouvernemens, les religions, et toutes les sectes de philosophie. Je voudrais, à l'exemple de ce grand homme, chercher à rapprocher les esprits qui ne sont pas aussi séparés qu'ils le croient : je voudrais faire voir que leurs divisions sont moins réelles qu'apparentes, que souvent elles sont moins dans les choses que dans les mots. Avec plus d'accord dans les idées, il n'y aurait pas autant d'oppositions dans les sentimens; et, si l'on parvenait à s'entendre, on finirait peut-être par avoir la paix.

Qui n'aimerait les dispositions de Leibnitz? qui ne s'estimerait heureux de contribuer à faire cesser cette guerre d'opinions et de systèmes, qui dure depuis si long-temps, et qui seule, entre toutes les guerres, n'a jamais eu un moment de trêve?

Il importe peu de savoir si un homme, qui s'appelle Condillac, est spiritualiste ou matérialiste. Ce qui importe, c'est de s'assurer si les nombreux ouvrages de cet auteur contiennent une doctrine saine, ou s'ils renferment un dangereux poison : dans ce dernier cas, il faut dissuader tout le monde de les lire, et les arracher des mains de la jeunesse.

Examinons avec calme un système de philosophie si diversement apprécié; sachons quel jugement en porter.

Pour abréger cette discussion, je vous dirai d'abord toute ma pensée. Elle est dans les deux propositions suivantes.

1°. Non-seulement Condillac n'est pas matérialiste; on a pu dire qu'il exagère le spiritualisme.

2°. Non-seulement il n'ôte pas à l'âme son activité; il semble lui en accorder trop.

Nous voilà, certes, bien éloignés d'opinion.

Je commencerai par produire des argumens qui semblent accuser Condillac. Après quoi, vous entendrez la réponse. Vous jugerez de l'attaque et de la défense.

Voici les argumens contre : je ne chercherai pas à les affaiblir.

Objections. « Condillac admet et soutient que la pensée, la raison, la liberté; que toutes les facultés de l'âme, en un mot, ne sont que la sensation transformée.

Il admet et soutient, non-seulement que les idées sensibles, mais que toutes les idées intellectuelles et morales, toutes, sans en excepter une seule, sont autant de transformations de la sensation.

« En voilà plus qu'il n'en faut pour le convaincre de matérialisme. En effet, lorsqu'un homme est tourmenté de la goutte, la douleur n'est-elle pas dans ses pieds ou dans ses mains ? La douleur, qui est une sensation, appartient donc aux différentes parties du corps, elle appartient à la matière. Si donc, comme le prétend Condillac, toutes les plus nobles facultés de l'âme, si les idées les plus sublimes ne sont que la sensation transformée, elles sont autant de transformations d'une propriété de la matière; elles sont purement matérielles.

» Cet argument paraît irrésistible : celui qui suit, ne le paraît pas moins. La sensation étant un phénomène passif, toutes ses transformations sont nécessairement passives. Il n'y a donc ni activité, ni liberté dans notre âme; et, dès-lors, que devient la moralité de nos actions ? quelle différence reste-t-il entre le crime et la vertu ? une doctrine qui mène à de tels résultats, et qui dégrade ainsi la dignité de notre nature, doit être repoussée avec indignation. »

Quoique ces raisonnemens n'aient qu'une vaine apparence de force, peut-être les amis de Condillac en sont-ils inquiets. Qu'ils se rassurent. Voici comment il me semble qu'aurait pu répondre Condillac.

Réponse. « A quelle secte de philosophie, à quelle académie, à quelle école a-t-on emprunté de telles objections, ou plutôt des inculpations aussi graves ? il faut l'apprendre à ceux-là même qui sont les agresseurs : car ils ne se doutent pas qu'ils sont les échos d'Averroës et d'Albert-le-Grand. Faisons-leur connaître la philosophie qu'on enseignait au douzième et au treizième siècle.

» C'était un dogme de cette philosophie, que nous avons trois âmes ; l'âme *végétative*, l'âme *sensitive* et l'âme *raisonnable*. Ces trois âmes avaient des fonctions particulières, assez bien indiquées par leurs noms. L'âme végétative, commune aux animaux et aux plantes, était chargée de tout ce qui regarde le soin du corps : elle présidait à son accroissement, au maintien de la santé, à la guérison des maladies. L'âme sensitive, matérielle comme la végétative, éprouvait exclusivement toutes les sensations : très-peu élevée au-dessus de l'âme des bêtes, elle remplissait des fonctions purement animales : les besoins et les plaisirs du corps étaient son unique partage, et l'absorbaient toute entière. Tandis que l'âme raisonnable, d'une nature céleste, rayon émané de la divinité, substance toute spirituelle, vivait au milieu des idées et dans la contemplation des essences ; elle seule connaissait les principes de la morale et de la religion : elle seule pouvait s'élever jusqu'à Dieu. Aussi, l'appelait-on quelquefois l'*âme divine*.

» Il y a quelque chose d'ingénieux, de naturel au moins, à avoir ainsi imaginé trois principes différens, quand l'observation semblait offrir, dans notre nature, trois différentes espèces de phénomènes.

» Mais, comme chacun de ces trois principes avait son existence à part, et que chacun ignorait ce qui était du ressort des deux autres, on dut nécessairement s'apercevoir, plus tôt ou plus tard, qu'ils ne rendaient pas raison de ce qui se fait en nous. Des réflexions, suggérées par le simple bon sens, montrèrent l'insuffisance de ces hypothèses. L'expérience disait à tous les momens, que l'âme raisonnable connaît très-bien tout ce qui se passe dans l'âme sensitive. Sur quoi portent en effet la plupart des pensées de l'âme raisonnable ? à quoi songent habituellement le plus grand nombre des hommes ? N'est-ce pas à leurs affaires, à leurs intérêts, à leur santé, à leur bien-être ; toutes choses qui sont du ressort de l'âme sensitive ?

» Il fallut donc renoncer à cette trinité d'âmes, et ne reconnaître qu'une âme unique ; mais que fit-on ? on composa cette âme unique de trois parties distinctes, l'inférieure, qui tenait la place de l'âme végétative ; la moyenne, qui correspondait à l'âme sensitive, et la plus élevée, qui remplissait les fonctions de l'âme raisonnable.

» Ne croit-on pas lire les premiers vers de *l'art poétique* d'Horace ? *une belle tête de femme, un assemblage bizarre de membres pris de divers animaux : le tout, terminé en poisson hideux.*

» Telle est la doctrine qui a été professée dans toute l'Europe pendant cinq ou six siècles. Voilà ce que des professeurs de philosophie ont enseigné à nos pères, jusqu'à l'époque de Bacon ; de Bacon, qui a, non pas rejeté, mais adopté cette âme sensitive en même temps que cette âme raisonnable.

» *Enfin Descartes vint*, et, le premier, il traça la ligne de démarcation qui sépare à jamais le domaine de l'intelligence, de celui de la matière : à la matière il laissa le mouvement, et rien que le mouvement : la sensation, comme la pensée, appartint exclusivement à l'âme. Ce grand homme employa toutes les ressources de son génie pour distinguer ce qui jusqu'à lui avait été confondu, ou mal démêlé (1); et, depuis ce moment, aucun vrai philosophe ne s'est écarté de sa doctrine.

» Et parce que vous êtes, de plus de cent cinquante ans, en arrière des lumières de votre siècle, il faut que vous en preniez le droit de m'appeler *matérialiste !* Qui donc ici mérite ce reproche ? Vous accordez le sentiment à la matière ; et, comme c'est un seul et même être qui sent et qui pense, ne voyez-vous pas que

---

(1) « La plupart de ceux qui passent pour habiles dans
» le monde, ne voient que fort confusément la différence
» essentielle qui est entre l'esprit et le corps. Saint Augus-
» tin même, qui a si bien distingué ces deux êtres, confesse
» qu'il a été long-temps sans pouvoir la reconnaître ; et,
» quoiqu'on doive demeurer d'accord qu'il a mieux expli-
» qué les propriétés de l'âme et du corps, que tous ceux
» qui l'ont précédé et qui l'ont suivi jusqu'à notre siècle,
» néanmoins il serait à souhaiter qu'il n'eût pas attribué
» aux corps qui nous environnent, toutes les qualités sen-
» sibles que nous apercevons par leur moyen ; car, enfin,
» elles ne sont pas clairement contenues dans l'idée qu'il
» avait de la matière ; *de sorte qu'on peut dire avec quel-*
» *que assurance, qu'on n'a point assez clairement connu*
» *la différence de l'esprit et du corps que depuis quelques*
» *années ;* » c'est-à dire, depuis la publication des Méditations de Descartes.

(Mallebranche, préface de la Recherche de la Vérité, pag. 8, in-4°.)

vous lui accordez en même temps la pensée ? C'est donc vous qui méritez, et à double titre, l'imputation que vous me faites. Moi, au contraire, je refuse à la matière tout sentiment : je fais sortir toutes les modifications de l'âme, d'une première modification spirituelle; et vous accusez ma doctrine de dégrader la nature humaine ?

» Je ne veux pas pousser plus loin une juste défense : je m'empresse même d'en retirer tout ce qui se tourne en récrimination contre vous. Non, je ne pense pas que vous soyez matérialiste, quoique le matérialisme soit une conséquence nécessaire de vos principes. J'aime mieux croire que vous n'avez pas aperçu cette conséquence. Mais, en vous excusant de n'avoir pas vu l'erreur où elle est, j'ai le droit de me plaindre que vous l'ayez vue où elle n'est pas.

» Après tout ce que nous ont enseigné Descartes et Mallebranche, après les preuves invincibles qui démontrent que la sensation ne peut être que la modification d'une substance spirituelle : quand, à défaut du raisonnement, l'expérience si connue de celui qui souffre dans la main qu'il n'a plus, fait voir avec tant d'évidence que la douleur n'appartient pas au corps, comment est-il possible qu'on s'obstine encore à vouloir faire sentir la matière ?

» Cette erreur ne tiendrait-elle pas, comme tant d'autres, à quelque confusion de mots? ne serait-elle pas l'effet d'une méprise de langage ?

» Le mot *impression* s'applique au corps et à l'âme ; et, quand il s'applique à l'âme, il devient synonyme du mot *sensation*. On dit que les objets extérieurs font une impression sur nos organes : on dit encore, du moins dans la langue française, qu'ils produisent une impression dans l'âme.

» *Sensation* et *impression*, considérées dans l'âme, expriment donc une seule et même chose : la sensation est impression ; l'impression est sensation.

» L'habitude d'identifier ces deux mots lorsque nous parlons de l'âme, ne ferait-elle pas qu'on les identifie de même en parlant du corps, et que l'on confond ainsi les impressions faites sur les organes, avec les sensations ?

» Alors on a raison de s'alarmer d'une philosophie qui fait dériver l'intelligence, des sensations ; puisque, d'après cette fausse manière de voir et de parler, elle dérive d'une propriété de la matière.

» Mais les sensations, vous devriez le savoir, ne sont pas les impressions faites sur les organes ; et je ne dois pas être responsable des opinions répréhensibles qui sont la suite nécessaire de la confusion de vos idées et des vices de votre langage. »

Condillac vient de vous prouver qu'il est spiritualiste : consentira-t-il à vouloir l'être jusqu'à l'excès ? Non, sans doute ; il ne ferait jamais une pareille concession : il nous dirait que, lorsqu'il s'agit de la vérité, il ne veut être ni en deçà ni au delà, et qu'en cherchant à éviter une erreur, il n'a eu garde de se jeter dans une erreur opposée ; mais il n'en est pas moins à remarquer qu'il est si opposé au matérialisme, qu'un des auteurs les plus orthodoxes du dernier siècle, un écrivain qui a combattu sans relâche les matérialistes, et qui n'a fait grâce à aucun homme célèbre de son temps, lorsqu'il a vu ou cru voir dans ses ouvrages la plus légère atteinte aux dogmes fondamentaux de la religion, l'auteur des *Lettres à un Américain*, s'exprime de la manière suivante, en parlant du *Traité des sensations*.

« J'ai déjà montré ce qu'on doit penser de ce traité, dans un ouvrage qui paraîtra incessamment. Il est de la dernière importance à tous égards, de discuter ce livre profond, où l'auteur, dont la pénétration est supérieure, a poussé l'analyse de nos sens bien au delà de ses justes bornes : *il s'y écarte le plus qu'il est pos-*

sible du matérialisme ; mais il ne sent pas assez que les deux extrémités sont également vicieuses, et qu'il est peut-être plus dangereux pour ceux qui s'obstinent à méconnaître la nature de leur âme, de les pousser dans un spiritualisme universel, que de leur laisser le dogme stupide du matérialisme. » (*Lettres à un Américain*, tom. II, pag. 8.) »

Observez, je vous prie, que c'est le *Traité des sensations* qui a été particulièrement le prétexte de l'accusation de matérialisme. *Sensation, statue* : il n'en faut pas davantage à certains esprits pour crier au matérialisme. Si on avait été plus loin que le titre, si on avait lu seulement la première page, on aurait porté un jugement plus équitable.

Vous me dispenserez d'examiner si le *Traité des sensations* conduit en effet à un spiritualisme universel. Ce n'est pas de quoi il s'agit dans ce moment. Il me suffit d'avoir établi ma première proposition, qui en comprend deux, et même trois. Condillac n'est pas matérialiste : on a pu dire qu'il exagère le spiritualisme ; et enfin, ceux qui l'accusent, favorisent sans le savoir, l'opinion qu'ils condamnent.

Venons à la seconde proposition. Condillac ôte-t-il à l'âme son activité ?

Écoutez la lecture des passages suivans, et vous ferez la réponse vous-mêmes.

1°. « Plus le contraste des plaisirs et des peines a de vivacité, plus il occasionne d'*action* dans l'âme. » (*Traité des sensations*, pag. 9.)

2°. « L'expérience seule suffit pour nous convaincre qu'une grande multitude d'impressions qui se font à la fois, avec le même degré de vivacité, ôte toute *action* à l'esprit. » (*Idem*, pag. 15.)

3°. « Le désir n'est donc que l'*action* des mêmes facultés qu'on attribue à l'entendement. » (*Idem*, pag. 21.)

4°. « Nous verrons comment l'âme acquiert d'un moment à l'autre plus d'*activité*, et s'élève de connaissances en connaissances. » (*Idem*, pag. 22.)

5°. « Il y a en nous un principe de nos *actions*, que nous sentons, mais que nous ne pouvons définir : on l'appelle *force*. Nous sommes également *actifs* par rapport à tout ce que cette force produit en nous, ou hors de nous. » (*Idem*, pag. 62.)

6°. « On peut considérer l'âme comme *active* ou comme passive. » (*Art de penser*, pag. 110.)

7°. « L'esprit est purement passif dans la production des idées simples : il est, au contraire,

actif dans la génération des idées complexes. »
(*Idem*, pag. 169.)

8°. « Ce sont les *actions* de l'âme qui déterminent celles du corps ; et, d'après celles-ci qu'on voit, on juge de celles-là qu'on ne voit pas. » (*Logique*, pag. 11.)

Voilà, je pense, des citations autant et plus qu'il n'en faut pour vous convaincre que jamais personne n'a mieux reconnu l'activité de l'âme.

Et non-seulement Condillac reconnaît cette activité ; il combat les philosophes qui semblent y porter atteinte. Mallebranche avait dit : « J'appelle la faculté ou la capacité qu'a l'âme de recevoir les idées, *entendement*. » (*Recherche de la vérité*, pag. 3.)

Condillac le reprend en ces termes : « l'esprit ne forme donc par lui-même aucunes idées ; elles lui viennent toutes faites ? Voilà les conséquences qu'on adopte, quand on ne raisonne que d'après des comparaisons : mais, quand on voudra consulter l'expérience, on verra que l'entendement n'est passif que par rapport aux idées qui viennent immédiatement des sens, et que les autres sont toutes *son ouvrage*. » (*Traité des systèmes*, pag. 113)

Enfin, Condillac me paraît exagérer l'activité de l'âme, lorsqu'il la voit non-seulement dans la sensation, mais dans la première sensation.

Il ne servirait de rien de rappeler que moi-même, en examinant le système de Condillac, j'ai soutenu contre lui que la sensation est essentiellement passive; car l'objet de cette discussion n'est pas de savoir si Condillac a bien ou mal raisonné en parlant, soit de la spiritualité, soit de l'activité de l'âme. Condillac est-il spiritualiste? refuse-t-il à l'âme son activité? c'est uniquement à ces deux questions de fait, que j'ai voulu répondre; et je pense en avoir dit assez pour vous convaincre. Si pourtant il restait encore quelques doutes, ils seront, j'espère, entièrement dissipés dans la prochaine séance.

DIXIÈME LEÇON.

Suite de la précédente.

Je vais ajouter de nouvelles preuves à celles que je vous ai présentées contre l'imputation de matérialisme qu'on fait à Condillac. On verra de nouveau combien cet excellent esprit était éloigné d'une opinion qui ne blesse pas moins la philosophie que la religion. Rappelons en peu de mots les principales propositions que j'ai développées dans la leçon précédente.

1º. J'ai donné la solution d'un problème qui divisait les métaphysiciens. Il s'agissait de savoir si, au moment où l'âme est unie au corps, et où elle reçoit une première sensation, elle a la conscience de sa personnalité, de son *moi*. On était divisé par une équivoque de langage, par des mots à double sens. On peut dire, en effet, qu'à une première sensation, l'âme a la conscience de son *moi*, et qu'elle ne l'a pas : qu'elle le connaît, et qu'elle l'ignore : qu'elle en a le sentiment, et qu'elle ne l'a pas ; parce que toutes ces expressions peuvent se prendre dans deux acceptions différentes, ou plutôt, parce que la négligence de la plupart des métaphysiciens, et le peu de besoin qu'ils éprouvent de penser et de parler avec précision, laisse tout dans l'incertitude. Nous avons dit que l'âme avait le *sentiment* de son existence, mais qu'elle n'en avait pas l'*idée*. Le choix, et l'espèce d'opposition de ces deux mots, a terminé la dispute.

2°. En supposant l'âme de l'homme unie à un corps qui n'aurait que le sens de l'odorat, j'ai fait voir qu'elle posséderait toutes les facultés que nous possédons nous-mêmes.

A la vérité, ces facultés s'exerceraient dans un champ plus limité ; et, de leur action, il ne résulterait que des connaissances extrêmement bornées ; mais, pour avoir un exercice plus circonscrit, ces facultés n'en seraient pas moins réelles. D'où j'ai tiré cette conclusion importante : que les facultés de l'âme ne dépendent pas, quant à leur existence, de l'organisation du corps.

Cette réflexion pourra vous servir à apprécier l'opinion de ceux qui prétendent que plusieurs facultés de l'âme sont dues au sens du toucher. C'est une erreur : plusieurs de nos connaissances, un très-grand nombre, dépendent du toucher ; mais les facultés, non.

3°. Condillac, partant de cette supposition d'une âme réduite aux sensations d'odeur, a cru pouvoir faire sentir, dès les premières lignes du *Traité des sensations*, le peu de fondement de la doctrine des matérialistes : et j'avais profité de cette occasion pour insinuer, en passant, que Condillac était bien éloigné d'être matérialiste, comme le lui ont reproché l'ignorance et la légèreté.

Mais l'un d'entre vous ayant affirmé, avec beaucoup d'assurance, que le passage de Condillac ne prouvait rien, ni contre le matérialisme en lui-même, ni contre le matérialisme de l'auteur, j'ai cru devoir développer une idée que je n'avais fait qu'indiquer ; et j'ai prouvé que le matérialiste qui voulait n'admettre d'autre existence que celle des objets qui tombent sous les sens, ressemblait à un aveugle de naissance qui nierait l'existence des couleurs.

4°. Cette première réponse a amené la question de fait, savoir, si Condillac est matérialiste ; question qui n'est pas un hors-d'œuvre, puisqu'elle vous divise, qu'il s'agit de redresser une opinion qui n'a aucun fondement, et que les ouvrages de cet auteur se trouvant entre les mains de la jeunesse, il est nécessaire de signaler des erreurs qui pourraient la séduire, ou de faire voir que ces erreurs n'existent pas.

5°. Pour prouver que rien au monde n'est aussi injuste que l'imputation qu'on fait à Condillac, j'ai exposé son système des facultés de l'entendement ; et je l'ai exposé de telle manière que, sur le grand nombre de personnes qui ont entendu cette exposition, il n'y en a pas une seule, je pense, qui ne l'ait saisie avec la plus grande facilité.

Alors on a vu qu'un système qui fait sortir toutes les facultés de l'âme de la sensation, pouvait bien manquer de vérité, mais qu'il ne pouvait favoriser le matérialisme, qu'autant que la sensation serait une propriété de la matière. Ceux donc qui accusent Condillac de matérialisme, parce qu'il fait dériver toutes les facultés de l'âme de la sensation, supposent et admettent que la sensation est une propriété de la matière. Or, attribuer à la matière la capacité de sentir, c'est lui attribuer la faculté de penser ; puisque le sujet qui sent est le même que le sujet qui pense. Je l'avais déjà dit plus d'une fois, et je ne saurais trop le redire ; car l'ignorance de cette vérité a occasioné et occasione encore tous les jours plus de mauvaise philosophie que n'en ont jamais produit toutes les rêveries des scolastiques. Mais Condillac, d'accord en cela avec Descartes et avec l'évidence, regarde la sensation comme une modification spirituelle d'une substance spirituelle. Toutes les transformations de la sensation sont donc autant de transformations d'une modification spirituelle. Il n'y a donc pas la plus légère apparence de matérialisme dans le système de Condillac ; et le matérialisme est tout entier dans l'opinion de ceux qui l'attaquent.

6°. Enfin, j'ai prouvé que le reproche fait à Condillac, d'ôter à l'âme son activité, n'est pas mieux fondé que le reproche de matérialisme.

Voilà, messieurs, un résumé de ce qui a été dit à la dernière séance. A ces considérations on peut en ajouter de nouvelles qui vous convaincront de plus en plus du spiritualisme de Condillac.

Le premier ouvrage sorti de sa plume est une dissertation sur l'existence de Dieu, qu'il envoya à l'académie de Berlin. Cette dissertation, plus lumineuse que la plupart des écrits que nous avons sur le même sujet, est remarquable par deux argumens qu'on ne trouve pas dans les autres auteurs de *Théodicée* ; ou, du moins, je ne les y ai pas vus. Condillac réfute d'une manière extrêmement simple le polythéisme, les deux principes des manichéens, et il donne une preuve nouvelle de la création du monde. Le plus grand nombre des philosophes admettent un Dieu ordonnateur des différentes parties de l'univers. L'harmonie admirable qui règne partout, force la raison à reconnaître une intelligence suprême qui a tout disposé avec une souveraine sagesse ; mais plusieurs doutaient de la création, ou la niaient. Condillac démontre que la cause qui ordonne est en même temps la cause qui crée.

Le second ouvrage de Condillac, ou plutôt le premier qu'il a donné au public, est son *Essai sur l'origine des connaissances humaines*. Quelle est la première chose qu'il met en avant ? quelle est l'idée qu'il présente d'abord à l'esprit de son lecteur ? la voici :

« Soit que nous nous élevions jusque dans les cieux, soit que nous descendions dans les abîmes, nous ne sortons point de nous-mêmes, et ce n'est jamais que notre propre pensée que nous apercevons. » (*Essai sur l'origine*, etc., page 17.)

Ce début philosophique, résultat des méditations de plusieurs années, est-il une expression de matérialisme ? N'est-il pas, au contraire, l'annonce d'un spiritualisme qui semble exagéré, comme, à l'exemple de l'auteur des *Lettres à un Américain*, pourraient peut-être le lui reprocher ses adversaires, s'ils tiraient leurs argumens des écrits de Condillac et non de quelques préventions aveugles ?

Dans le *premier chapitre* de cet ouvrage, Condillac démontre la spiritualité de l'âme, et fait sentir toute la faiblesse des raisonnemens des matérialistes.

Dans le *Traité des sensations*, son premier soin est de jeter de la défaveur sur le matérialisme, comme nous l'avons vu dans la dernière leçon.

Dans son *Traité des animaux*, il combat Buffon qui attribue les sensations à la matière.

Dans sa *Grammaire*, il démontre encore la spiritualité de l'âme.

Dans son *Art de raisonner*, il met en regard ces deux propositions : « les trois angles d'un triangle égalent deux angles droits ; » « l'âme est une substance inétendue et simple. » Il les démontre l'une et l'autre par des raisonnemens parallèles, et vous force à les admettre toutes deux, ou à les rejeter toutes deux.

Dans son *Art de penser*, il revient encore à cette démonstration.

Dans son dernier ouvrage, sa *Logique*, il dit dès la première page : « c'est l'âme qui sent ; les sens ne sont que la cause occasionnelle des sensations ; » et bientôt après, en comparant la vue de l'œil à celle de l'esprit, il observe que l'esprit embrasse plus de choses que l'œil ; ce qui n'est pas surprenant, ajoute-il, puisque, dans le vrai, « c'est l'âme qui voit, et non pas l'œil. »

Enfin, Condillac revient si souvent sur cette question de l'immatérialité de l'âme, qu'il nous en fatiguerait, si nous pouvions nous lasser de voir reproduire les titres de la dignité de notre nature.

Et à quelle époque montre-t-il cette persévérance opiniâtre? A une époque où c'était le ton de la bonne société, et d'une littérature qui avait usurpé le nom de *philosophie*, de regarder comme de petits esprits tous ceux qui voulaient aller au delà de ce mot de Voltaire : « je suis corps, et je pense; voilà tout ce que je sais.»

L'imputation de matérialisme qu'on fait à Condillac est donc inconcevable : elle l'est au point qu'on ne sait comment la qualifier.

Il semble que, d'après ce que vous venez d'entendre, et d'après ce que nous avons dit dans la dernière leçon, il ne peut pas rester le moindre doute. Cependant on a encore quelqu'inquiétude.

Le système de Condillac, on veut bien en convenir enfin, n'est pas un système de matérialisme; mais, dit-on, les conséquences n'en sont-elles pas dangereuses? et puis, d'où Condillac sait-il que l'âme ne sent, ou, pour employer toutes ses expressions, d'où sait-il qu'il n'y a dans l'âme, *sensation*, ou *sentiment*, ou *perception*, ou *conscience*, que par le moyen du corps? Ne serait-il pas mieux de penser que l'âme sent par sa propre nature, que le sentiment est inséparable de son existence?

Je répondrai d'abord à cette seconde question.

Comme le sentiment actuel ne peut rien nous apprendre sur ce qui se passait dans l'âme avant son union avec le corps, et comme la mémoire ne remonte pas jusqu'aux premiers momens de notre existence, nous ne pouvons pas avoir ici de certitude absolue; mais, à défaut de certitude, nous avons des raisons suffisantes pour croire que l'âme ne sent qu'à l'occasion du corps. Cette opinion est celle du plus grand nombre des philosophes et du plus grand nombre des théologiens.

L'âme humaine, disent-ils, étant destinée à former un homme par son union avec le corps, n'existe, n'est créée qu'au moment de cette union, en vertu de laquelle elle sent et elle se sent aussitôt : or, pourquoi Dieu lui aurait-il donné, indépendamment du corps, le sentiment qu'il va lui donner à l'occasion du corps?

Aussi, avant Descartes et depuis Locke, a-t-on enseigné généralement (excepté dans l'école de Leibnitz qui a suivi Descartes) que l'âme est primitivement comme une *table rase*, sur laquelle aucun caractère n'est empreint.

Mais peut-être a-t-on eu tort de part et d'autre. Il valait mieux imiter la réserve de celui qui a écrit les lignes suivantes :

« Personne ne peut dire : *il m'est évident que je me suis senti, lorsque mon âme n'avait encore reçu aucune sensation.* »

« On ne serait pas plus fondé à dire : *il m'est évident que je ne me sentais pas, lorsque mon corps n'avait encore fait aucune impression sur mon âme.* »

Savez-vous quel est ce philosophe qui craint de prononcer que l'âme soit dépourvue de tout sentiment, avant son union avec le corps? C'est celui-là même qu'on accuse de matérialisme, c'est Condillac. (*Art de raisonner*, pag. 70.)

Les conséquences du système de Condillac sont dangereuses!

Sait-on ce qu'on dit lorsque, ne contestant pas un principe, on en regarde les conséquences comme dangereuses? un principe renferme toutes ses conséquences. Si une seule était fausse, le principe serait faux. Une proposition fausse à la suite d'un principe vrai n'en est pas une conséquence : ce sont deux propositions à côté l'une de l'autre, placées comme deux pierres contiguës, par juxta-position. Toutes les conséquences sortent d'un principe; comme la tige, les branches et les rameaux, sortent d'un germe fécond.

D'un principe faux, tout est faux, je veux dire, tout ce qui en dérive ; comme, d'un principe vrai, tout est vrai ; et l'erreur engendre nécessairement l'erreur, comme la vérité engendre la vérité.

On voit la faiblesse de ces objections ; et l'on aurait peut-être le droit de nous reprocher de nous y être arrêtés trop long-temps.

Comment donc, encore une fois, se peut-il qu'on ait fait à Condillac l'injuste réputation de matérialiste ?

Que voulez-vous que je réponde ? c'est bien ici le cas de dire, *habent sua fata libelli*. On a fait à Condillac la réputation de matérialiste, comme on fit à Descartes celle d'athée. Ce grand homme s'enferma, s'enterra, pendant douze ans dans une retraite de la Hollande, pour méditer les preuves de l'existence de Dieu, et de la spiritualité de l'âme. Ses *Méditations*, si long-temps travaillées, parurent enfin. Quelle fut la récompense de tant de veilles ? quel témoignage de reconnaissance reçut-il, pour avoir consacré les efforts de son génie à prouver les plus importantes de toutes les vérités ? On publia qu'il était un athée.

Que les hommes qui dominent leurs contemporains par la supériorité de leur esprit, se consolent après un tel exemple ; et si, après avoir employé leur vie à la recherche de quelque vérité, ils ont le bonheur de la trouver, qu'ils se croient suffisamment récompensés.

Il faut dire à ceux d'entre vous qui pourraient l'ignorer, qu'avant la révolution, il y a trente ou quarante ans, presque tous les professeurs de philosophie de Paris enseignaient Locke et Condillac ; que les hommes les plus éclairés de la Sorbonne ne craignaient pas de citer ces auteurs, et de s'appuyer sur leurs raisonnemens, sauf les erreurs dangereuses, s'il y en a, comme en effet il y en a dans Locke : et cependant, la mémoire de la fameuse thèse de l'abbé de Prades était toute récente. Cette thèse, accusée de matérialisme, et condamnée par la Sorbonne, n'empêcha pas les professeurs de continuer d'enseigner la doctrine de Condillac ; preuve évidente qu'on ne le regardait pas comme matérialiste.

Et, si nous remontons à des époques antérieures, croyez-vous trouver en Sorbonne, au Collége de France, une doctrine opposée à celle de Locke ? croyez-vous que les idées *innées* de Descartes eussent prévalu, et que l'on fût bien décidé pour une philosophie qui ne veut pas faire sortir nos connaissances des sensations ?

Mais ne sait-on pas que, pour maintenir la philosophie d'Aristote contre les invasions du cartésianisme, qui avait réussi dans le monde, et qui commençait à pénétrer dans quelques écoles, l'université de Paris sollicita un arrêt du parlement pour proscrire tout ce qui pouvait changer l'ancienne doctrine, cette doctrine qui enseignait que *rien n'est dans l'entendement qui n'ait été auparavant dans les sens;* et que, sans une plaisanterie de Boileau dont je vous ai parlé, cet arrêt eût été, peut-être, accordé aux vœux de l'université ?

Ce n'est pas tout : Descartes mourut en 1650. Voyons ce qu'on enseignait au Collége de France, soixante-six ans après, en 1716, au commencement de la régence. Voici, Messieurs, un ouvrage composé par Michel Morus, professeur de philosophie latine et grecque, au Collége de France. Il est précédé d'une lettre à M. l'abbé de Pardaillan, chanoine de Notre-Dame, et d'une préface adressée au doyen et à tous ses collégues. L'ouvrage, intitulé *Vera sciendi methodus*, est écrit en forme de dialogue, et l'on trouve, page 10, la question suivante :

Demande. Quid ergo censes de innatis nobis ideis, Dei præsertim et veri (1)?

Réponse. Nullæ sunt; et vera tabula rasa *est mens nostra, cùm primùm infunditur; eæque ideæ innatæ ab iis fictæ sunt qui nullam omninò, nec sensûs, nec mentis, nec ideæ, notionem habuerunt* (2).

Ce Morus, homme d'esprit d'ailleurs, est si courroucé contre Descartes et contre ses disciples, que, dans la préface (qu'il n'aurait pas adressée à ses collègues s'ils n'avaient partagé ses sentimens), il dit, en parlant des innovations produites par la nouvelle philosophie : « *Eò usquè processit effrænis illa fingendi licentia, verberibus certè potius quàm verbis castiganda* (3), »

---

(1) « Que pensez-vous donc des idées innées, et en particulier de celle de Dieu et de celle de la vérité ? »

(2) « Aucune idée n'est innée ; l'âme, au moment de son union avec le corps, est une vraie *table rase*; et ceux qui ont imaginé ces idées innées, ignorent complétement ce que c'est que le *sens*, ce que c'est que l'*âme*, et ce que c'est que les *idées*. »

(3) Qu'il fallait faire justice de tous ces novateurs, non pas avec des argumens, mais avec des verges.

En vérité, je crois que, dans aucun temps, on n'a enseigné le cartésianisme à Paris, à l'exception d'un très-petit nombre de professeurs. Jusqu'à la régence, Aristote continue de régner : un peu plus tard, on enseigne Locke, et bientôt après Condillac. Les jésuites, comme on peut le croire, se gardaient bien de professer une philosophie qui avait été adoptée par Port-Royal. A quelle époque donc a-t-on enseigné Descartes ?

Voulons-nous bien faire ? ne soyons ni cartésiens, ni lockistes, ni mallebranchistes, ni leibnitziens : soyons à la vérité, si nous pouvons ; et si nous ne savons pas la trouver de nous-mêmes, aidons-nous de tous ceux qui l'ont cherchée avant nous.

Étudions Descartes, et apprenons de lui-même à douter plus qu'il ne l'a fait. Ce grand homme, on peut le dire, a refait en quelque manière l'esprit humain, lorsqu'il l'a averti de la nécessité de revenir sur tous les jugemens portés dès l'enfance ; lorsqu'il lui a ordonné de résister aux mouvemens irréfléchis de l'habitude et aux illusions des sens ; lorsqu'il nous a appris à soumettre les préjugés à la raison, à nous méfier de la raison elle-même ; et surtout lorsqu'il a mis ses conseils en pratique dans son traité de la *Méthode*, et dans ses *Méditations*.

Mais quand il en vient à l'explication de l'univers physique, il semble oublier toute sa sagesse. Lui, qui doutait de tout il n'y a qu'un moment, ne doute plus de rien. Il sait comment se forment les minéraux, les végétaux, les animaux. Il connaît la nature de l'air, de l'eau, du feu. Il explique la foudre, l'aimant, et une infinité de choses que la physique, qui depuis a fait tant de progrès, n'a pas encore expliquées, et beaucoup d'autres que probablement elle n'expliquera jamais. Enfin il écrit cette étrange phrase, vers la fin de ses *Principes* : « il n'y a aucun phénomène en la nature dont l'explication ait été omise en ce traité. » (*Principes*, page 583.)

Lisez Mallebranche; aimez sa manière d'écrire; admirez la sagacité avec laquelle il démêle les erreurs des sens, de l'imagination, de l'esprit et du cœur : mais quand il se perdra dans sa vision en Dieu, vous pourrez l'abandonner; et cependant, gardez-vous de croire qu'il soit réfuté par ce vers si connu :

« Lui qui voit tout en Dieu, n'y voit pas qu'il est fou. »

Lisez Leibnitz; et si vous ne vous rendez pas à son système des *monades*, vous direz au moins qu'il est bien ingénieux.

Étudiez Locke : prenez de lui l'habitude de

vous rendre compte de vos idées, de ne pas vous laisser éblouir par des métaphores, et tromper par des équivoques de langage; mais effacez ces lignes où il dit, que la toute-puissance divine pourrait accorder la pensée à la matière, comme si la toute-puissance pouvait changer la nature des choses.

Étudiez Condillac; et si quelques-unes de ses propositions vous paraissent ou paradoxales, ou mal démontrées, faites, si j'ose le dire, comme vous avez vu que j'en usais. Je l'adopte, quand je trouve qu'il énonce des vérités utiles; je l'abandonne, quand il me semble s'écarter de la bonne méthode, qu'il fait connaître mieux que personne.

- Du reste, le résultat d'un cours de philosophie doit être, pour les jeunes gens qui l'auront suivi avec quelque fruit, de profiter des livres mêmes qui pourraient être dangereux entre les mains de ceux qui n'ont pas fait de bonnes études. Pour ceux qui ont contracté l'habitude de la bonne méthode et acquis un goût de raison sévère, aucun livre de philosophie ne peut être dangereux. Le discernement que donne une étude bien faite de la métaphysique, et de la logique, vous fera distinguer promptement les principes vrais des principes faux, les conséquences rigoureuses des conséquences qui seraient mal déduites. Heureusement, presque tous les ouvrages des hommes de génie contiennent des idées également saines et justes. Les ouvrages qu'on appelle dangereux sont ordinairement la production d'esprits médiocres : ils sont sans attraits pour la curiosité, autant que pour la raison et pour le goût.

ONZIÈME LEÇON.

Ce que c'est que la métaphysique, ou sur le mot métaphysique.

Voici encore une leçon qui m'est commandée par des questions que l'on m'adresse. Si vous continuez à m'interroger de la sorte, je n'ai plus besoin désormais de chercher des matériaux pour mon cours de philosophie : vous me les fournissez abondamment, et je ne dois pas craindre que la suite de nos leçons en soit plus mal ordonnée. Comme vos questions se rapportent toujours à ce que j'ai dit, il faut bien que, si mes réponses ont quelque justesse, elles soient aussi en harmonie avec ce que j'ai enseigné précédemment. Ainsi, tout écart m'est défendu, et c'est à vous que je le dois.

La question qu'on m'adresse aujourd'hui, paraît cependant faire exception. Elle ne tient pas à une leçon, plus qu'à une autre ; elle tient également à toutes ; elle sort de toutes les idées que nous avons soumises à la discussion, et même de toutes celles que nous y soumettrons. On demande si c'est de la métaphysique que nous faisons ; on demande ce que c'est que la métaphysique.

Je pourrais répondre par deux mots : une définition n'en exige pas davantage. Il lui suffit, en effet, d'un *genre* et d'une *différence* : toutefois, comme on pourrait bien ne pas entendre ces deux mots, ils seraient ici de trop, malgré le laconisme de ma réponse. Je définirai la métaphysique, mais seulement lorsque la définition sera suffisamment préparée.

Est-ce de la métaphysique que nous faisons ? Qu'est-ce que la métaphysique ?

J'ignore dans quelle disposition d'esprit on m'a adressé la première de ces deux questions. Comme les mots, *métaphysique*, *obscurité*, *difficulté* se confondent dans bien des têtes, il se pourrait que, dans un moment où j'avais le bonheur de parler avec quelque clarté, on ait cru entendre autre chose que de la métaphysique : s'il en était ainsi, je serais heureux de vous avoir ménagé une telle surprise. *Métaphysique*, *analyse*, *facilité*, *lumière*, sont des mots qu'il faut prendre l'habitude d'associer. Lorsque vous me verrez engagé dans une discussion obscure, fatigante, dites sans balancer : voilà de la mauvaise métaphysique. Dites encore mieux : ce n'est pas là de la métaphysique.

Mais, qu'est-ce donc que la métaphysique ?

Bientôt on demandera : qu'est-ce que la logique ? qu'est-ce que la morale ? qu'est-ce que la philosophie ? ailleurs, on demande : qu'est-ce que l'éloquence? qu'est-ce que la poésie ? qu'est-ce qu'une idylle ? en quoi son *essence* diffère-t-elle de l'essence d'une églogue ? le Télémaque est-il un poëme, ou un roman ? etc.

Ce sont là des questions, telles qu'on en fait tous les jours, telles qu'en proposent souvent les sociétés littéraires.

Le but principal de cette leçon, est moins de vous dire ce que c'est que la métaphysique, que de vous présenter quelques réflexions, sur cette habitude universelle de questionner, sur cette impatience de voir défini ce qu'il n'est pas encore temps de définir.

Voyons d'abord quelles sont les définitions qu'on donne dans le monde ; j'entends, dans le monde des académies, des universités, dans le monde où nous vivons.

J'aperçois un groupe d'étudians, qui disputent avec tout le feu de leur âge, sur la nature de la métaphysique. Autant de têtes, autant d'avis, autant de définitions. Voici quelques-unes de ces définitions :

La métaphysique est *la science des esprits.*

La métaphysique est *la science de ce qu'il y a de plus général dans tous les êtres.* Elle traite des corps, comme des esprits : elle s'occupe de la nature des substances, des modes, des accidens. Toute science a sa métaphysique ; tout est de son ressort.

La métaphysique est *la science des sciences*.

La métaphysique est *la science des causes premières*, *la science de la raison des choses*.

La métaphysique, c'est *l'ontologie*, ou *la science de l'être*.

La métaphysique comprend l'*ontologie*, la *psychologie*, la *théodicée*, et même la *cosmologie*.

La métaphysique est *la science du possible, en tant que possible*.

La métaphysique est *la science de l'absolu, et de l'inconditionnel*, etc., etc.

On croira sans peine que nos définisseurs ne sont pas près d'être d'accord. Laissons-les disputer à leur aise, et passons d'un autre côté.

Ici, ce sont des hommes graves, qui sont divisés sur la *nature*, sur *l'essence* de la philosophie.

La philosophie, dit le premier, *est l'amour de la sagesse* : autrefois même, c'était la *sagesse* ; mais on sentit bientôt qu'il n'était pas aussi facile de la posséder, que d'enseigner à l'*aimer* : on s'en tint donc à cette définition. Je la trouve assez belle, et je l'adopte.

La philosophie, dit un second, est bien autre chose que l'*amour de la sagesse*. L'amour est un pur sentiment, une simple affection; et la philosophie ne s'adresse pas seulement au cœur: elle parle à l'intelligence, à la raison. La philosophie, comme l'a très-bien dit un ancien, est *la science des choses divines et humaines*.

Eh! qui pourra se dire philosophe, s'écrie un troisième, si, pour l'être, il faut embrasser dans ses connaissances, et la terre, et les cieux? Voici ma définition : *la philosophie est une science qui nous montre les effets dans leurs causes, et les causes dans leurs effets*. J'ignore si elle est d'un ancien ou d'un moderne, mais je la préfère à toute autre.

Assistons encore à un nouveau débat. Il s'agit de la logique.

L'un veut que la logique soit *l'art de raisonner*. Mauvaise définition, dit son voisin : la logique est *l'art de penser* : en quoi différons-nous si fort, réplique le premier? nous différons, non pas du tout au tout, mais du tout à la partie. La logique ne se borne pas à l'art du raisonnement : elle embrasse les idées, le jugement, la réflexion, l'imagination, la méthode, enfin tout ce qu'on appelle *opération* de l'esprit.

Est-il permis, dit un autre, de dégrader à ce point la logique et les logiciens? ignorez-vous que le logicien pose des axiomes, d'après lesquels il fait ses démonstrations dont il tire des corollaires? cette marche est celle du savant. La logique n'est donc pas un *art*; elle est une véritable *science*.

Plus loin on argumente pour et contre la liberté. C'est *le pouvoir de faire ce qu'on veut*. — C'est *le pouvoir de choisir entre deux contradictoires*. — C'est *le pouvoir de choisir entre deux contraires*. — C'est *la spontanéité*. — C'est *l'activité*. — C'est *l'exemption de toute contrainte*. — C'est *un état d'indifférence parfaite*, etc., etc.

Voilà, messieurs, une image et une faible image de ce qu'on voit tous les jours, de ce qu'on a vu dans tous les temps, et de ce que, j'en ai bien peur, on verra après nous.

Vous avez entendu les réponses des autres. J'essaierai bientôt de donner la mienne. Veuillez ne pas vous impatienter, si je la fais précéder de quelques réflexions, qui ne s'appliqueront pas seulement à la définition de la métaphysique, mais que vous pourrez appliquer au plus grand nombre des définitions.

Qu'est-ce que la métaphysique?

Comme celui qui me fait cette question est censé ignorer ce que c'est que la métaphysique, ce mot n'est encore pour lui qu'un mot, un mot sans idée, sans objet; et l'on me demande quelle est l'idée, quel est l'objet, quelle est la chose enfin qui correspond, dans l'esprit ou hors de l'esprit, à ce mot *métaphysique*. — Est-ce qu'il y a une chose qui soit *la métaphysique ?*

Si vous demandiez ce que c'est qu'un être dont les qualités tombent sous les sens, je pourrais vous répondre ; je pourrais vous dire, par exemple, ce que c'est qu'un édifice, un arbre, un animal que vous ne connaîtriez pas et que je connaîtrais ; je pourrais vous dire ce que c'est qu'une machine, un instrument de musique, vous décrire leur forme, etc.

Si même vous me demandiez ce que c'est que l'âme ou quelqu'une de ses facultés, ce que c'est que Dieu ou quelqu'un de ses attributs, je pourrais faire une réponse ; car enfin je comprendrais la question.

Je la comprendrais encore si vous me demandiez ce que c'est que la métaphysique de Platon, ou d'Aristote, ou de Descartes, ou de Locke, etc.

Toutes les fois donc, qu'à un mot dont vous demanderez l'explication, correspondra une idée, ou un objet quel qu'il soit, on pourra ne pas rester muet ; mais, encore un coup, qu'y a-t-il sous le mot *métaphysique ?*

Il est vrai que si nous étions convenus d'imposer ce nom à quelque idée, ou à quelque réunion d'idées, il suffirait de rappeler ces idées pour donner une réponse ; mais nous n'avons pas encore fait cette convention : il n'y a donc pas encore de réponse possible.

Métaphysique, au moment où nous commençons la discussion, n'est absolument qu'un mot, et ne peut être qu'un mot : dès lors, la question que vous me faites se résout nécessairement en une des trois suivantes : qu'est-ce qu'on entend par ce mot? ou, qu'est-ce qu'on doit entendre? ou, qu'est-ce que vous entendez?

Qu'est-ce qu'on entend? — Vous venez de le voir ; et vous devez être convaincus, qu'il est peu de mots, dans la langue de la philosophie, sur lesquels on soit moins d'accord. La question est donc insoluble, si vous ne voulez qu'une seule définition.

Mais, que doit-on entendre? Je réponds qu'il n'y a aucun autorité qui l'ait décidé : il n'y en a aucune qui ait cru même être en droit de le faire. On ne peut donc pas dire qu'on *doive* entendre par *métaphysique*, telle ou telle chose. Ainsi, cette seconde question est mise à l'écart.

Reste la troisième : vous me demandez ce que j'entends par *métaphysique* : et vous voulez, sans doute, connaître en même temps par quels motifs j'ai été conduit à placer sous ce mot, telle idée au lieu de telle autre. Ce n'est point, en effet, par caprice, que j'ai dû me décider. Il faudrait, quand vous aurez appris quelle idée j'attache à ce mot, que vous y trouvassiez ce que vous avez pu apercevoir de commun et de plus général dans les définitions, d'ailleurs si diverses, que vous avez entendues; et, autant qu'il se pourrait, l'acception que lui ont donnée les hommes de génie qui ont écrit sur la métaphysique; car, en définitif, il ne doit y avoir sous les mots que ce que les meilleurs esprits se sont accordés à y mettre.

Je puis répondre à cette troisième question, et vous enseigner, en même temps, le moyen de sortir de ce labyrinthe de mots, dans lequel il est si difficile de ne pas s'égarer.

Le moyen que je vais indiquer est très-simple. Il ne s'agit que de remarquer la différence qui se trouve entre une proposition qui définit, et une proposition qui ne définit pas; et de s'en bien souvenir, quand on l'aura remarquée.

Une proposition, ou un jugement, consiste dans le rapprochement et la liaison de deux termes. *Dieu est bon* : voilà une proposition. *Le sucre est doux* : voilà une proposition. *Un triangle est une surface terminée par trois lignes* : voilà encore une proposition.

Toute proposition se compose donc de deux termes ou de deux membres, et du signe de leur liaison : et il faut savoir que le premier terme, *Dieu*, dans l'exemple, *Dieu est bon*, prend le nom de *sujet*; que le second terme, *bon*, prend celui d'*attribut*, et que le signe de leur liaison, *est*, s'appelle le *verbe*.

Or, l'attribut d'une proposition peut être avec le sujet dans deux rapports différens. Dans l'exemple, *le sucre* est *doux*, l'idée de l'attribut n'est pas la même que celle du sujet. L'idée de *sucre*, se compose de plusieurs idées partielles, la forme, la pesanteur, la couleur, le goût, etc.; et l'idée de *doux*, est une idée simple, une idée unique. Mais dans l'exemple, *un triangle* est *une surface terminée par trois lignes*, l'idée de l'attribut, *surface terminée par trois lignes*, est la même que celle du sujet, *triangle*.

Lorsque, dans une proposition, l'idée de l'attribut est la même que celle du sujet, alors la proposition peut bien n'être pas encore une définition; comme dans *trois est la moitié de six*; mais il faut, si l'on veut avoir une définition, que l'idée de l'attribut soit la même que celle du sujet, et que le sujet soit en même temps le nom de l'attribut.

Il y a donc une différence très-remarquable entre une simple proposition, et une proposition qui définit. Dans la première, *le sucre est doux*, on a deux idées distinctes; l'idée de *sucre*, et celle de *doux*. Dans la seconde, on n'a pas deux idées : on n'en a qu'une seule, qui, dans le sujet, est exprimée par un seul mot, et, dans l'attribut, par un assemblage de mots : le sujet est le nom de l'attribut, ou de la chose signifiée par l'attribut. Dans la définition, *un triangle* est *une surface terminée par trois lignes*, le mot *triangle*, sujet de la définition, est le nom d'*une surface terminée par trois lignes*.

Si l'on perd de vue que, dans la proposition qui définit, il n'y a qu'une seule idée exprimée de deux manières différentes; si l'on suppose une première idée sous le sujet, et une seconde idée, distincte de la première, sous l'attribut, on tombera nécessairement dans des disputes interminables. Or, c'est ce qu'on fait quand on dispute sur la *nature*, sur l'*essence* de la métaphysique, de la philosophie, de l'analyse, de la synthèse, etc., et sur les définitions qu'on en donne. Citons un exemple célèbre.

Montesquieu commence son *Esprit des Lois* par cette proposition : *les lois, dans la signification la plus étendue, sont les rapports nécessaires qui dérivent de la nature des choses.*

Cette proposition a été attaquée par plusieurs écrivains.

Les lois, dit Bonnet, ne sont pas des *rapports* : elles sont le *résultat des rapports*; et il cherche à prouver que Montesquieu s'est mépris sur la nature des lois. Voltaire a critiqué Montesquieu dans le même sens. D'autres veulent que les lois ne soient, ni des *rapports*, ni le *résultat des rapports* : elles sont, disent-ils, les *causes des rapports*, les rapports n'existant qu'en vertu des lois.

Or, toutes ces critiques, et toutes les critiques semblables, portent à faux; et c'est l'oubli des premières règles de la logique, qui seul a pu permettre de les faire : car enfin, Montesquieu pouvait répondre :

C'est une définition qui commence mon ouvrage : *les lois* sont *les rapports nécessaires qui dérivent de la nature des choses*, est une proposition qui signifie, *qu'aux rapports nécessaires qui dérivent de la nature des choses*, je donne le nom de *lois*. Accusez-moi, si vous voulez, de ne pas bien parler ma langue ; mais ne dites pas que *les lois ne sont pas des rapports*, etc. ; car, c'est dire que l'idée du sujet de ma définition est différente de l'idée de l'attribut ; c'est supposer, qu'il peut y avoir deux idées dans une définition ; c'est ignorer ce que c'est qu'une définition, et en quoi elle diffère d'une simple proposition.

On pouvait faire à Montesquieu une critique mieux fondée ; on pouvait lui dire : votre définition est inattaquable sans doute, comme le sont toutes les définitions ; car on est le maître d'appeler les choses du nom que l'on veut ; bien entendu, cependant, que quiconque use de ce droit, court le risque d'écrire pour lui seul s'il fait sa langue sans nécessité, sans discernement, et sans goût : mais en vous réservant un droit qu'on ne peut refuser à personne, et que vous avez plus que tout autre, vous devez au moins faire connaître les choses que vous nommez. Or, vous donnez le nom de *lois*, aux *rapports nécessaires qui dérivent de la nature des choses*. Avons-nous une idée bien claire de tout ce qu'il y a sous ces mots ? Vous faites une appellation, pour désigner une chose que nous ne connaissons pas. Autant vaudrait presque donner un nom à un assemblage de cinq ou six mots d'une langue inconnue. L'homme de génie est soumis à une obligation commune à tous ceux qui parlent, ou qui écrivent pour être entendus ; celle de nous conduire, de ce que nous savons à ce que nous ignorons ; et vous nous menez ici à une inconnue, qui est la *loi*, par quatre ou cinq inconnues, *rapports*, *nécessité*, *dérivation*, *nature*, *chose*.

Cette critique me paraît plus juste que toutes

celles qu'on a faites à Montesquieu : elle est même la seule qu'on puisse lui faire, si, en effet, la première phrase de l'*Esprit des Lois* est une définition ; or elle l'est : qu'on y pense un moment, on n'en doutera pas.

Après cet éclaircissement sur les définitions, voyons s'il nous sera possible d'en donner une de la métaphysique.

Vous savez ce que c'est que l'analyse. Vous savez à quelles conditions nous pouvons nous flatter d'obtenir des connaissances un peu exactes, des différens objets de nos études. L'opération à laquelle nous avons donné le nom d'*analyse*, se compose de trois opérations correspondantes aux trois facultés de l'entendement. Il faut 1°. se former des idées précises de toutes les parties, ou de toutes les qualités, ou de tous les points de vue d'un objet ; et ces idées, on les acquiert par l'observation, par l'expérience, par l'*attention*. 2°. Il ne suffit pas de connaître chacune de ces parties, dans un état d'isolement ; il faut avoir aperçu les rapports qui les font dépendre les uns des autres ; et c'est la *comparaison* qui nous donne ces rapports. 3°. Enfin, tout doit se rattacher à une idée fondamentale, à un principe ; et c'est le *raisonnement* qui nous conduit à ce principe, et qui s'y arrête.

Vous savez tout cela : nous l'avons dit tant de fois, vous en avez tant vu d'exemples, qu'il ne peut pas rester la moindre incertitude : mais une chose, à laquelle il est possible que vous n'ayez jamais réfléchi, quoique vous l'ayez souvent pratiquée, c'est qu'une seule et même idée peut quelquefois se présenter d'un nombre indéfini de manières, de dix, de vingt, de mille peut-être.

De combien de manières, toutes au fond la même, ne pourrait-on pas définir l'analyse ? Certainement, je pourrais, tout à l'heure, vous présenter ce travail de l'esprit sous une douzaine de formes ou d'expressions diverses; et, si j'en trouvais une nouvelle, j'aurais acquis un nouveau degré d'instruction, parce que j'aurais aperçu mon objet, sous un nouveau point de vue.

Essayons quelques-unes de ces manières différentes de dire une même chose. Varions nos expressions, en conservant toujours la même idée.

1°. L'analyse est une opération qui se compose de trois opérations. Par la première, on étudie, avec soin, toutes les qualités d'un objet. Par la seconde, on s'attache à découvrir les rapports qui lient ces qualités. Par la troisième, on est conduit au principe d'où tout dérive, ou, pour abréger : *l'analyse décompose*, *lie, et unit;* entendant, par ce dernier mot, *rend un* : le principe, en effet, ramène tout à l'unité.

2°. L'analyse consiste à *observer successivement, et avec ordre*. Car, observer successivement et avec ordre, c'est étudier les qualités les unes après les autres, et les lier, ou les ordonner. L'ordre est parfait, si la liaison remonte jusqu'au principe.

Ainsi donc, en disant : *Analyser, c'est observer successivement et avec ordre*, je dis avec d'autres termes ce que j'avais dit d'abord, en faisant l'énumération des trois opérations partielles, dont la réunion forme l'opération complète de l'analyse.

Et même, je puis dire plus brièvement : *analyser, c'est observer avec ordre*; et supprimer le mot *successivement* comme inutile, car on n'observe pas, ou du moins, on ne peut que mal observer plusieurs choses à la fois.

Voilà donc deux manières de présenter l'idée que nous nous faisons de l'analyse.

1°. Analyser, c'est décomposer, lier, et unir.

2°. Analyser, c'est observer avec ordre.

Essayons encore quelques autres manières.

L'analyse, d'un nombre plus ou moins considérable de parties bien connues et bien liées, remonte à leur principe, à leur origine.

L'analyse nous fait observer et connaître les

idées, séparément, dans leur liaison, et dans leur principe.

L'analyse nous fait observer les idées, dans leur principe, dans la manière dont elles dérivent de ce principe, et toutes successivement les unes des autres.

L'analyse nous fait observer les idées dans leur origine et dans leur génération.

L'analyse nous fait observer l'origine, et la génération des idées.

Ici, nous sommes bien près de la définition que nous cherchons.

Puisque l'analyse nous fait observer l'origine et la génération des idées, elle nous donne, ou elle suppose en nous une double habitude, celle de remonter à l'origine des idées, et celle de redescendre de cette origine aux idées qui en dérivent.

Or, l'habitude de remonter à l'origine des idées, aux principes, est une habitude métaphysique ; et, celle qui nous porte à observer la dérivation, la filiation, la déduction des idées, est une habitude logique.

Qu'est-ce donc, enfin, que la *métaphysique ?* c'est l'analyse lorsqu'elle remonte à l'origine des idées.

Qu'est-ce que la *logique ?* c'est l'analyse lorsqu'elle a pour objet la déduction des idées.

La métaphysique est *la science des principes :* la logique, *la science des conséquences.*

Voilà deux définitions, pour une qu'on m'avait demandée. Elles sont claires, fondées sur la nature de l'esprit, et sur la manière dont il opère. On ne leur fera pas le reproche d'être arbitraires, comme on a le droit de le faire à la plupart des définitions ; et on les trouvera conformes à ce que nous enseignent les plus grands philosophes.

La métaphysique, telle que la conçoit Bacon, n'est pas cette subtilité pointilleuse, qui s'évanouit dans ses dissections à l'infini : c'est la *science des principes.*

La métaphysique, nous dit Descartes, contient les *principes* de la connaissance : toute la philosophie *est comme un arbre dont les racines sont la métaphysique.*

Mallebranche ne s'en formait pas une autre idée. « Par la *métaphysique,* » dit-il, « je n'entend pas ces considération abstraites de quelques propriétés imaginaires, dont le principal usage est de fournir à ceux qui veulent disputer, de quoi disputer sans fin. J'entends par cette science, les vérités qui peuvent servir de *principes* aux sciences particulières. »

Mais, direz-vous peut-être, si la métaphysique n'est que la science des principes, des idées premières, on ne sait donc pas grand'chose, quand on ne sait que la métaphysique ?

Je réponds qu'on ne peut avoir de vraies lumières que par une étude approfondie de la métaphysique. Toute la science humaine, envisagée d'une vue générale, se réduit à des principes et à leurs conséquences. Les conséquences qui ne seraient pas fondées sur des principes clairs et évidens, ne mériteraient pas le nom de connaissances ; car toute leur évidence est une évidence d'emprunt : elles la doivent aux principes qui, seuls, brillent d'une lumière qui leur est propre. Celui qui ignore les principes n'est assuré de rien. La métaphysique, que toutes les sciences supposent, mérite donc une étude sérieuse ; et c'est savoir *quelque chose*, c'est savoir beaucoup, que de s'en être occupé avec fruit.

Métaphysique ; origine des idées ; idées premières ; principes des sciences ; commencement des sciences ; élémens des sciences : toutes expressions à peu près synonymes, qui nous avertissent de la nécessité de bien commencer, de bien faire nos premières idées, ces idées qui sont le germe de tout savoir.

Les *élémens des sciences* : voilà le premier besoin de l'esprit. Voilà ce qu'il faut demander aux hommes de génie qui ont excellé dans quelque partie. Voilà ce qu'ils nous ont donné trop rarement, et ce que prétendent nous donner, tous les jours, des hommes qui se font gloire d'ignorer, ou même de mépriser la métaphysique. S'ils connaissaient la valeur des mots, s'ils entendaient la langue qu'ils parlent, ils seraient plus réservés dans l'emploi du mot *élémens*; ils s'abstiendraient, par modestie, de le placer à la tête de leurs ouvrages. Mais quoi! c'est par modestie, qu'ils se disent auteurs *élémentaires?*

DOUZIÈME LEÇON.

Sur les définitions.

Pour répondre, d'une manière un peu satisfaisante, à la question qu'on m'avait adressée sur la nature de la métaphysique, je me suis vu obligé de parler des définitions ; mais je n'en ai dit que ce qui était indispensable pour faire comprendre ma réponse. On désire que j'ajoute de nouvelles réflexions, et que j'entre dans quelques détails. On entrevoit qu'un bon traité sur les définitions préviendrait la plupart de ces vaines disputes, dont je vous ai rendus comme témoins à la dernière séance. On voit que l'indétermination des mots, qui déjà suppose l'indétermination des idées, ne peut nous conduire qu'à des idées toujours plus mal déterminées, jusqu'à ce qu'enfin, ne sachant plus ni ce qu'ont pensé les autres, ni ce que nous pensons nous-mêmes, nous tombions, les uns dans le découragement, les autres dans le mépris de ce qui se refuse à nos recherches; également injustes, ou envers nous-mêmes, ou envers la philosophie.

Dans l'étude des sciences, où la réalité physique de l'objet nous force de nous appuyer continuellement sur les choses, l'esprit, en opérant sur les mots et sur les idées, opère en quelque manière sur les choses elles-mêmes. Dans les sciences métaphysiques, au contraire, où l'objet ne tombe pas sous les sens, nous sommes exposés à perdre cet objet de vue, et à opérer sur des idées sans modèle. Alors nous n'avons plus, à proprement parler, des idées : il ne nous reste que leurs signes ; ou, pour mieux dire, nous n'avons ni idées, ni signes, puisque les mots, ne portant plus rien à l'esprit, ont cessé d'être des signes : et comme, dans nos raisonnemens, nous ne pouvons aller que des idées aux mots, ou des mots aux idées, il se trouve que, manquant d'idées, ou nous n'allons pas, ou, si nous allons, nous sommes aussitôt arrêtés ; à moins qu'il ne nous suffise d'aller des mots aux mots, comme il n'arrive que trop souvent.

Si nous ne confions les mots à la mémoire qu'après nous être assurés des idées qu'ils sont destinés à réveiller, le souvenir et l'emploi des mots sera le souvenir et l'emploi des idées elles-mêmes : la lumière ne nous abandonnera jamais, et l'évidence marchera nécessairement avec le discours.

Mais, si nous avons contracté la malheureuse

et presque incorrigible habitude, d'aller des mots aux idées ; c'est-à-dire, si nous nous flattons de trouver la vérité, en appuyant nos raisonnemens, sur des principes, des définitions, des propositions générales, ou des axiomes, que nous n'ayons pas vérifiés avec soin, et qui peuvent être, ou obscurs, ou équivoques, ou entièrement faux ; nous ne pouvons, en partant ainsi des ténèbres, que nous enfoncer dans des ténèbres toujours plus épaisses.

Et cependant, cette confiance aveugle en des mots qui nous trompent, et qui ne peuvent nous mener qu'à d'autres mots qui nous tromperont également, est dans tous les esprits : elle est universelle ; et il nous est presque impossible de nous en délivrer entièrement, parce que tous, ayant appris à parler avant de savoir penser ; presque tous, connaissant la plupart des termes des sciences, avant d'en avoir les idées, c'est nous faire violence que d'intervertir une habitude qui est devenue une seconde nature.

Une grande surveillance nous est donc nécessaire, pour ne pas céder à ce penchant qui nous entraîne avec autant de facilité que de force. Toutes les fois qu'il se présentera un mot d'une valeur suspecte, gardons-nous de le laisser entrer dans nos discours : il rendrait tout suspect. L'esprit mal éclairé par une lumière douteuse, n'aurait jamais le sentiment de l'évidence ; et la vérité, perdant le caractère qui la distingue de l'erreur, il nous deviendrait impossible de la reconnaître.

C'est dans l'objet dont nous faisons l'étude, qu'on sent particulièrement le besoin d'une grande sévérité, et de l'exactitude la plus rigoureuse. Combien de traités n'avons-nous pas, sur le développement des connaissances humaines, sur l'entendement, sur l'imagination, sur la volonté, sur la liberté ? et, si l'on veut être de bonne foi, a-t-on trouvé une grande clarté dans l'exposition des systèmes, une grande précision dans le langage ? Connaît-on tout ce mécanisme intellectuel des opérations de l'esprit, comme on connaît le mécanisme d'une horloge, ou d'une pompe à feu ?

Il ne faut pas croire, d'après une opinion trop généralement répandue, qu'il soit impossible de porter dans des recherches métaphysiques, la clarté que peut recevoir une question de physique ou de mathématiques. J'aurais quelque intérêt, sans doute, à vous entretenir dans une pareille opinion : elle serait mon excuse, et pour le passé, et pour l'avenir ; mais tous les prétextes qu'on pourrait alléguer, ne seraient que de faux prétextes ; et je dois faire l'aveu que toutes les fois que je laisserai paraître de l'hésitation, ou de l'embarras, ce sera toujours ma faute, et jamais celle des matières que je traiterai.

Tous les sujets ne sont pas également accessibles, j'en conviens : tous ne se laissent pas manier avec la même facilité, mais tous peuvent être également éclairés ; car, tous les raisonnemens s'appuient sur des jugemens, comme tous les jugemens s'appuient sur des idées. Si donc nos idées sont bien claires, pourquoi leur clarté ne se communiquerait-elle pas à nos jugemens, à nos raisonnemens, à nos discours ?

Mais, dira-t-on, les idées qui sont l'objet de nos pensées et de nos raisonnemens, n'ont pas toujours cette clarté qui serait si désirable. Alors, comment faire ?

Alors, il faut s'abstenir de juger, de raisonner et de former de vains systèmes. Attendez, le bon sens vous l'ordonne, attendez que vos idées soient mûries par le temps et par la méditation : attendez qu'elles soient une représentation fidèle des choses, ou des rapports qui sont entre les choses : les jugemens et les raisonnemens se feront d'eux-mêmes, et ils seront également sûrs et faciles. Que si, après toute l'attention et tous les efforts dont vous êtes capable, les idées se refusent obstinément à se montrer à votre esprit; ou, ce qui revient presqu'au même, si vous n'avez que des idées obscures et confuses, ne cherchez pas à nous égarer après vous être égaré vous-même.

Le raisonnement sera clair, toutes les fois qu'il n'ira pas plus loin que les idées. Son obscurité vient donc toujours de nous.

S'il en est ainsi, vous avez le droit de vous plaindre de moi, lorsque vous ne m'entendez pas; et je n'aurais le droit de me plaindre de vous, que si vous ne me donniez pas une attention suffisante : mais vous me l'accordez toujours, et vous voulez bien me dire souvent que vous m'avez entendu.

Cependant, je fais rarement des définitions, et surtout je ne commence jamais par des définitions : il est temps de les apprécier.

Il n'est que trop vrai que les définitions et le mauvais usage qu'on en fait, sont une des plus pernicieuses habitudes de l'esprit; non qu'il faille les blâmer toutes indistinctement, mais parce qu'on néglige les précautions qui pourraient les rendre utiles, et parce que, d'ordinaire, on les montre dans un moment où, au lieu d'être un secours, elles deviennent un obstacle.

Avec des définitions arbitraires, telles que sont la plupart de celles qu'on rencontre, on prouve tout ce qu'on veut ; et par conséquent on ne prouve rien.

Qu'importe qu'un philosophe, voulant arriver à ce résultat que *l'homme n'est pas libre*, commence par définir *l'entendement, une faculté passive de recevoir les idées?* qu'un autre, voulant prouver que nous n'avons aucune *idée de Dieu*, confonde, dans sa définition, *les idées* avec les *images* que nous nous formons des choses ? qu'un autre, pour démontrer mathématiquement *qu'il ne peut y avoir qu'une seule substance dans l'univers*, définisse la substance, *l'être qui existe par lui-même ?*

Toutes ces définitions, et mille autres semblables, peuvent bien nous apprendre quelles ont été les visions d'un mauvais métaphysicien ; mais elles nous laissent dans une ignorance absolue de la nature des choses : et cependant, nous sommes tous les jours dupes de cet artifice grossier, qui consiste à mettre dans une définition ce qu'il s'agit de prouver, et à l'y mettre gratuitement, sans la moindre connaissance de l'objet qu'on a la présomption de vouloir nous faire connaître : et nous avons la simplicité de regarder comme vrai, comme démontré, comme nécessaire, ce qui n'a d'autre appui que le caprice, ou les rêves de l'imagination.

Ce n'est pas ainsi, nous osons le dire, que nous avons procédé lorsque nous cherchions à nous faire une idée des *facultés de l'âme*, et à connaître la *manière de les régler*. Nous n'avons pas commencé par définir arbitrairement la *méthode*, l'*entendement*, la *volonté*, la *pensée*. Nous ne sommes pas allés des mots, donnés d'avance, à des idées que nous n'avions pas encore; nous sommes allés des idées aux mots; et ces idées, nous les avons puisées dans ce qui se passe en nous, ou plutôt, dans ce que nous faisons quand nous acquérons quelque connaissance. Nous nous sommes interrogés sur les diverses manières dont opère l'esprit; et lorsque, après avoir consulté, chacun, notre propre expérience, nous nous sommes accordés sur les mêmes faits, nous leur avons imposé des noms, avec l'attention de n'employer jamais que des mots déjà connus. Alors, ces mots connus, mais jusque-là mal déterminés, ont pu être définis sans laisser aucune prise à l'arbitraire ; car, pour les définir, il a suffi de rappeler les faits auxquels nous les avions imposés.

L'arbitraire qui règne dans la plupart des définitions, n'est pas le seul reproche qu'on doive leur faire. Comme il y a dans notre esprit infiniment plus d'idées, ou de nuances d'idées, qu'il n'y a de mots dans la langue ; et que cependant l'habile écrivain trouve le moyen de tout rendre, ce que la pensée a de plus délicat, et ce qu'elle a de plus fort, de plus énergique, il faut bien que la signification des mots ne soit pas constante et invariable ; il faut bien qu'elle change d'une manière plus ou moins sensible, afin de se prêter à tous les changemens de l'idée, afin de participer à toutes les modifications qu'elle peut recevoir.

Ce n'est qu'en passant d'acception en acception, qu'on parvient à saisir la valeur pleine et entière des mots d'une langue, surtout si cette langue est bien faite : car, une des perfections des langues consiste à exprimer le plus grand nombre d'idées avec le plus petit nombre de mots. Il faut bien nous garder de croire que nous ayons besoin d'autant de mots différens que nous avons d'idées différentes : le nombre en serait infini, et la plus forte mémoire ne pourrait suffire à retenir le vocabulaire d'une telle langue.

Comme, en arithmétique, les chiffres ont une valeur constante, et une valeur qui varie suivant la place qu'ils occupent, de même les mots des langues ordinaires ont souvent une valeur absolue et une valeur relative ; une valeur qu'ils tiennent d'une convention primitive, et une valeur qu'ils reçoivent de leur combinaison avec d'autres mots, qui les précèdent ou qui les suivent.

Un seul et même mot, pouvant donc quelquefois remplir autant de fonctions diverses qu'il éprouve de modifications différentes par l'influence de ce qui l'entoure, doit nécessairement avoir un grand nombre d'acceptions. Comment les atteindre toutes par une seule définition? et fera-t-on autant de définitions qu'il y a d'auteurs qui ont employé ce mot? autant que, dans le même auteur, il offre de nuances, d'une page à l'autre?

Mais je m'aperçois que je m'exprime comme si vous saviez ce que c'est qu'une définition; et je ne l'ai pas dit encore.

L'*homme* est un animal raisonnable.
Un *globe* est un corps rond.
Une *étoile* est un astre qui brille de sa propre lumière.
Un *Parisien* est un Français natif de Paris.

Voilà autant de définitions.

On voit que, pour définir une idée, on lui substitue deux autres idées. Pour définir l'homme, ou l'idée que je me fais de l'*homme*, je substitue les deux idées, *animal* et *raisonnable*. Pour définir le *Parisien*, je substitue les deux idées, *Français* et *natif de Paris*.

L'idée d'*animal* a beaucoup plus d'étendue que celle d'*homme* : si je me contentais de dire que l'homme est un animal, je ne le ferais pas connaître : on pourrait le confondre avec un lion, avec un éléphant, etc. Pour que cette idée puisse servir à désigner l'homme, il faut donc lui ôter son excès d'étendue ; il faut restreindre cette étendue jusqu'à ce qu'elle devienne égale à celle d'homme : or, c'est ce qu'on fait, en ajoutant à l'idée d'animal, celle de raisonnable. Ainsi, l'homme n'est plus un animal quelconque, il est l'*animal raisonnable*.

L'idée d'*animal* étant une idée générale, ou *générique*, on l'appelle *genre* ; et l'idée de *raisonnable*, séparant, différenciant l'animal qu'on veut désigner, de tous les autres, on l'appelle *différence*. Il faudra se souvenir de ces deux mots.

Souvenez-vous aussi que le *genre*, ou l'idée générale qu'on appelle de ce nom, ne doit pas être une idée trop générale, un genre trop *éloigné*, comme disent les logiciens. Il vaut mieux ordinairement employer le genre *prochain*. On définirait assez mal le *globe*, en disant que c'est une *chose* ronde, une *substance* ronde, un *être* rond, *ce qui est* rond. Les idées d'*être*, de *chose*, de *substance*, de *ce qui est*, portent à l'esprit quelque chose de trop vague : dites avec plus de précision, un *globe est un* corps *rond*.

Pareillement, on ne ferait pas connaître suffisamment l'*âme humaine*, par la définition suivante qu'on trouve dans quelques philosophes : *l'âme est une substance qui sent*, ou *une substance capable de sensation*, parce que la *différence* exprimée par les mots, *qui sent*, ou *capable de sensation*, convient à l'âme des animaux, comme à l'âme de l'homme.

Les définitions se font donc par le *genre* et par la *différence*, par le *genre prochain* et par la *différence propre* ou *spécifique*. Voilà ce que les logiciens entendent par une définition ; et, lorsqu'elle est ainsi conçue, elle fait connaître la *nature* de la chose définie, disent-ils. C'est ce qu'il faut examiner.

Et d'abord, quelle est cette chose dont les définitions font connaître la nature ? Il ne faut pas croire que ce soit quelque être réel, existant hors de notre esprit ; car, hors de notre esprit, il n'existe que des individus, et ce ne sont pas les individus qu'on définit. La définition de l'homme n'est pas celle de Socrate, ou de Cicéron ; c'est celle de l'homme en général ; et elle doit faire connaître, non ce qui caractérise chaque individu en particulier, mais seulement ce qui caractérise l'espèce humaine. Ainsi, par la *nature des choses* que les définitions font connaître, il faut entendre, non pas la nature des individus, ou les natures individuelles, mais les *natures universelles*, comme s'exprimaient les anciens philosophes ; et ces natures universelles sont toujours des *espèces*.

On n'en doutera pas si l'on prend garde, qu'à l'exception des propositions individuelles qui n'appartiennent pas aux sciences, le sujet de toute proposition est une *espèce*, par rapport à son attribut.

L'homme est un animal, ou, *une espèce* d'animal.

L'aigle est un oiseau, ou, *une espèce* d'oiseau.

L'or est un métal, ou, *une espèce* de métal.

L'eau est une liqueur, ou, *une espèce* de liqueur, etc.

Mais les simples propositions ne déterminent pas les *espèces*, au lieu que les définitions les déterminent. Quand on définit l'homme, *un animal raisonnable*, on ne dit pas seulement que l'homme est une espèce quelconque d'animal ; il est cette espèce d'animal qui est l'espèce raisonnable ; et on voit que la différence *raisonnable* ajoutée au genre *animal*, forme l'espèce déterminée, *homme*. L'animal raisonnable, c'est l'homme.

Lors donc qu'on demande, si les définitions expliquent la *nature des choses* ; c'est comme si l'on demandait, si la réunion du *genre* et de la *différence* fait connaître la nature de l'*espèce* ; si l'attribut d'une définition fait connaître la nature du sujet ; si le second membre explique la nature du premier.

A quoi il faut répondre que, si le second membre d'une définition est connu avant le premier, il le fait connaître : que, si l'attribut de la définition est connu avant le sujet, il explique la nature du sujet ; que, si le genre et la différence sont connus avant l'espèce, ils donnent l'idée de l'espèce.

Un *ennéagone* est *une figure qui a neuf côtés* : voilà une définition qui fait connaître la nature de l'*ennéagone*, parce que tout le monde a une idée très-claire d'une *figure*, et de *neuf côtés*.

L'homme est *un animal raisonnable* : cette définition est insuffisante, parce que le second membre, *animal raisonnable*, ne nous est pas assez connu. Nous ne savons pas assez parfaitement en quoi consiste l'*animalité*, ni assez parfaitement ce que c'est que la *raison*. La preuve en est que, d'un côté, nous sommes embarrassés pour dire si certaines productions de la nature sont des plantes ou des animaux ; et que, de l'autre, nous ne le sommes guère moins pour décider si certaines actions des animaux n'indiquent pas quelque lueur de raison.

S'il plaisait à la toute-puissance divine de donner la raison à un ver de terre, ce ver de terre, qui dès lors serait un animal raisonnable, serait-il donc un homme ?

Mais, pourquoi chercher à définir ce qui n'a pas besoin d'être défini ? Pascal se moque de ces philosophes qui attachent une grande importance à la définition de l'homme ; comme si nous ne savions pas tous ce que c'est qu'un homme. De pareilles questions occupaient sérieusement les philosophes de la Grèce ; et ils ont dit sur la définition de l'homme, des choses si petites, si misérables, qu'il est presque honteux de les savoir. On conviendra que les historiens de la philosophie auraient pu nous transmettre quelque chose de plus intéressant, que *l'animal à deux pieds et sans plumes.*

La définition du *globe*, celle du *triangle*, sont excellentes ; parce que les idées de *corps rond*, et de *surface terminée par trois lignes*, sont dans tous les esprits.

Mais comment trouvez-vous les définitions

suivantes. On a voulu faire connaître la nature du *mouvement*, la nature de l'*idée*, la nature de la *réalité objective de l'idée*, et on a dit :

Le mouvement est *l'acte d'un être en puissance, en tant qu'il est en puissance.*

L'idée est *la forme de chacune de nos pensées, par la perception immédiate de laquelle nous avons connaissance de ces mêmes pensées.*

La réalité objective d'une idée est *l'entité, ou l'être de la chose représentée, en tant que cette entité est dans l'idée.*

De qui sont de pareilles définitions, me demandez-vous : messieurs, la première est d'Aristote; et les deux autres sont de Descartes. Malgré la déférence et le respect qu'on doit à de tels noms, vous ne trouvez donc pas qu'elles montrent bien clairement la nature de la chose définie : saviez-vous, en effet, ce que c'est que *l'acte d'un être en puissance, en tant qu'il est en puissance*, avant de savoir ce que c'est que le *mouvement?* Connaissez-vous mieux la nature d'une *perception*, que vous ne connaissez la nature d'une *idée?* Et l'explication de la *réalité objective* de l'idée porte-t-elle une grande lumière à votre esprit ?

Disons donc que les définitions sont inutiles et abusives toutes les fois que le *genre* et la *différence* ne sont pas connus avant l'*espèce* ; ce qui est le cas le plus ordinaire ; et, par conséquent, qu'il est extrèmement rare qu'on puisse faire connaître une idée par des définitions. Vous venez d'en voir la preuve dans les définitions du *mouvement* et de l'*idée*. J'aurais pu multiplier à l'infini de pareils exemples ; car les livres de logique, de métaphysique, de morale, de droit, de politique et de grammaire en sont pleins. Aussi, la plupart sont-ils inintelligibles.

Il nous sera facile maintenant de résoudre une question, sur laquelle on est loin d'être d'accord ; et sur laquelle, cependant, il serait bien à souhaiter qu'on le fût ; car elle a une grande influence sur la manière de chercher la vérité, et sur la manière de la démontrer : *les définitions sont-elles des principes ?* est-ce par des définitions qu'il faut commencer l'exposition et l'étude des sciences ?

Si le second membre de la définition qu'on fait servir de principe, est une notion commune, une chose que personne n'ignore, ou qu'on saisisse à l'instant, il n'y a pas de doute qu'on n'ait le droit de commencer par des définitions : mais si le second membre ne peut être connu que par des explications subséquentes, et quelquefois par le développement entier de la science, c'est se jouer du lecteur que de lui présenter d'abord ce qu'il lui est impossible de comprendre.

Un traité de trigonométrie qui commence par la définition du *triangle*, commence bien, parce que tout le monde a l'idée *d'une surface terminée par trois lignes*. Cette définition montre l'objet qu'on se propose d'étudier ; et, pour faire l'étude d'un objet, la première condition est sans doute celle de le voir.

Mais si un métaphysicien ne craignait pas d'entrer en matière par ces mots : la métaphysique que je me propose de vous enseigner, *est la science du possible en tant que possible ;* ou bien, *c'est la science de l'absolu et de l'inconditionnel ;* ou bien, *c'est la science de la raison des choses,* que pourrait penser, je vous le demande, un lecteur qui n'aurait aucune habitude d'un tel langage ? et que devrait-il penser, s'il avait celle de parler pour se faire entendre ?

D'après de pareilles définitions, le mérite de Locke et de Mallebranche consisterait donc à être plus habiles que les autres sur *le possible en tant que possible ;* ou leurs ouvrages seraient riches en découvertes fécondes et lumineuses sur *l'absolu et l'inconditionnel* : et le métaphysicien Robinet connaitrait la *raison des choses,* mieux que Newton ou Lavoisier, qui n'étaient pas des métaphysiciens !

Pour acquérir la connaissance d'un objet, quel qu'il soit, il faut l'analyser ; et, pour l'analyser, il faut commencer par le voir : il faut le voir, des yeux du corps, ou des yeux de l'esprit.

S'il tombe sous les sens, on n'a pas besoin de le définir ; il suffit de le regarder, de le bien examiner. S'il ne tombe pas sous les sens, alors on peut le montrer à l'esprit par une définition, mais par une définition dont le second membre soit parfaitement connu ; sans quoi, il ne montrerait pas l'objet.

Les définitions sont des principes ! si l'on veut dire que, pour étudier une chose, il faut commencer par la voir, et la voir telle qu'elle est, la règle est juste ; mais elle ne l'est qu'autant qu'on a de bonnes définitions, et que le second membre comprend des idées bien claires, des idées bien connues. Il ne suffirait pas que les définitions fussent très-exactes pour servir de principes : elles pourraient être parfaites et n'être pas à la portée de ceux qui commencent l'étude d'une science : elles ne montreraient donc pas leur objet, et elles seraient inutiles ; mais ce serait leur moindre défaut : en accoutumant l'esprit à se contenter de mots, qui ne seraient pour lui que des mots, elles le rendraient bientôt incapable de toute instruction réelle. De l'étude des mots, on ne verra jamais sortir que des mots. C'est aux idées qu'il faut demander la connaissance des choses ; car la vérité des choses, et la lumière de l'évidence, ne peuvent se trouver que dans les idées.

Les définitions, pour mériter le nom de *principes*, c'est-à-dire, pour avoir le droit d'être placées à l'entrée des sciences, doivent donc montrer leur objet. Cette réflexion si simple, et dont l'application peut être si utile, se trouve dans l'*Art de penser* de Condillac et dans sa *Logique* ; et c'est là, si je ne me trompe, qu'elle paraît pour la première fois dans la philosophie du dix-septième et du dix-huitième siècle.

Elle est pourtant bien ancienne. On lit dans la *Logique* de Mélancton ce passage remarquable : « Si l'on met sous vos yeux un objet quelconque, une plante, par exemple, vous avez de cet objet une définition très-claire; car *c'est un ancien adage* que, *montrer une chose, c'est la définir*. » Cette logique de Mélancton est imprimée à Leipsick, en 1516, c'est-à-dire, depuis trois cents ans.

Puisque, montrer les choses, c'est les définir, il était naturel d'en conclure que, pour les définir, il fallait chercher à les montrer, à les montrer aux yeux de l'esprit, comme nous venons de l'observer. Alors, on aurait senti la nécessité de ne mettre dans le second membre d'une définition, que des idées connues, et des mots pareillement connus. Mais il semble que, si les philosophes ont donné quelquefois des préceptes bien simples, bien utiles, bien pratiques, ce sont précisément ces préceptes qu'on néglige, pour s'attacher à ce qu'ils ont dit de moins sensé.

Comment se fait-il que ce qu'il y a d'excellent dans un chapitre de Pascal sur les *définitions*, ne se retrouve pas dans toutes les logiques qu'on a rédigées depuis? qu'elles se contentent de répéter éternellement, qu'une définition doit être *claire*, *courte*, *convenir à tout le défini et au seul défini*, et qu'elle est parfaite lorsqu'elle réunit ces trois conditions? comme si la clarté n'était pas toujours indispensable! comme s'il était jamais permis de mettre des choses inutiles dans ses discours! les deux premières règles ne s'appliquent donc pas exclusivement aux définitions. Sans la clarté, un discours, quel qu'il soit, perd toutes ses autres qualités; et la surabondance des mots, que sans doute on multiplie pour obtenir une plus grande clarté, produit un effet contraire;

parce que les idées, étant moins rapprochées, l'esprit ne peut que difficilement saisir leurs rapports.

Et d'ailleurs, suffit-il de nous recommander la clarté et la brièveté, pour nous apprendre à faire de bonnes définitions ? Dites-nous donc comment on obtient la clarté : apprenez-nous à resserrer nos idées, pour les rendre tout à la fois plus concises et plus lmineuses : mais voilà sur quoi l'on garde le silence.

Je ne ferai pas, à la troisième règle, le même reproche qu'aux deux premières. Quoiqu'il soit évident que la définition du triangle doive convenir à tous les triangles et aux seuls triangles ; celle de l'homme, à tous les hommes et aux hommes seulement ; celle de la tragédie, à toutes les tragédies et seulement aux tragédies, etc. : en un mot, quoiqu'on voie à l'instant que la définition d'une idée doit convenir à cette idée, prise dans toute son étendue, et ne convenir qu'à elle, il était nécessaire d'en faire un précepte exprès ; parce que rien n'est plus commun que de l'oublier, ou même, plus difficile que de le mettre en pratique : vous venez d'en voir un exemple dans la définition qu'on a essayé de donner de l'âme.

Il est bon de remarquer qu'on peut quelquefois négliger le *genre prochain* : nous n'avons pas toujours besoin de mettre, dans nos discours, une précision rigoureuse, pour avoir des idées précises ; et ce serait une affectation puérile, de l'employer où elle n'est pas nécessaire. Celui qui, dans un *homme* né en France, ne verrait pas un Français, et qui le trouverait mieux désigné par le genre prochain et immédiat *Européen*, prouverait qu'il entend la lettre du précepte ; mais on pourrait douter qu'il en eût saisi l'esprit.

Un homme qui ferait sa langue lui-même, n'aurait jamais besoin de chercher des définitions : il lui suffirait de se rappeler les circonstances où il aurait imaginé un mot, pour en connaître la signification.

Aucun de nous n'a fait la langue qu'il parle ; nous la tenons des autres : voilà pourquoi nous sommes obligés de demander l'explication des mots ; mais, comme ceux auxquels nous nous adressons ne les ont pas inventés eux-mêmes, et qu'ils les tiennent d'autres, qui ne les ont pas inventés non plus, ils se tirent d'affaire comme ils peuvent ; et ils font des définitions.

Or, les mêmes mots, nous l'avons déjà dit, n'ont pas une signification constante et invariable : souvent ils prennent plusieurs acceptions : quelquefois même ils n'ont pas de sens déterminé ; il faut donc alors que les définitions soient insuffisantes, ou qu'elles soient arbitraires.

Comment ne mettrait-on pas de l'arbitraire dans les définitions des mots qui n'ont pas de sens déterminé, quand l'arbitraire cherche à pénétrer partout ; quand il se glisse jusque dans les définitions des mots que tout le monde entend de la même manière ? en voici un exemple curieux. Il s'est présenté à mon esprit, lorsque je vous citais les définitions qu'on a données de l'*entendement*, de l'*idée* et de la *substance* ; mais je n'ai pas osé l'associer à des exemples aussi sérieux : je me trouve mieux placé ; et vous allez entendre une singulière définition.

Assurément, tout le monde sait, à peu près, ce que c'est que la *paresse*. Or, devinez comment un docteur grave a jugé à propos de la définir. Il est vrai qu'il voulait prouver deux choses, l'une, que la paresse est un péché énorme, l'autre, que peu de personnes sont coupables d'un tel péché. Voici sa définition : « *La paresse est une tristesse de ce que les choses spirituelles sont spirituelles, comme serait de s'affliger de ce que les sacremens sont la source de la grâce ; et c'est un péché mortel.* » Après quoi il ajoute naïvement : « *qu'il est bien rare que personne tombe jamais dans le péché de paresse.* »

Si vous ne voulez pas me croire, lisez la neuvième *Provinciale*. Pascal vous dira le nom de l'auteur de cette belle définition : il vous indiquera même le chapitre, et le titre où elle se trouve.

Il n'est pas ordinaire d'extravaguer à ce point : mais nous avons tous un singulier penchant à mettre dans nos définitions ce que nous avons intérêt de prouver. C'est un piége que l'impatience, l'amour-propre, et la passion, nous tendent sans cesse. Si nous ne savons pas nous en garantir, tous nos raisonnemens et toutes nos prétendues démonstrations, ne seront que des pétitions de principe.

Les définitions, par l'impossibilité où elles sont de comprendre toutes les acceptions ; par l'arbitraire qui en fait une source d'abus ; par l'ignorance, qui semble n'en faire usage que pour obscurcir les objets qu'elles sont destinées à éclairer ; enfin, par la maladresse qui ne sait jamais les présenter à propos, sont devenues une cause universelle de malentendus et de vaines disputes.

Et cependant, par leur nature, elles sont faites pour mettre fin à toutes les disputes ; mais on confond les définitions avec les simples propositions : je l'ai déjà dit, et je veux le répéter, parce que c'est de là que vient le mal.

Un triangle est *une surface terminée par trois lignes.*

L'or est *jaune.*

Il y a, entre ces deux propositions, une différence qu'il faut saisir, car elle est essentielle.

Dans la première, qui est une définition, on n'a qu'une seule et même idée, exprimée de deux manières différentes ; par un seul mot, dans le premier membre ; et par un assemblage de mots, dans le second ; par le seul mot *triangle* dans le sujet ; et par cinq mots, *surface terminée par trois lignes*, dans l'attribut.

Dans la seconde, au contraire, qui est une simple proposition, l'idée du sujet est différente de celle de l'attribut. L'idée de *l'or* n'est pas l'idée de *jaune*.

Il y a donc toujours deux idées dans une simple proposition ; et il n'y en a qu'une, dans la proposition qui définit.

On en sera tout-à-fait convaincu, si l'on prend garde que le verbe n'indique pas le même rapport, dans la définition, et dans la simple proposition.

Un triangle est *une surface terminée par trois lignes*. N'est-il pas hors de doute, qu'en faisant une pareille définition, on ne peut vouloir dire autre chose, sinon que le mot *triangle* est le nom qu'on a donné à *toute surface terminée par trois lignes ;* que *toute surface terminée par trois lignes* s'appelle *triangle ?*

Par conséquent, on s'assurera qu'une proposition est une vraie définition, lorsqu'en renversant ses membres, on pourra traduire le verbe *est* par *s'appelle*, ou *est appelé*.

Un triangle est *une surface terminée par trois lignes ;* c'est-à-dire, *une surface terminée par trois lignes* s'appelle *triangle*.

La logique est *l'art de raisonner* : c'est-à-dire, *l'art de raisonner* s'appelle *logique*.

Un nombre pair est *celui qui est divisible par deux* : c'est-à-dire, *tout nombre divisible par deux* s'appelle *pair*.

Il n'en est pas de même dans les simples propositions : il ne s'agit plus ici uniquement d'appellations ; et, quand on énonce les propositions, l'or est *jaune*, l'or est *vitrifiable*, on ne veut pas dire que ce qui est jaune *s'appelle* de l'or, que ce qui est vitrifiable *s'appelle* de l'or. On veut dire que la qualité *jaune* fait partie de l'or ; que l'or a la propriété d'être *vitrifiable*. On veut dire, que l'idée exprimée par le second membre de la proposition, fait partie de l'idée qui est exprimée par le premier ; que l'attribut fait partie du sujet.

Ainsi, il y a cette différence entre une définition et une simple proposition, que, dans la définition, l'attribut n'est pas une partie du sujet, au lieu qu'il en est une partie dans la simple proposition. Dans la définition de la logique, l'*Art de raisonner* n'est pas une partie de la *logique*, n'est pas une propriété de la *logique*; c'est la *logique* elle-même ; cet art s'appelle *logique*. Au lieu que, dans la simple proposition, l'*or est jaune*, on veut bien dire réellement, que l'idée de la couleur *jaune* fait partie de l'idée de l'*or*.

Il suit de là, qu'on peut prouver, attaquer, accorder, nier la vérité ou la fausseté d'une simple proposition, mais non d'une définition. On peut soutenir que la *logique ajoute à la rectitude naturelle de l'esprit;* on peut le nier : mais on ne peut pas nier que *la logique ne soit l'art de raisonner*. La raison en est évidente. La vérité d'une simple proposition porte sur les idées ; au lieu que la vérité d'une définition est purement nominale.

S'il plaisait à un écrivain de définir la logique, l'*Art de régler les mouvemens du cœur*, on pourrait bien lui reprocher de changer la langue, de se mettre en opposition avec l'usage : on pourrait l'accuser de parler d'une manière inintelligible, et cesser de converser avec un esprit aussi bizarre : on pourrait même lui nier, comme un fait, que *la logique soit l'art de régler les mouvemens du cœur*; puisque, par le fait, c'est *l'art de raisonner* et non *l'art de régler les mouvemens du cœur*, qu'on appelle *logique*; mais on ne pourrait pas lui contester le droit de faire signifier au mot *logique*, *l'art de régler les mouvemens du cœur*, ou tout ce qui lui viendrait en fantaisie : car, comme dit Pascal, « il n'y a rien de plus permis, que de donner à une chose qu'on a clairement désignée, un nom tel qu'on voudra. » Il est vrai qu'en usant de cette permission, on s'expose à parler et à écrire pour soi seul; mais enfin, si l'on blesse l'usage, ou le bon sens, ou le goût, on ne blesse pas la vérité.

Lors donc qu'on croit disputer sur une définition, on verra toujours, si l'on y regarde de près, qu'on ne dispute que sur une simple proposition. Par exemple, on se divise sur la définition que certains philosophes ont donnée du temps, en cette manière, *le temps est la mesure du mouvement*. Soyez sûr que, par cela seul qu'on dispute, cette prétendue définition n'en est pas une : premièrement, il est faux que le temps soit la *mesure du mouvement*, car la mesure du mouvement ne peut être qu'un mouvement ; comme la mesure d'une ligne ne peut être qu'une ligne ; celle d'une surface, qu'une surface, etc. : en second lieu, la mesure du mouvement peut être, tout au plus, une propriété du temps ; mais elle n'est pas le temps ; et cependant il faudrait, pour avoir une définition, que le *temps*, et la *mesure du mouvement*, fussent une seule et même chose.

On n'est pas d'accord sur la définition de *la ligne droite*. Concluez-en tout de suite que cette prétendue définition n'est pas une définition. En effet, en disant que la *ligne droite est la plus courte qu'on puisse mener d'un point à un autre*, on énonce une propriété de la ligne droite : on ne fait qu'une simple proposition.

Mais, lorsque deux auteurs définissent différemment une même chose, comme la *liberté*, *l'esprit*, *la vertu*, etc., n'y a-t-il pas lieu à contestation ?

Je réponds, qu'en définissant de deux manières différentes la *liberté*, ou toute autre chose, on donne un même nom à deux idées différentes. Alors, disputer sur la nature de la liberté, ce n'est pas disputer sur une même chose : et cependant on s'échauffe, on se donne gain de cause, on triomphe de son adversaire ; quoique, dans le vrai, on n'ait pas d'adversaire : car, ce n'est pas la simple différence des idées qui fait l'adversaire ; c'est leur opposition.

Les définitions sont inattaquables, et on les attaque : elles ne peuvent pas fournir matière aux disputes, et c'est sur les définitions, surtout, qu'on dispute : elles devraient tout apaiser, tout concilier, tout terminer ; elles aigrissent tout, divisent tout, et ne finissent rien. Comment expliquer un phénomène qui semble ne pouvoir pas exister ?

Il est tout expliqué par les observations qui précèdent. C'est qu'on ne s'avise pas, que le sujet d'une définition n'est autre chose que le nom de l'attribut : c'est qu'on prend ce sujet pour le nom d'une réalité, autre que celle qui est exprimée par l'attribut : c'est qu'on réalise un mot, qui n'est qu'un simple signe d'autres mots : c'est qu'on ignore le vrai rapport indiqué par le verbe, dans toute définition. On ne sait pas, que ce rapport n'est qu'un rapport purement nominal, un rapport extrinsèque, si on peut ainsi le dire; tandis que, dans la simple proposition, le verbe exprime un rapport intrinsèque. La *couleur jaune* appartient intrinsèquement à *l'or* : elle en est une partie intégrante. Mais, conçoit-on, pour le dire encore une fois, que l'*Art de raisonner* soit une partie intégrante de la *logique ?* Qu'une *figure plane et ronde*, soit une partie intégrante *d'un cercle* ? Qu'un *corps rond* soit une partie intégrante d'*un globe* ? Ne voit-on pas que *logique*, *cercle*, *globe*, ne sont que des noms imposés à des choses connues ; et qu'on n'impose ainsi des noms, que pour abréger le discours, pour dire en un seul mot ce qui se disait en plusieurs ?

Puisqu'il n'y a qu'une seule et même idée dans les deux membres d'une définition, toutes les fois qu'on suppose sous le sujet une idée différente de celle qui est sous l'attribut, on ne sait plus ce qu'on dit; et cependant, cette supposition tacite, que le sujet d'une définition renferme une idée propre au sujet, est la cause du plus grand nombre des scissions entre les philosophes. Vous l'avez vu, à l'occasion de la première phrase de l'*Esprit des lois* (pag. 276): les livres des philosophes sont pleins de méprises semblables.

Croiriez-vous qu'on ait été jusqu'à vouloir démontrer qu'*un tout est la réunion de toutes ses parties* ? preuve évidente qu'on supposait sous le mot *tout*, une idée autre que celle qui se trouve sous les mots, *réunion de toutes les parties*. Après un tel exemple, il est inutile d'en rapporter d'autres.

On ne saurait trop se mettre dans l'esprit, combien il importe de distinguer les définitions, des simples propositions; et de ne jamais perdre de vue que les définitions ne contiennent qu'une seule idée exprimée de deux façons différentes.

J'insiste sur ces deux remarques; et je ne saurais trop y insister, parce que je sais, par mon expérience et par mes lectures, combien cette confusion des rapports qui sont entre les idées, et des rapports qui ne sont qu'entre des mots, jette de trouble dans nos pensées.

Tant qu'on ne saura pas résister à ce penchant, qui nous porte à mettre des réalités, des essences, sous des mots qui ne sont que l'expression abrégée de plusieurs autres mots, il ne faut pas se flatter de faire le moindre progrès dans la connaissance des choses. Malheureusement, ce penchant a presque la force d'une disposition qui nous viendrait de la nature; parce qu'il est continuellement entretenu et favorisé par les analogies les plus familières du langage.

Nous disons, *les parties d'un tout : les arbres d'une forêt : les facultés de l'entendement :* comme nous disons, *la fortune de César : les ouvrages d'Hippocrate : les peuples de l'Asie :* et, parce que *la fortune de César* n'est pas *César;* que *les ouvrages d'Hippocrate* ne sont pas *Hippocrate;* que *l'Asie* n'est pas la même chose que *les peuples de l'Asie*, nous nous figurons qu'*un tout* est autre chose que *la somme de toutes ses parties*; qu'*une forêt* se distingue de *la totalité des arbres qui la composent*; et que *l'entendement* est quelque chose de plus que *la réunion de toutes ses facultés*. Vous allez voir les suites d'une méprise si naturelle, les effets d'une cause, en apparence si légère.

Vous vous rappelez que nous avons donné à la réunion de l'attention, de la comparaison et du raisonnement, le nom d'*entendement*:

A la réunion du désir, de la préférence, et de la liberté, le nom de *volonté*:

A la réunion de l'entendement, et de la volonté, le nom de *pensée*.

Ajoutons, qu'on donne le nom de *raison* à l'emploi le plus parfait de la pensée, c'est-à-dire, de l'entendement et de la volonté. La raison, en effet, consiste à bien diriger son *attention*; à faire des *comparaisons* justes, des *raisonnemens* exacts; à bien régler ses *désirs*; à *préférer* toujours le mieux; et enfin à faire un bon usage de sa *liberté* (1).

---

(1) Il est vrai que ces mots, *entendement*, *volonté*, *pensée*, *raison*, se prennent souvent dans d'autres acceptions. Nous ne manquerons pas de les faire connaître, à mesure que l'occasion s'en présentera.

Ces noms une fois imposés à des facultés qui nous sont parfaitement connues, il ne nous sera pas difficile de faire des définitions; ainsi,

1°. L'entendement *est* la réunion de l'attention, de la comparaison, et du raisonnement :

2°. La volonté *est* la réunion du désir, de la préférence, et de la liberté :

3°. La pensée *est* la réunion de l'entendement et de la volonté :

4°. La raison *est* le bon emploi de la pensée; c'est-à-dire, de l'entendement et de la volonté; c'est-à-dire, de l'attention, de la comparaison, du raisonnement; du désir, de la préférence, et de la liberté.

Et, en renversant les membres de toutes ces définitions, vous aurez :

1°. La réunion de l'attention, de la comparaison, et du raisonnement, *s'appelle* entendement :

2°. La réunion du désir, de la préférence, et de la liberté, *s'appelle* volonté :

3°. La réunion de l'entendement et de la volonté, *s'appelle* pensée :

4°. Le bon emploi de la pensée, *s'appelle* raison.

Raison, pensée, volonté, entendement, ne sont donc que des expressions commodes pour le discours, et pour faciliter l'action de l'esprit. *Entendement,* par exemple, n'est qu'une expression abrégée des trois mots, *attention*, *comparaison*, *raisonnement* : et l'on serait dans une étrange illusion, si l'on allait s'imaginer, qu'outre ces trois facultés que nous tenons de l'auteur de notre nature, et qui nous suffisent pour nous élever à toutes sortes de connaissances, nous avons encore une quatrième faculté, l'*entendement*; et qu'en créant un mot on a changé la nature de l'âme. L'*entendement*, séparé des trois facultés dont il résulte, n'est rien. La *volonté*, qui ne serait ni désir, ni préférence, ni liberté, n'est rien. La *pensée*, qui ne serait ni entendement, ni volonté, n'est rien : comme un *tout*, considéré hors de toutes ses parties, n'est rien, absolument rien.

Si donc on regardait les mots, *raison*, *pensée*, *volonté*, *entendement*, comme les noms d'autant de facultés individuelles, et distinctes des six facultés que nous avons reconnues, l'esprit, abusé par des mots qui ne seraient que des mots, aurait beau déployer toute l'activité du génie de Platon ou d'Aristote, il ne pourrait que s'épuiser en combinaisons stériles, ou chimériques. Placé hors des choses, et hors des idées, il courrait vainement après des réalités : il ne saisirait que des ombres.

Aussi, les auteurs qui se sont laissés entraîner par ce penchant que nous avons de tout réaliser, se sont-ils égarés dans des discours inintelligibles.

Écoutons le langage des métaphysiciens lorsqu'ils parlent de l'entendement et de la volonté : *l'entendement* est *un miroir qui réfléchit les idées : la volonté est une force aveugle qui est guidée par l'entendement, qui est éclairée par l'entendement, etc.*

J'observe d'abord sur cette dernière locution, que si, en effet, la volonté est aveugle, rien ne peut l'éclairer; et qu'ainsi, la métaphore ne présente pas de sens. A la manière dont on parle de l'entendement et de la volonté, on les regarde certainement comme des choses distinctes de toutes les facultés réelles qui appartiennent à l'âme : mais que signifient, au fond, ces manières de parler sous lesquelles se perd toute lumière? Elles signifient, que l'âme ne peut désirer et vouloir, qu'autant qu'elle a quelque idée, quelque connaissance. C'est l'ancien adage : *ignoti nulla cupido*. Cela est clair; tout le monde l'entend : au lieu que, personne ne comprend, ni ne peut comprendre comment *l'entendement sert de guide à la volonté.*

Ceci rappelle la fable de l'*Amour conduit par la Folie*. L'entendement, considéré par sa faculté la plus brillante, c'est l'imagination, que Mallebranche appelait la *folle du logis* : et, comme la volonté est *amour*, la métaphore des métaphysiciens se trouve l'allégorie des poëtes.

L'homme est naturellement porté à tout animer, à tout personnifier, à mettre quelque chose d'humain jusque dans les objets qui ont le moins de rapport à sa nature.

A la source d'un ruisseau, il a placé une jeune fille, une nymphe, dont l'urne penchante verse l'eau qui doit arroser le gazon des prairies, ou désaltérer le voyageur :

A celle d'un grand fleuve, c'est un homme dans la force de l'âge; c'est un demi-dieu qui, couché tranquillement au milieu des roseaux, contemple, d'un œil satisfait, les campagnes qu'il féconde et qu'il enrichit :

Dans les profondeurs de la mer, il a imaginé un grand géant, il a vu Neptune élever sa tête majestueuse au-dessus des flots, pour calmer la tempête : ainsi,

« Tout prend un corps, une âme, un esprit, un visage. »

Ces fictions nous plaisent toujours : on aime à les retrouver dans les chefs-d'œuvre de la peinture et de la poésie. Elles amusent l'imagination, ou parlent au cœur ; et, dans tous les temps, elles charmeront l'enfance et la vieillesse.

Mais, si la poésie et les beaux-arts plaisent par des fictions, la philosophie ne plaît que par la vérité : elle doit s'interdire tout ce qui peut la voiler; je ne dis pas, ce qui peut l'orner.

Laissons donc ces expressions figurées : *la volonté est aveugle; l'entendement est un miroir*, etc.; et surtout, ne croyons pas avoir ajouté quelque nouvelle faculté à celles que nous tenons de la nature, quand nous avons ajouté un mot nouveau à la langue.

J'ai encore quelques remarques à vous communiquer sur les définitions : je les réserve pour la leçon prochaine.

TREIZIÈME LEÇON.

Suite des définitions.

Je vais parler encore des définitions. Je n'en ai pas dit tout ce qu'il fallait en dire, ni tout ce que je voulais en dire ; et je ne me flatte pas, en ajoutant de nouvelles réflexions à celles que je vous ai déjà présentées, d'épuiser un sujet si fécond en résultats pratiques. Les définitions, en expliquant la signification des mots, doivent déterminer les idées ; et, quand nous savons déterminer nos idées, si nous savions encore les combiner, et lier entre elles celles qui ont de l'analogie, nous saurions tout ce que peuvent nous apprendre la métaphysique et la logique. Car, la métaphysique ne remonte à l'origine de nos connaissances, que pour nous donner des idées exactes et sûres ; et l'art de rapprocher ces premières idées, pour en faire sortir de nouvelles idées, forme la science du raisonnement. Se faire des idées justes, et les bien ordonner : voilà, en deux mots, toute la philosophie.

Mais les définitions qui se font par le *genre*

et par la *différence*, les seules dont nous ayons parlé jusqu'ici, sont bien loin de mettre dans nos idées cette vérité d'où naît la certitude des jugemens, et cette précision d'analogie qui régularise les opérations de l'esprit, qui les facilite, qui multiplie leurs produits. Outre les abus qui en paraissent inséparables, et que je vous ai fait connaître, on verra, pour peu qu'on les examine avec attention, que presque jamais elles n'atteignent leur but. On voulait éclairer la nature des choses; et la lumière qu'elles répandent, se porte uniquement sur les effets qui dérivent, ou qui peuvent dériver, de cette nature.

Une montre est *une machine qui marque les heures.*

L'entendement est *la faculté d'acquérir des idées.*

De pareilles définitions disent-elles ce que c'est qu'une montre, ce que c'est que l'entendement? Vous apprenez, sans doute, ce que nous devons à l'entendement, quels sont les services qu'on retire d'une montre; mais savez-vous ce qui constitue, en elle-même, cette faculté à laquelle nous devons toutes nos idées? en avez-vous pénétré la nature intime? Connaissez-vous tous les rouages qui entrent dans une montre? Seriez-vous en état d'en faire une, ou de diriger l'ouvrier chargé de ce travail ingénieux?

Malgré ce qui manque à ces définitions, comparez-les à quelques-unes de celles que j'ai citées dans la leçon précédente; et vous direz, que nous serions trop heureux si, dans l'impossibilité où sont les définitions de montrer les choses par leur nature, elles les montraient toujours par leurs effets.

Il serait donc bien à désirer, qu'on pût trouver une manière de définir, autre que celle qui se fait par le genre et par la différence.

Or, si l'on n'a pas oublié ce que nous avons dit en parlant des systèmes et de l'analyse, on verra que, pour définir les choses ou les idées des choses, on peut faire mieux que de les classer; et qu'il est possible de les connaître, telles qu'elles sont en elles-mêmes, telles qu'elles sont dans leur nature.

Toutes les idées, en effet, qui sont dans notre esprit, soit qu'elles nous aient été transmises par l'enseignement, soit qu'elles proviennent de l'action immédiate des sens, soit que nous les ayons acquises par la réflexion, peuvent se distribuer en deux classes. Ou bien, on les voit sortir les unes des autres, pour former des systèmes plus ou moins réguliers; ou bien, elles se présentent sans aucune liaison avec d'autres idées.

Sont systématisées, les idées dont se compose un traité bien fait d'arithmétique, ou de géométrie. Elles tiennent entre elles de telle manière, que toutes, excepté celle d'où l'on part et celle à laquelle on s'arrête, se trouvent placées, entre une idée génératrice, et une idée dérivée.

Sont également unies par un lien de génération, les idées qu'on peut se former des différentes machines qu'emploie la mécanique. L'analyse les voit toutes sortir les unes des autres, jusqu'à ce qu'elle soit arrivée à la plus simple de toutes les machines, au levier; et il en est de même dans toutes les sciences dignes de porter ce nom dont nous sommes beaucoup trop prodigues.

Ce qu'on appelle *sciences philosophiques*, par exemple, mérite-t-il bien le nom de *science*? Les différentes parties dont on les compose, se réunissent-elles, comme les différentes parties d'un traité de mathématiques, ou de mécanique, pour former un tout, un tout régulier? Les idées en sont-elles déterminées, au gré de tous les esprits? Sont-elles prises sur le modèle de la nature? Leur place est-elle marquée d'une manière fixe et invariable? Le commencement, le milieu, la fin, ne peuvent-ils être transposés, sans perte, comme sans profit? et, quand on voit les auteurs de métaphysique, prendre pour leur point de départ, l'un, l'espace et le temps, l'autre, les notions générales de l'être; celui-ci, la nature des idées; celui-là, les impressions que les objets font sur les sens; d'autres, le sentiment de l'existence, ou la notion du *moi*, ou même l'idée de l'infini, etc.; quand on les voit, en un mot, s'engager dans des routes si différentes, n'est-il pas vraisemblable, n'est-il pas sûr que la bonne route est ignorée?

Voulez-vous une preuve, toute matérielle, du désordre et de la discordance qui règnent dans la métaphysique? Comparez d'abord, entre elles, les tables d'un certain nombre de traités de mathématiques: comparez ensuite les tables des ouvrages des métaphysiciens: d'un côté, c'est la correspondance la plus parfaite: partout, quatre règles fondamentales sont suivies des fractions, des proportions, des progressions, etc. Le traité des lignes précède celui des surfaces; les surfaces vous mènent aux solides; et il se trouve que vingt tables de matières ne sont qu'une seule et même table.

Maintenant, soumettez à la même épreuve les nombreux volumes qui portent le nom de *mé-*

taphysique ; ceux que nous ont transmis les anciens, et ceux qui sont la production des modernes; ceux que chaque jour voit naître parmi nous, et ceux qui nous viennent des nations voisines. Parcourez la suite des chapitres dont se composent ces volumes : à peine en trouverez-vous quelques-uns qui portent le même titre ; et ceux-là même, sous un titre semblable, vous présenteront des choses toutes différentes. Chaque auteur pose les questions à sa manière, dispose de la langue à sa fantaisie, ou, selon ses besoins, trouve des moyens de preuve dans des principes qui ne sont qu'à lui, et croit de bonne foi que tout le monde doit se rendre à l'évidence, à *son* évidence.

Qu'est-ce donc qu'une science qui n'a ni principes arrêtés, ni matériaux fixes, ni méthode constante ? Qu'est-ce qu'une science qui change de nature et de forme, au gré de tous ceux qui la professent ? Qu'est-ce qu'une science qui n'est plus aujourd'ui ce qu'elle était hier ? qui, tour à tour, vante comme son oracle, Platon, Aristote, Descartes, Locke, Leibnitz, et tant d'autres dont les doctrines et les méthodes semblent n'avoir rien de commun ? et, pour tout dire, qu'est-ce qu'une science dont on a demandé, non pas seulement si elle était, mais si elle était possible ?

Enfin, si les découvertes que les hommes ont

faites sur les rapports des nombres et de l'étendue, depuis les premiers Égyptiens jusqu'à Euclide, et depuis Euclide jusqu'à Descartes, Newton, Euler et Lagrange, en avançant toujours progressivement, portent, à juste titre, le nom de *science*, quel nom donnerez-vous à un recueil de méditations qui reviennent sans cesse sur elles-mêmes, qu'il faut toujours reprendre à leurs commencemens, et dont les commencemens mêmes ne sont pas convenus?

Vous oubliez, dira-t-on peut-être, que c'est une science que vous nous enseignez, que du moins vous êtes chargé de nous enseigner.

Non, messieurs, et c'est parce que je me souviens des devoirs que m'impose le titre de professeur, que je ne dois pas dissimuler l'état d'imperfection où se trouve l'objet de notre enseignement; et, quoique je ne puisse me flatter en aucune manière, de réunir en corps de doctrine, et de ramener à leur ordre naturel, toutes les notions éparses qu'on trouve dans les ouvrages des métaphysiciens, je dois vous faire sentir la nécessité de cet ordre, sans lequel le nom de *science* ne peut être qu'un nom usurpé. Je dis ce qu'il faut faire, sans savoir le faire; et dans l'impuissance de vous fournir le modèle, je dois au moins vous rappeler la règle.

La plupart des idées qui sont l'objet de la

métaphysique, n'étant donc pas liées entre elles, et ne se montrant pas à l'esprit dans cet ordre qui les fait naître successivement les unes des autres, c'est en vain qu'on chercherait à les déterminer d'une manière qui réunît tous les suffrages. On fera des classes; on distinguera des espèces, des genres qui seront fondés, non sur la nature des choses, ni sur la nature de l'esprit, mais sur la manière de voir des philosophes; et encore, dans ces divisions arbitraires on placera arbitrairement les idées.

Combien de fois n'a-t-on pas refait les *Catégories* d'Aristote, c'est-à-dire, les dix classes générales auxquelles il lui plaît de rapporter tous les objets? et ces classes, qu'on a si souvent corrigées, augmentées, diminuées, que nous ont-elles appris, et que pouvaient-elles nous apprendre? si *la vertu est une habitude ou un acte?* si *la logique est un art ou une science?* si *l'accident et la substance sont homonymes par rapport à l'être?* et, pour finir par un trait de Molière, s'il faut dire *la figure ou la forme d'un chapeau,* c'est-à-dire, s'il faut mettre les chapeaux dans la classe des formes ou dans celle des figures?

Que si l'on veut l'autorité d'un nom plus grave, mais non pas d'un esprit plus juste, écoutez l'auteur de la *Logique de P. R.;* « L'étude des *Catégories*, dit-il, ne peut être que dangereuse, en ce qu'elle accoutume les hommes à se payer de mots, et à croire qu'ils savent toutes choses lorsqu'ils n'en connaissent que des noms arbitraires. »

Croyons avec Molière, Nicole, et le bon sens, qu'on n'arrive pas à la connaissance des choses en se bornant à les classer, à moins que la connaissance qu'on se propose d'acquérir, ne soit la classification elle-même. Il suffit, sans doute, à un bibliothécaire, s'il ne veut être que bibliothécaire, d'avoir distribué ses livres dans un ordre qui lui permette de les retrouver facilement. La classification est tout ce qui lui importe : c'est-là sa science. Mais, autre chose est, de reconnaître un livre par la place qu'il occupe, ou par son titre ; autre chose est, de savoir ce qu'il contient.

Il s'agit donc, si nous voulons avoir en métaphysique des idées aussi bien déterminées qu'elles le sont en mathématiques, non pas seulement de les classer, ou de les définir par le *genre* et par la *différence*, ce qui n'est qu'une manière de les classer : il s'agit de les systématiser, d'en régulariser la suite, afin de pouvoir les expliquer les unes par les autres, ce qui est le vrai moyen de les définir, d'en faire connaître la nature : et, quoique cette entreprise puisse d'abord paraître chimérique, il ne faut pas désespérer de la voir se réaliser. Peut-être qu'en changeant de méthode, on verrait tout à coup s'évanouir ces difficultés qui nous semblent insurmontables. A-t-on essayé de se conduire dans l'étude de la métaphysique, comme on se conduit dans l'étude des mathématiques? Si la géométrie doit à sa méthode des progrès qui nous étonnent, pourquoi la métaphysique ne ferait-elle pas les mêmes progrès en adoptant la même méthode? ou plutôt, puisqu'il est vrai que la géométrie est la mieux faite de toutes les sciences, il faut nécessairement qu'elle suive la meilleure de toutes les méthodes. Que la métaphysique l'imite : qu'elle emploie son artifice ; disons mieux : qu'elle procède aussi naturellement; bientôt elle partagera ses succès, et on ne lui contestera plus le nom de *science*.

Or, si ce que nous ne voyons qu'en espérance avait reçu son exécution ; si la métaphysique était ordonnée dans toutes ses parties comme un traité d'arithmétique, rien au monde ne serait plus aisé que d'en déterminer, ou d'en définir toutes les idées d'une manière invariable. Car, comme en arithmétique on définit les progressions par les proportions dont elles tirent leur origine, les proportions par les raisons, les raisons par les divisions; de même, en métaphysique, on pourrait définir chaque idée par celle qui l'aurait engendrée, jusqu'à ce qu'on fût arrivé à l'idée fondamentale, dernier terme de toutes les définitions.

Malgré la difficulté de porter l'ordre dans le chaos de la métaphysique, nous sera-t-il permis de rappeler que nous avons essayé de régulariser une de ses parties ? Nous sera-t-il permis de dire que la méthode que nous avons suivie, pour développer le système des facultés de l'âme, est aussi rigoureuse que celle qu'on a suivie, pour développer le système de la numération, ou, plutôt, qu'elle est absolument la même? D'un côté, on part de l'addition pour aller à la multiplication, à la formation des puissances : de notre côté, nous partons de l'attention pour aller à la comparaison, au raisonnement : la parité est exacte. Il faut donc que nous ayons, pour définir les facultés de l'âme, la même facilité qu'ont les mathématiciens, pour définir les opérations de l'arithmétique. Aussi, vous le voyez, la liberté se définit par la préférence; la préférence, par le désir; le raisonnement, par la comparaison; la comparaison, par l'attention : et l'on ne peut attaquer ces définitions, à moins qu'on ne démontre que nous avons mal procédé dans le développement des facultés, comme on ne peut attaquer celles des mathématiciens, à moins qu'on ne démontre aussi, qu'ils ont mal développé la suite des opérations de l'arithmétique.

Il faut donc, toutes les fois qu'on cherche la définition d'une idée, se demander comment cette idée a été engendrée, quelle est son origine mmédiate, c'est-à-dire, quelle est l'idée connue dont elle dérive, ou quelles sont les idées connues dont elle se compose.

Qu'est-ce que la *métaphysique*? C'est l'analyse, lorsqu'elle remonte à l'origine des idées. Dans cette définition, on fait dériver l'idée de la métaphysique, qu'on n'avait pas, de celle de l'analyse, qui doit être supposée connue au moment qu'on définit la métaphysique.

Qu'est-ce que *la faculté de penser?* c'est la réunion de l'entendement et de la volonté. Ici, l'idée de la faculté de penser se compose, de l'idée de l'entendement et de celle de la volonté, qu'il faut bien connaître auparavant; sans quoi, la définition de la faculté de penser serait inintelligible.

Cette manière de définir nous conduisant toujours du connu à l'inconnu, je vous demande ce que peut être une méthode qui n'est pas celle-là.

Si vos idées ne sont pas systématisées, les

définitions ne pouvant pas les déterminer les unes par les autres, comment les déterminerez-vous ? Par le *genre* et par la *différence* ? Mais vous avez vu combien ces définitions sont sujettes à nous égarer, et quelle prise elles donnent à l'arbitraire. Déterminerez-vous les mots, signes de ces idées, par des conventions ? Mais les conventions ne se font pas sans quelque motif : et, comme rien ne doit être arbitraire dans nos idées, rien ne devrait l'être dans la langue. Observez la manière des grands écrivains : à peine trouverez-vous quelques expressions qu'on puisse remplacer par d'autres ; car, dans les sciences, l'arbitraire déplaît aux bons esprits, autant que, dans la république, il déplaît aux bons citoyens.

Il y a une foule de questions qui se reproduisent sans cesse, et qu'on résout de mille manières différentes, sans jamais satisfaire la raison. Ici, on agite la question de l'instinct ; là, celle de la liberté ; ailleurs, celle de la sensibilité, de la mémoire, du temps, de l'espace, de l'infini, etc.

Jamais on ne résoudra ces questions, en les prenant isolément et comme au hasard. Il fallait commencer par se demander si elles ne tiennent pas entre elles, de telle manière que la solution des unes soit nécessaire pour la solution des autres. Sans cet examen préalable, toutes les tentatives sont inutiles.

Qu'est-ce que le *papier*, quelle est sa nature? Qu'est-ce que la *toile?* Qu'est-ce que le *fil?*

Si vous cherchez la définition d'une de ces choses sans avoir égard aux autres; si vous oubliez qu'elles ont toutes une origine commune, vous vous épuiserez en efforts inutiles; jamais vous ne rencontrerez la vraie définition.

Le papier, dira l'un, en recourant à ses *genres* et à ses *différences*, est un corps blanc, mince, léger, propre à recevoir les caractères de l'écriture; et l'on variera cette définition de toutes les manières, afin de la rendre bien claire, bien courte; afin, surtout, qu'elle convienne à toute espèce de papier, et rien qu'au papier. Un autre, ne voyant pas encore, malgré tant de précautions, cette nature qu'on cherche, dira : Le papier est une substance composée de carbone, d'hydrogène, etc. Enfin on dira tout, excepté la seule chose qu'il fallait dire, savoir, que c'est du linge mis au pilon, réduit en pâte, etc.

Voilà où en sont les philosophes, quand ils cherchent à pénétrer la nature des choses. Tout est lié dans l'univers; et ils veulent le connaître, sans mettre de la liaison dans leurs idées. L'ordre est partout, et ils se refusent à l'ordre. Aussi, que nous apprennent la plupart de leurs ouvrages? Ce sont des portraits faits sans modèle, qui ne ressemblent à rien; et, quand on a perdu son temps à les étudier, on peut bien savoir ce qu'ont pensé leurs auteurs, mais non pas ce qu'on doit penser.

Tenons donc pour assuré, que la meilleure manière de définir, est celle qui va prendre ses idées dans des idées génératrices antérieurement connues; et, par conséquent, qu'on ne pourra bien définir la totalité des idées et des termes d'une science, qu'autant que la science existera, et que la langue en aura été bien faite. Jusque-là, les définitions varieront au gré des philosophes, et seront des causes toujours renaissantes de vaines disputes.

Il ne suffit pas, sans doute, pour acquérir une idée nouvelle, de présenter à l'esprit l'idée connue dont elle dérive, ou les idées connues dont elle se compose. Il est trop manifeste qu'on n'apprendrait rien de nouveau. Il faut de plus, indiquer dans cette idée, ou dans ces idées connues, la modification ou le point de vue également connus, d'où résulte l'idée qu'on cherche.

On ne fera pas connaître la liberté, par la préférence seule; mais, par la préférence après délibération; ni la comparaison, par la simple attention; mais, par l'attention, lorsqu'elle se porte sur deux objets; ni la multiplication, par l'addition seule; mais, par l'addition, modifiée d'une certaine manière, etc., etc.

Ainsi, pour définir un être, une qualité, un rapport, une opération, etc.; ou, ce qui revient au même, pour définir les idées qu'on doit se former de toutes ces choses, il faut montrer deux idées déjà connues, savoir, l'idée qui précède immédiatement celle qu'on cherche, et la modification qui transforme cette première idée.

Si les auteurs des ouvrages élémentaires adoptaient cette méthode, on ne les verrait plus, dès la première ligne, préluder par une définition, parce que, heureusement, la chose serait impossible. La première idée qu'on met en avant, peut bien servir à expliquer celle qui la suit; mais, où est l'idée antérieure, pour l'expliquer elle-même?

On fait sur les définitions, une question assez subtile. On demande si les définitions portent sur les mots, ou sur les choses; et l'on répond de quatre manières différentes :

1°. Toutes les définitions sont, de mots;

2°. Toutes les définitions sont, de choses;

3°. Toutes les définitions sont, en même temps, de mots et de choses;

4°. Il y a des définitions de mots, et des définitions de choses.

Les premiers disent : Toutes les choses dont nous parlons, sont exprimées par des mots, puisque nous en parlons. Définir ces mots, c'est en expliquer le sens, c'est montrer les idées, ou les choses dont ils sont les signes. Il suffit donc de reconnaître des définitions de mots, puisque ces définitions emportent celles de choses.

Les seconds tirent du même raisonnement une conclusion opposée. Puisqu'on ne peut pas définir un mot, disent-ils, sans définir la chose, toute définition est de chose.

Les troisièmes, donnant raison aux deux premiers, adoptent l'une et l'autre conclusion.

Les quatrièmes enfin, et c'est le plus grand nombre, trouvent fort extraordinaire que l'on confonde les choses avec leurs noms ; et ils séparent ou cherchent à séparer, avec un très-grand soin, les définitions de mots, des définitions de choses.

Pour nous bien entendre, nous allons considérer d'abord une classe de mots, dont les définitions n'entrent pas dans la question que nous cherchons à résoudre.

Les premiers mots, dit Boëce, furent imaginés, pour désigner les objets que les hommes avaient sous les yeux. Ils les nommèrent *pierre*, *arbre*, *rivière*, etc. Ils en imaginèrent pour désigner les qualités, soit absolues, soit relatives de ces objets; et ils firent les mots *blanc*, *noir*, *grand*, *petit*, etc. Ils sentirent le besoin d'exprimer les actions, et on eut les mots, *manger*, *courir*, *frapper*, etc. Enfin, ils sentirent aussi le besoin d'exprimer les rapports des objets; et les mots *avant*, *après*, *à droite*, *à gauche*, etc., furent inventés.

Ces premiers mots, ayant été long-temps et souvent employés, on dut s'apercevoir, plus tôt ou plus tard, qu'ils ne remplissaient pas tous les mêmes fonctions, puisque les uns servaient à désigner les objets ou les choses; les autres, les actions; les autres, les qualités; et les autres, les rapports. En conséquence, on inventa de nouveaux mots, pour désigner ces quatre classes de mots. Les mots, *pierre*, *arbre*, *maison*, etc., furent appelés *substantifs*. Les mots *blanc*, *noir*, *rouge*, etc., furent appelés *adjectifs*. Les mots *manger*, *courir*, furent appelés *verbes*; et enfin, les mots, *dessus*, *dessous*, *avant*, *après*, etc., furent appelés *prépositions*.

Les mots, *substantif*, *adjectif*, *verbe*, *préposition*, ne sont donc pas des signes de choses, des noms imposés à des choses réelles : ce sont des noms imposés à des noms, des signes de signes, des expressions d'expressions.

Vous m'avez permis de citer Molière. Permettez-moi de le citer encore. Dans les *femmes savantes*, *Belise* dit :

> La grammaire, du verbe et du nominatif,
> Comme de l'adjectif avec le substantif,
> Nous enseigne les lois.

> MARTINE.

> J'ai, madame, à vous dire,
> Que je ne connais pas ces gens-là.

> PHILAMINTE.
>   Quel martyre !

> BÉLISE.

> Ce sont *les noms des mots*, et l'on doit regarder,
> En quoi c'est qu'il les faut faire ensemble accorder.

La plupart des termes de grammaire sont donc des noms de mots, des noms de noms, des signes de signes. Ils ne se rapportent pas aux choses, mais à leur simple dénomination, à leur simple expression ; et ceci n'est pas particulier à la grammaire : toutes les sciences offrent, et doivent offrir des mots pareils. Vous en verrez bientôt un exemple.

Laissons, pour le moment, les définitions de tous ces termes qui ne peuvent être que des définitions de mots, et rentrons dans le vrai sens de la question.

Lorsqu'un mot exprime une chose, est-ce le mot ou la chose qu'on définit? définit-on le *mot* triangle, ou la *chose* appelée triangle? le *mot* vertu, ou la *chose* appelée vertu? etc., etc.

Voilà la question à laquelle, vous venez de l'entendre, on fait quatre réponses différentes, ou même opposées; et dont chacune, cependant, paraît également plausible. A laquelle donnerons-nous la préférence? A laquelle? A toutes, et à aucune. Ceci, comme on le voit, demande explication.

J'ai besoin, pour cela, de faire deux suppositions que vous allez trouver bien singulières, absurdes même: vous me les pardonnerez si elles nous fournissent la clef du problème.

Je suppose, d'un côté, une créature douée d'une intelligence si accomplie, qu'on ne puisse rien ajouter à ses connaissances. Il n'y a qu'une seule chose qu'elle ignore, ce sont les langues: elle a toutes les idées, excepté celles des mots.

D'un autre côté, imaginez une espèce d'automate qui possède, et qui parle, avec la plus grande facilité, toutes les langues du monde; mais il n'a absolument aucune idée, autre que celle du son matériel des mots.

Faites leur entendre en même temps une

même définition, et supposez que cette définition soit comprise (je demande grâce pour cette dernière supposition). N'est-il pas évident que, pour l'un de ces êtres imaginaires, votre définition sera une définition de mot, et que, pour l'autre elle sera une définition de chose? Le premier avait toutes les idées; il n'a pu apprendre que le mot : le second connaissait tous les mots; vous n'avez pu lui donner que des idées.

Que sommes-nous, messieurs? De quoi se compose notre savoir? Et quel est celui qui, en réduisant ce qu'il y a d'exagéré dans ces suppositions, ne devra pas se dire, *de te fabula narratur?* Combien d'idées dans notre esprit, que nous ne saurions exprimer! combien de mots dans notre bouche, dont nous n'avons jamais pénétré le sens!

Par conséquent, une même définition peut être, pour nous, définition de chose dans un temps, et n'être que définition de mot dans un autre; elle peut être de mot, pour vous, et de chose, pour moi.

Ainsi, on peut dire : toute définition est de mots : toute définition est de choses : il y a des définitions de mots, et des définitions de choses. On peut dire aussi le contraire de toutes ces propositions, parce qu'elles sont en même temps vraies et fausses; vraies pour les uns, et fausses pour les autres.

Ne soyons pas surpris que les philosophes n'aient pas su délier ce noeud. Ils considéraient les définitions en elles-mêmes, et d'une manière absolue, quand il fallait ne les considérer que relativement aux bornes, ou à l'étendue de notre esprit.

Je n'ajoute pas d'autres développemens : je ne m'appuie pas sur des exemples. Vous en trouverez facilement vous-mêmes; car ils se présentent en foule. La question des définitions n'est pas épuisée : elle reparaîtra dans la suite de nos leçons. Je dirai ce que je n'ai pas dit; et, si j'ai besoin de me répéter, je chercherai à le dire mieux. Je dois employer les momens qui nous restent, à satisfaire le désir qu'on m'a témoigné, de voir reproduire une idée que j'ai énoncée trop rapidement, en terminant la dernière séance.

Vous vous souvenez que, pour vous faire sentir la nécessité de distinguer les définitions, des simples propositions, j'ai insisté sur cette remarque, qu'il n'y avait jamais qu'une seule et même idée dans les deux membres d'une définition; que l'oubli d'une chose si simple, en laissant croire aux philosophes que le sujet d'une définition est autre chose que son attribut, et qu'il renferme une essence, une réalité, distincte de ce qui est exprimé par l'attribut, engendrait tous les jours des disputes qui ne peuvent être que frivoles. Je vous ai avertis de vous tenir en garde contre un penchant, qui est entretenu par les habitudes les plus familières du langage.

— Ces considérations nous ont conduits, sinon par une liaison nécessaire, du moins par une analogie suffisante, à dire un mot de tant d'êtres imaginaires que les hommes ont réalisés, qu'ils ont personnifiés, et dont ils ont rempli l'univers. C'est de ces singulières créations, et des dangers auxquels elles exposent la philosophie, que je suis invité à parler encore.

Je me rends d'autant plus volontiers à cette demande, qu'elle me fournit l'occasion de m'expliquer sur une chose que je n'ai fait qu'indiquer, et qu'on pourrait n'avoir pas saisie; savoir, que ce n'est pas seulement en grammaire qu'on rencontre des mots signes de mots, des noms de noms, des expressions d'expressions, mais que toutes les sciences en offrent des exemples. Nous n'aurons pas besoin de sortir de la métaphysique, pour nous convaincre de cette vérité.

La langue du système des facultés de l'âme, si on ne la considère que dans ses élémens, comprend neuf mots, ni plus ni moins. Ces neuf mots sont : *attention, comparaison, raisonnement; désir, préférence, liberté; entendement, volonté; pensée.*

Les six premiers de ces neuf mots, *attention, comparaison, raisonnement, désir, préférence, liberté,* représentent autant de facultés réelles dont nous avons le sentiment, quand nous les exerçons; facultés dont trois, l'*attention*, la *comparaison* et le *raisonnement*, nous servent à acquérir des connaissances, et dont trois, le *désir*, la *préférence*, la *liberté*, sont relatives à la recherche du bonheur.

Or, il peut arriver que, dans nos entretiens, dans nos écrits, nous ayons à parler, ou de toutes les six facultés de l'âme à la fois, ou bien seulement des trois premières, ou seulement des trois dernières : alors, nous sommes obligés de prononcer successivement six mots, ou trois mots. Le retour fréquent de ces locutions nous fatigue bientôt, et nous fait sentir la nécessité d'abréger nos discours : et, comme en arithmétique, au lieu de dire *un* et *un* et *un*, nous disons plus brièvement *trois*; dans nos discours métaphysiques, au lieu de dire *attention, comparaison, raisonnement,* nous dirons d'un seul mot, *entendement*. Le mot *entendement* vaut donc, à lui seul, autant que les trois mots réunis, *attention, comparaison, raisonnement;* il en est l'expression abrégée : c'est là sa vraie valeur. Vous l'avez choisi pour représenter la réunion de trois mots ; il est donc signe immédiat de ces mots : c'est un signe de signe, une expression d'expression. Qu'il soit en même temps signe éloigné de chose, je ne le nie pas : j'expliquerai ceci dans un moment.

Vous raisonnerez sur le mot *volonté*, comme sur le mot *entendement*. Le mot *volonté* est un signe représentatif des trois mots, *désir*, *préférence*, *liberté*, sous chacun desquels se trouve une faculté réelle ; mais, sous le mot *volonté*, vous ne devez trouver immédiatement que trois mots : car, dans un mot, on ne peut trouver que ce qu'on y a mis. Le mot *volonté* est donc signe de signe.

A plus forte raison, le mot *pensée* sera-t-il signe de signe. Nous pouvons avoir besoin de présenter dix fois, dans quelques pages, l'idée composée de l'*entendement* et de la *volonté*, et nous ferons ce que nous avons déjà fait. Comme nous avons exprimé les trois mots, *attention*, *comparaison*, *raisonnement*, par le seul mot *entendement* ; et les trois mots, *désir*, *préférence*, *liberté*, par le seul mot *volonté* ; de même, nous aurons un seul mot pour exprimer la réunion de l'entendement et de la volonté ; et ce mot unique sera le mot *pensée*.

Ainsi, le mot *pensée* est signe immédiat de deux mots, *entendement* et *volonté*. Entendement et volonté sont chacun signe immédiat de trois mots; et chacun de ces trois mots se trouve enfin signe immédiat d'idées, de choses, de facultés, de réalités; réalités, dont les mots *entendement* et *volonté* sont des signes éloignés, et dont le mot *pensée* est un signe plus éloigné encore.

Vous voyez donc, avec la plus grande évidence, que des neuf mots qui forment le vocabulaire du système des facultés de l'âme, il n'y en a que six qui expriment immédiatement des réalités; parce que nous ne reconnaissons que six facultés dans l'âme; et que les trois autres mots, inventés pour la commodité du discours, ne représentent immédiatement que de simples mots. Si nous nous obstinons à regarder la *pensée*, l'*entendement* et la *volonté*, comme autant de facultés individuelles, il nous arrivera nécessairement ce qui est arrivé aux philosophes. Nous nous perdrons dans des métaphores qui cacheront la vérité, au point qu'il deviendra presque impossible de l'apercevoir.

Parce que la plupart des mots sont signes d'idées réelles, et qu'ils représentent des êtres réels, nous sommes portés à croire, toutes les fois que nous prononçons un mot, qu'il doit y avoir, dans notre esprit ou dans la nature, un être qui répond à ce mot. Il ne nous suffit pas de réaliser la pensée, l'entendement, la volonté : nous donnons une âme et un corps, à la justice, à la gloire, à la fortune : nous représentons l'amour, sous les traits d'un enfant ; le temps, sous la forme d'un vieillard, et nous personnifions tout, jusqu'au néant.

La poésie s'aperçut de bonne heure que, pour charmer les esprits et pour enchanter les imaginations, un des plus sûrs moyens était de favoriser ce penchant naturel. Elle peupla le ciel et les enfers de dieux et de déesses. Le ciel fut le séjour des divinités les plus brillantes, Vénus, Mars, Jupiter, Apollon. L'enfer, région des ténèbres, reçut des dieux sombres et sévères, Pluton, Éaque, Rhadamante. Sur la terre, dans les plaines fertiles, sur les coteaux rians, on mit des dieux protecteurs des moissons, des vendanges, des fruits, des troupeaux, etc. Pan, Sylvain, les nymphes animaient les bois de leurs danses.

« *Panaque, Silvanumque senem, nymphasque sorores.* »

Enfin, toute la nature fut un enchantement.

Mais, si ces allégories plaisent à l'imagination, la raison a d'autres besoins et d'autres plaisirs. Et, quand la poésie dit à la philosophie : Pourquoi n'ornez-vous pas vos vérités de quelqu'une de mes aimables fictions? la philosophie peut lui répondre : Vous feriez sagement vous-même de donner à vos fictions la vérité pour ornement; vous en seriez plus utile, et même plus aimable. Entendez le législateur du Parnasse :

« Rien n'est beau que le vrai : le vrai seul est aimable. »

Voyez ce qu'il dit ailleurs :

« Aimez donc la raison : que toujours vos écrits
Empruntent d'elle seule et leur lustre et leur prix. »

Mais, quoi! voulez-vous changer notre nature? et, sous prétexte de nous montrer la vérité, nous défendez-vous d'écouter les *conseils* de la raison? de voir, dans le désir et dans les passions, *un feu qui dévore*, etc.? Vous nous opposez Boileau; écoutez-le dans ces vers :

« Bientôt ils défendront de peindre la prudence,
De donner à Thémis, ni bandeau, ni balance,
De figurer aux yeux la guerre au front d'airain,
Et le temps qui s'enfuit une horloge à la main. »

Non, messieurs, je ne veux pas vous le défendre : et d'ailleurs, quand je vous le défendrais, vous n'auriez garde de m'obéir. Pour vous et pour moi, la *raison* sera toujours comme une bonne mère qui nous aide de ses conseils; toujours la *pensée* sera lente ou rapide, faible ou forte, vive, légère, délicate, grande, sublime, etc. Nous continuerons donc à employer ce langage que vous aimez, et que vous devez aimer, puisqu'il nous est inspiré par la nature; mais, comme il a ses dangers en philosophie, je veux vous apprendre à les éviter. Pour cela, nous avons besoin de nous former une idée bien exacte des signes, et de leur emploi.

Je mets, sous vos yeux, les caractères suivans, p.e.n.s.é.e; et vous articulez *pensée*.

Le mot *pensée écrit*, est donc le signe immédiat du mot *pensée parlé*.

Le mot *pensée parlé*, est le signe immédiat des mots *entendement* et *volonté*.

Le mot *entendement*, est le signe immédiat des mots *attention*, *comparaison*, *raisonnement*.

Les mots *attention*, *comparaison*, *raisonnement*, sont enfin signes immédiats d'autant de facultés réelles.

Il y a donc trois intermédiaires entre le mot pensée *écrit*, et les facultés réelles; ou deux seulement entre le mot pensée *parlé*, et ces facultés.

Mais qu'arrive-t-il? C'est que, très-souvent, l'esprit franchit les intermédiaires, et se porte à l'instant, du mot pensée *écrit*, ou du mot pensée *parlé*, aux facultés réelles.

Si l'esprit ne franchit rien, il va d'un mot à un mot, ou à plusieurs mots : s'il franchit les intermédiaires, il va d'un mot à l'idée, ou à la chose; aux idées, ou aux choses. L'esprit opère donc, ou immédiatement sur les mots, ou immédiatement sur les idées.

Ici, nous touchons à la cause la plus féconde, tout à la fois, en erreurs et en vérités; à la cause qui accélère, ou qui retarde le plus, nos progrès dans l'étude des sciences.

Comme il ne tient qu'à nous de mettre plusieurs idées dans un seul mot, et plusieurs mots ainsi chargés d'idées dans un autre mot, et plusieurs de ces nouveaux mots encore, dans un autre mot, etc. ; si nous transportons sur les mots le travail que nous faisions sur les idées, qu'on juge de l'immense soulagement qu'en recevra l'esprit, et de la facilité qu'il acquerra pour se porter en avant; puisque, n'étant plus obligé de partager son attention de mille manières différentes, il pourra la concentrer toute entière sur un seul point.

Mais, pour que les progrès soient assurés, il

faut qu'en opérant sur des mots, on sache bien qu'on n'opère que sur des mots; et il faut, en même temps, que, de ces mots, on puisse revenir aux idées qui seules peuvent tout éclairer. — Si, en opérant sur des mots qui ne sont que signes d'autres mots, on croit opérer immédiatement sur des idées, on s'expose, en prenant ainsi les mots pour des choses, à s'égarer au milieu des chimères : et si, de ces mots qui ne sont immédiatement que signes d'autres mots, on ne sait pas revenir aux idées, toutes les connaissances seront purement verbales.

Ces réflexions appellent en foule de nouvelles réflexions : je les réserve pour un autre temps. Il me suffit aujourd'hui de vous avoir averti d'une expérience que vous faites tous les jours, que vous faites à chaque moment, et que vous pouviez n'avoir pas remarquée, savoir, que l'esprit opère, tour à tour, sur les idées et sur les mots.

Les hommes nés avec beaucoup d'imagination opèrent davantage sur les idées, sur les images, sur les réalités. Ceux qui ont pris l'habitude d'un raisonnement exact et sévère, opèrent beaucoup plus sur les signes que sur les idées, sur les mots que sur les choses. Les uns, dans le travail de leur esprit, dans les combinaisons qu'ils font subir aux élémens de leurs pensées, jouent, s'il est permis de le dire, avec des valeurs réelles ; les autres jouent avec les simples signes des valeurs.

On a demandé quelle était, de ces deux qualités de l'esprit, celle qui doit avoir la prééminence, ou d'une imagination qui prodigue les richesses, ou d'une raison qui calcule ?

C'est une question à laquelle je me garderai de répondre ; à laquelle on ne répondra jamais au gré de tous les esprits.

Le poëte, ravi des beautés incomparables d'*Athalie*, donnera la palme à Racine.

Le mathématicien dira que rien n'égale *les principes mathématiques* de Newton.

Mais qui jugera entre le mathématicien et le poëte ?

QUATORZIÈME LEÇON.

Des opinions des philosophes sur les facultés de l'âme.

La première partie du cours que nous faisons, se trouve toute entière dans le système des facultés de l'âme, que je vous ai présenté à la quatrième leçon. Toutes les autres leçons que vous avez entendues, sont subordonnées à celle-là, et doivent en être regardées comme des accessoires. Celles qui l'ont précédée, étaient destinées à la préparer, à en faciliter l'intelligence : celles qui l'ont suivie, à la développer de plus en plus. J'ai répondu aux objections dirigées contre la doctrine qu'elle contient ; et je me suis attaché, surtout, à vous faire remarquer la manière dont cette doctrine est exposée. Si l'acquisition d'une seule vérité est un bien inappréciable pour l'homme, quel ne doit pas être le prix d'une méthode qui le rendrait propre à trouver toutes sortes de vérités ? et quelle méthode peut être mieux adaptée à l'esprit, que celle qui, faisant sortir les idées les unes des autres, bannit l'arbitraire de nos

QUATORZIÈME LEÇON

recherches, et prévient tous les écarts de l'imagination ? Quelle autre nous placera mieux sur la ligne des découvertes, que la méthode qui, nous enseignant d'où viennent les idées que nous n'avions pas, nous fait pressentir, en même temps, où peuvent conduire les idées que nous avons ?

Tout ce que nous avons vu jusqu'à ce moment consiste donc dans quelques réflexions sur la *méthode*, sur les *définitions* qui en font partie, et dans la *solution d'une question particulière*. J'ai dit ce que c'est qu'un *système*, et j'ai essayé d'en faire un.

Mais ce système est-il vrai ? est-il l'expression de ce qui est ? Y a-t-il dans notre âme des facultés qui lui appartiennent en propre, et qui soient inhérentes à sa nature ? A-t-elle trois moyens de connaître, et n'en a-t-elle que trois ? A-t-elle trois moyens de bonheur, et n'en a-t-elle que trois, en sorte que, si le nombre de ces moyens ou facultés venait à changer, nous ne serions plus ce que nous sommes ? L'activité de l'âme s'exerce-t-elle, en effet, de six manières, ni plus ni moins ? Et ces six manières, quoique très-distinctes les unes des autres, ne sont-elles, dans leur principe, qu'une manière unique d'agir ? La faculté de penser, sous quelque forme qu'elle s'applique aux sensations, ou aux idées, n'est-elle jamais que l'attention modifiée, que l'attention transformée ?

Si l'énoncé de ces questions n'était pas saisi aussitôt ; si la moindre hésitation faisait attendre un seul instant la réponse qui doit les suivre, nous devrions nous dire ; ou que le système n'a pas été compris, ou que nous ne sommes pas revenus assez souvent sur les idées et sur la langue, pour nous les rendre familières. Nous aurions besoin de soumettre à un nouvel examen ce qui ne présenterait pas tous les caractères de l'évidence ; ou de graver de nouveau dans notre esprit ce qui n'aurait laissé que des traces fugitives.

La sensibilité et l'activité ne sont-elles pas inséparables de la nature de l'âme ?

La sensibilité entrera-t-elle en exercice ; l'âme, de sensible qu'elle est, deviendra-t-elle sentante, sans l'action d'une cause étrangère ?

L'activité, au contraire, ne se manifeste-t-elle pas ; l'âme ne passe-t-elle pas de l'activité à l'action, par sa propre énergie, du moment qu'elle a senti ?

L'âme n'est-elle pas, tout à la fois, passive et active ?

Or, si la plus constante des expériences atteste que nous jouissons en effet de deux propriétés dont la réunion forme l'essence même de l'âme, à laquelle faudra-t-il demander nos facultés? sera-ce à une propriété passive, ou à une propriété active? Nos facultés étant nos moyens d'agir, les trouverons-nous dans ce qui exclut toute action?

Les facultés de l'âme ne peuvent donc, en aucune manière, dériver de la sensibilité : les opérations dont elle est capable ne remontent pas à la sensation, comme à leur principe.

Et, non-seulement les opérations de l'âme n'ont pas leur principe dans la sensation, elles n'ont, dans leur nature, rien de commun avec la sensation. Il y a sans doute entre elles un rapport d'action ; mais un rapport d'action n'est pas un rapport de nature.

Les facultés et les opérations de l'âme sont des pouvoirs d'agir, et des manières d'agir : elles sont donc autre chose que des capacités de sentir, et des manières de sentir.

Mais il ne suffit pas d'avoir reconnu que l'âme est douée d'une activité originelle. Cette connaissance sera tout-à-fait stérile, si nous n'observons pas cette activité dans les différens actes par lesquels elle se manifeste. L'âme n'agit pas d'une manière toujours uniforme : elle agit bien, elle agit mal ; elle concentre ses forces sur un seul objet ; elle les distribue sur plusieurs : toujours en prise avec les sensations, avec les idées, elle s'agite pour les retenir, pour les repousser, pour les démêler, pour en conserver le souvenir, etc.

Dans cette confusion apparente de tant de mouvemens, n'y a-t-il pas quelque ordre, quelque régularité? Les opérations de l'esprit n'ont-elles rien de constant? Varient-elles comme les objets auxquels elles s'appliquent? Le nombre de nos facultés est-il infini? Ou, peut-on le circonscrire dans des limites, même dans des limites assez étroites?

Voilà le problème que nous avons essayé de résoudre : et vous avez vu que, par l'attention, la comparaison et le raisonnement, nous pouvons nous élever à la connaissance des lois de l'univers, et, par conséquent, à celle de son auteur; et que, par le désir, la préférence, et la liberté, nous sommes, en quelque sorte, les arbitres de notre destinée.

Six facultés suffisent donc à tous les besoins de notre nature. Trois nous ont été données pour nous former une intelligence; nous les appelons *facultés intellectuelles* : trois, pour remplir les vœux de notre cœur ; ce sont nos *facultés morales*.

Quelque rapide qu'ait été, dans notre enfance, le développement de toutes ces facultés, il n'a pu se faire que dans l'ordre que nous venons d'indiquer. La liberté ne se serait jamais montrée, si elle n'avait été précédée du choix ou de la préférence; et, comment aurions-nous pu préférer, si nous n'avions pas déjà formé des désirs ? Peut-on imaginer un être, doué de la faculté de raisonner, et privé de celle de comparer, ou, pouvant comparer, sans avoir donné son attention ?

La nature, pour nous instruire, a donc établi l'ordre dans lequel doivent agir nos facultés. Si, par trop d'impatience, nous voulons raisonner avant de nous y être préparés par de nombreuses comparaisons; ou si, avant d'avoir appliqué notre attention aux choses, nous nous hâtons de prononcer sur leurs rapports, rien de vrai, rien de réel, n'entrera dans notre esprit : déductions, et rapports, tout sera chimérique. Voyez ce qui est arrivé aux Grecs, pour s'être trop pressés de faire des systèmes. Voyez quelle a été la philosophie du moyen âge. Les syllogismes expliquaient tout, démontraient tout, hors les phénomènes de la nature sur lesquels l'attention ne s'était jamais portée. Il fallut tout l'éclat des découvertes de Copernic et de Galilée, qui observaient quand les autres raisonnaient, pour dessiller les yeux des savans. Il fallut toute l'éloquence de Bacon, pour ramener les hommes aux observations, aux expériences, et pour leur faire sentir, qu'avant de raisonner sur les choses, il fallait commencer par les voir, par les bien voir, c'est-à-dire, par leur donner une grande, une longue attention.

L'attention est donc la première faculté de l'âme : c'est d'elle que les autres tiennent leur existence, et qu'elles tirent leur origine : on la retrouve dans la comparaison, dans le raisonnement, dans le désir, dans la préférence, dans la liberté : toutes ces facultés ne sont que différentes manières d'être attentifs; et, si vous anéantissez l'attention, vous anéantissez tout.

Or, si l'attention est le principe ou l'origine des facultés intellectuelles et des facultés morales, elle est le principe de l'entendement et de la volonté : elle est l'origine de la pensée; et notre système est démontré.

Vous ne voulez pas que je reproduise les argumens qui ont amené cette démonstration : ils sont présens à votre esprit; ils ont conservé toute leur force, malgré les objections qui tendaient à les affaiblir; mais il est un autre argument que je ne veux pas vous laisser ignorer.

Quel que soit le nombre de nos idées; quelles que soient les divisions qu'on leur fasse subir; qu'on les distribue en simples et composées, individuelles et générales, sensibles et intellectuelles, concrètes et abstraites, distinctes et confuses, claires et obscures, vraies et fausses, etc.; ou trouvera que toutes sont nécessairement *absolues*, ou *relatives*; et que nous les acquérons, ou immédiatement, ou par un travail de l'esprit plus ou moins prolongé.

Si elles sont absolues et immédiates, elles sont le produit de l'*attention* : si elles sont relatives et immédiates, nous les devons à la *comparaison* : enfin, si elles ne se montrent pas immédiatement; si on ne les obtient qu'au moyen de quelques idées déjà connues, c'est le *raisonnement* qui nous les donne.

Que faut-il de plus, et comment vous convaincre, si cette preuve, ajoutée à tant d'autres, pouvait laisser le moindre doute dans vos esprits?

Je n'insiste donc pas sur le fond du système : mais je ne puis m'empêcher de vous faire remarquer, combien a d'exactitude la langue dont nous nous sommes servis. Il se trouve, par un rare bonheur, que presque tous les mots qui servent à désigner les facultés de l'âme, sont, en quelque sorte, une image fidèle de ces facultés. Examinez-les tous, les uns après les autres, depuis le mot *attention* jusqu'au mot *pensée*; vous verrez, qu'à l'exception du mot *désir* qui ne rappelle rien, et du mot *entendement* qui semble manquer de justesse, ils peignent, tous, ce qu'ils expriment. Attention vient de *tendere ad*, tendre vers : liberté, de *libra*, balance : penser, d'après l'étymologie, c'est *peser* : raisonner, c'est *compter*, etc.

Le mot *entendement* est pris, par métaphore, de l'organe de l'ouïe, pour lequel nous avons, en français, les deux mots, *écouter* et *entendre;* *écouter,* qui représente cet organe dans un état actif, et *entendre*, qui le suppose dans un état passif.

Entendement a donc un vice d'origine, qui m'avait presque décidé à ne pas l'admettre dans le sens actif, et à lui préférer le mot *pensée.* Mais ce dernier mot aurait eu l'inconvénient de s'appliquer, d'un côté, à la réunion de toutes les facultés de l'âme, et de l'autre, d'être restreint à trois facultés. Cet inconvénient est-il bien grave? Est-il assez grave pour nous avoir autorisés à l'emploi d'un mot qui manque de justesse, surtout, quand nous n'avons pas craint de faire signifier au mot *volonté*, deux choses différentes; l'une, la réunion du désir, de la préférence, et de la liberté; l'autre, la simple préférence?

J'ai cédé à l'usage consacré par les plus grands métaphysiciens, et j'ai peut-être mal fait; car l'usage ne devrait jamais prévaloir contre la raison, surtout en philosophie; aussi, dans nos discours, *pensée, faculté de penser, entendement,* exprimeront-ils, pour l'ordinaire, une seule et même chose.

Remarquons ici, et tâchons de ne pas l'oublier, que presque tous les mots qui désignent les facultés de l'âme, servent aussi à désigner le produit de ces facultés, et qu'ainsi ils ont une double acception.

Entendement signifie, tantôt la réunion des trois facultés auxquelles nous devons nos idées, et tantôt la réunion de toutes nos idées. Dans ce dernier sens on lui donne plus communément le nom d'*intelligence*.

Pensée désigne l'action de toutes nos facultés, et l'action de chacune de nos facultés : on fait encore ce mot synonyme d'*idée* : c'est ainsi qu'en lisant un passage de Buffon ou de Bossuet, on s'écrie, voilà une belle *pensée*, une *idée* sublime !

Il en est de même des mots *comparaison,* et *raisonnement,* qui, outre les facultés dont ils sont les noms, se prennent souvent, la comparaison, pour la perception d'un rapport simple, et le raisonnement pour la perception d'un rapport composé; ou, comme dit Mallebranche, d'un rapport de rapports, d'un rapport entre deux ou plusieurs autres rapports. Il en est encore de même des mots *désir* et *volonté*. Le dé-

sir, dans le langage de plusieurs philosophes, est le *simple sentiment* que nous fait éprouver la privation d'un objet. La *volonté*, suivant d'autres, est la liberté elle-même.

Voilà autant d'exemples de la diversité d'acceptions, dont un seul et même mot est susceptible ; et il faut bien prendre garde de confondre ces acceptions.

Si, par l'effet d'une longue habitude, on ne voyait dans l'*entendement*, que l'ensemble de toutes les idées acquises, ou que la simple capacité de les recevoir ; dans la *pensée*, qu'une réunion d'images, d'idées ; dans le *raisonnement*, que le résultat de la comparaison entre deux rapports ; dans le *désir* qu'un simple sentiment : si, par un effet de la même habitude, on s'obstinait à regarder la *sensibilité*, la *mémoire*, la *perception*, etc., comme autant de facultés, le système que je vous ai présenté serait une énigme qu'on ne comprendrait jamais : ce qu'il y a de plus simple et de mieux lié dans toutes ses parties, n'offrirait que difficultés et contradictions.

Mais, si rien n'est plus facile à saisir que ce système, lorsqu'il est bien exposé, vous allez voir qu'il n'a, peut-être, pas été également facile de le trouver.

Il fallait, en effet, ou remarquer différentes parties dans ce qu'on jugeait toujours un, toujours le même; ou ramener à un très-petit nombre de phénomènes, ce qui présentait l'apparence d'une infinité de phénomènes.

La pensée n'étant, ou ne paraissant d'abord, qu'un acte simple, unique, indivisible, instantané, comment a-t-on pu la diviser en plusieurs actes distincts et successifs? ou, comment, dans l'étonnante variété d'expressions qui la manifestent, a-t-on pu ne voir que quelques opérations qui se succèdent toujours, pour se reproduire toujours?

Si l'on admire le génie d'observation, qui, dans la multitude infinie de formes que prend la parole, sut apercevoir et séparer les uns des autres, les sons élémentaires dont les combinaisons suffisent à toutes les langues, pourrait-on ne pas reconnaître la sagacité des premiers philosophes, qui, dans toute la variété des productions de l'esprit, ne virent que l'action, sans cesse renouvelée, de quelques facultés!

On entend les sons; on voit le mouvement des organes qui les produisent : la réflexion était donc aidée de la sensation, quand elle cherchait l'alphabet de la parole; tandis que, privée de tout secours, elle était abandonnée à elle-même quand elle cherchait l'alphabet de la pensée.

Aussi, le premier a-t-il été découvert longtemps avant le second. Depuis des siècles, on avait distingué les élémens du langage; on les avait comptés, on les avait distribués avec ordre; on avait même trouvé l'art de les rendre fixes et durables par les signes de l'écriture, quand les opérations de l'âme ou les élémens de la pensée, loin d'avoir été classés avec quelque régularité, loin d'avoir été distingués les uns des autres, étaient à peine distingués des opérations du corps.

Aujourd'hui même, que nous ne pouvons plus tomber dans l'erreur grossière qui confond les procédés de l'esprit avec quelques propriétés de la matière, ne faut-il pas le soin le plus scrupuleux, pour ne pas confondre les *actes* qui sont l'essence de la pensée, avec ce qui n'est que le *produit* de ces actes, l'attention avec la perception, la comparaison avec le jugement, le raisonnement comme opération, avec le raisonnement comme résultat d'opération, etc.?

Et, si l'on n'a pas oublié quelles sont les conditions nécessaires pour avoir un système, on devra se dire que, lors même qu'on a bien séparé les facultés de l'âme de tout ce qui n'est pas elles, rien, pour ainsi dire, n'est encore fait, si l'on n'a pas remarqué le caractère propre à chacune, si on ne les a pas vues sortir les unes des autres, si on ne les a pas ramenées à un principe commun ?

Il ne suffit pas de se replier quelques instans sur soi-même, pour apercevoir aussitôt, d'une vue distincte, et pour remarquer les différens modes d'action de l'esprit. Il est rare qu'ils se montrent seuls ; il est rare que plusieurs, ou même tous, ne se montrent pas à la fois.

S'il est vrai que l'attention se retrouve dans toutes les facultés ; si elle passe successivement de l'une à l'autre, depuis celle qui la suit immédiatement, jusqu'à celle qui en est le plus éloignée, toutes ces facultés à leur tour refluent vers l'attention ; et, dans ce retour vers leur origine, elles s'appuient les unes sur les autres, et se communiquent leur caractère. L'entendement reçoit le mouvement de la volonté ; la volonté demande ses motifs à l'entendement. L'attention, la comparaison et le raisonnement deviennent volontaires et libres ; la liberté s'éclaire des lumières de la comparaison et de celles du raisonnement ; en un mot, toutes les facultés entrent, en quelque sorte, les unes dans les autres ; elles se pénètrent, se confondent, et finissent quelquefois par devenir inséparables. Qui pourra séparer l'attention qu'on donne à un homme d'une taille élevée, de la comparaison qui le fait juger grand ?

Et, quand on a surmonté toutes ces difficultés, quand le système se montre enfin dans toute sa simplicité, il faut encore quelque application, pour bien discerner le caractère propre à chacune des parties dont il se compose. La comparaison touche de si près au raisonnement ; l'attention est si voisine du désir, que ces facultés tendent à se confondre autant qu'à se séparer ; elles diffèrent sans doute, mais elles se ressemblent.

« *Facies non omnibus una,*
Nec diversa tamen, qualem decet esse sororum. »

Ne dirait-on pas, messieurs, que ces vers charmans ont été faits pour servir d'épigraphe au système que nous avons adopté ?

Vous le voyez donc ; il fallait, dans les phénomènes que présente l'esprit humain, distinguer des sensations, des facultés et des idées ; des sensations, qui sont la matière sur laquelle s'exercent les facultés, et qui, par conséquent, ne sont pas des facultés ; des idées, qui sont le résultat de l'action des facultés sur les sensations, et qui, par conséquent, ne sont pas des facultés ; il fallait enfin connaître la nature, le nombre, la destination, l'origine et le développement successif de ces facultés, afin d'en avoir le système.

Ce système a commencé avec la philosophie elle-même. On démêla d'abord les traits les plus saillans, dans un tableau où tout se trouvait confondu, impressions, sensations, images, souvenirs, jugemens, pensées; on chercha à mettre quelque ordre dans ce chaos de mouvemens, de sentimens et d'idées mal formées : ces premiers essais en facilitèrent de nouveaux; on aperçut des points de vue qu'on n'avait pas remarqués; dans ceux-ci d'autres encore : on ne tarda pas à sentir que des divisions trop multipliées faisaient disparaître l'ordre qu'on avait commencé à établir; des observations trop nombreuses devenaient inutiles, et dégénéraient en subtilités : il fallut resserrer ce qui avait pris trop d'étendue, réduire ce qu'on ne pouvait embrasser d'une seule vue de l'esprit. Enfin Descartes parut, et d'abord une lumière assez vive éclaira tant de ténèbres. L'ascendant de son génie anéantit pour jamais l'âme végétative et l'âme sensitive si chères aux scolastiques; âmes ou formes substantielles, dont il prouva l'impossibilité de coordonner les opérations à celles de l'âme raisonnable. Il plaça la sensibilité et la pensée dans un seul et même être; et, en simplifiant ainsi le problème, il en facilita la solution à ceux qui devaient venir après lui.

Parmi ses successeurs il faut surtout distinguer Locke, qui porta dans l'analyse de l'entendement humain une clarté et une précision inconnues avant lui, mais surpassées depuis par Condillac, dont l'analyse laisserait peu à désirer s'il était parti d'un principe avoué par la nature.

Le système que je vous ai présenté n'est donc pas à moi. Plusieurs philosophes, presque tous, à remonter jusqu'à Aristote, et même au delà, peuvent en réclamer leur part; seulement j'ai cherché à le dégager des élémens qui lui étaient étrangers, et à le faire reposer sur sa véritable base.

Mais, voyons en quoi ont manqué les philosophes.

On pourrait croire qu'il faut nous engager dans de longues recherches pour exposer leurs opinions, pour en saisir l'esprit, et souvent la lettre; pour apercevoir, ou des choses différentes sous un même langage, ou des choses toujours les mêmes, déguisées par la différence des mots; pour connaître enfin ces opinions et pour les apprécier.

Non, messieurs; tant de travail ne nous est pas nécessaire. Si nous avons trouvé le vrai système, quelques lignes doivent nous suffire pour réfuter toutes les erreurs qui lui sont opposées.

QUATORZIÈME LEÇON

Je ferai d'abord une observation qui s'applique également aux philosophes anciens et modernes. Ils n'ont vu, ou du moins ils ont fini par ne voir dans l'âme, que deux facultés, l'*entendement* et la *volonté*. Écoutons Mallebranche, parlant au nom de tous.

« L'esprit de l'homme n'étant pas matériel ou étendu, est sans doute une substance simple, indivisible, et sans aucune composition de parties. Mais cependant on a coutume de distinguer en lui deux facultés, savoir, l'*entendement* et la *volonté*; lesquelles il est nécessaire d'expliquer d'abord; car il semble que les notions ou les idées qu'on a de ces deux facultés ne sont pas assez nettes et assez distinctes. » (*Recherche de la vérité*, p. 2, in-4°.)

Mallebranche, pour nous donner, de ces deux facultés des idées plus nettes et plus distinctes que celles qu'on s'en fait ordinairement, les compare à deux propriétés des corps; l'*entendement*, ou, comme il s'exprime, la *capacité de recevoir les idées*, à la capacité qu'ont les corps de recevoir différentes *figures* et différentes *configurations*; la *volonté*, ou, comme il s'exprime encore, la *capacité de recevoir différentes inclinations*, à la capacité qu'ont les corps de recevoir différens mouvemens. En sorte que, suivant Mallebranche, l'entendement et la volonté sont des facultés purement passives, de simples capacités; non qu'il ôte à l'âme toute son activité, mais il ne la voit que dans la liberté qu'il fait consister dans le « pouvoir que nous avons de détourner la volonté de sa direction naturelle, direction qui la porte vers le bien général ou universel, c'est-à-dire, vers Dieu. »

Cette manière de considérer l'entendement et la volonté est particulière à Mallebranche. Les uns voient l'activité dans chacune de ces deux facultés; les autres l'accordent à la volonté seule, et la refusent à l'entendement, qu'ils regardent comme une simple capacité de recevoir les idées, et non comme le pouvoir de les produire : mais, enfin, le plus grand nombre s'accorde à ne reconnaître dans l'âme que deux facultés, l'entendement et la volonté.

Or, je demande comment il est possible que des hommes tels que Mallebranche, des hommes auxquels nous devons toute notre admiration pour la beauté de leur génie, et toute notre reconnaissance pour les lumières qu'ils ont répandues sur tant d'autres questions, aient pu se contenter d'une connaissance aussi superficielle.

Supposez qu'un de ces esprits présomptueux, qui ne doutent de rien, vienne nous dire :

On fait grand bruit de la science des nombres et de la difficulté de connaître les artifices de ses opérations ; rien, pourtant, n'est plus simple, ni plus facile. Les nombres sont des *quantités*, ils ne sont pas autre chose. Or, la quantité consistant essentiellement à être susceptible d'augmentation et de diminution, on ne peut, en opérant sur les nombres, que les augmenter ou les diminuer. Augmenter les nombres et les diminuer, les composer et les décomposer, sont donc les deux seules opérations de l'arithmétique ; il est même impossible d'en imaginer d'autres.

Le ridicule d'un tel langage saute aux yeux : mais n'est-ce pas ainsi que raisonnent, à leur insu, la plupart des métaphysiciens ?

Quelques recherches qu'on fasse sur la nature de l'âme, disent-ils ; de quelque manière qu'on la considère, on ne trouvera en elle que deux propriétés, celle de connaître, et celle d'être affectée en bien et en mal. L'étude la plus approfondie de ses manières d'être, ne vous montrera jamais que des *idées* et des *affections* : l'âme n'a donc, et ne peut avoir d'autres facultés, que l'*entendement* et la *volonté*.

Ces deux raisonnemens se ressemblent beaucoup ; et vous allez voir que ce n'est pas seulement dans la forme.

Toutes les facultés de l'âme, toutes ses opérations se réduisent sans doute à l'entendement et à la volonté, comme toutes les opérations de l'arithmétique se réduisent à la composition et à la décomposition. Mais, pour qui se réduisent-elles ainsi? est-ce pour ceux qui n'en ont aucune idée? Avant de réduire des opérations, n'est-il pas évident qu'il faut savoir ce que c'est que ces opérations? commencez donc par nous les faire connaître, si vous voulez que nous comprenions vos discours : mais non, il vous plaît de commencer par réduire. Vous abrégez, quand il n'y a rien encore à abréger; et vous croyez nous instruire !

Ce n'est pas ainsi que procèdent ceux qui nous donnent de vraies lumières. Ils commencent par nous expliquer, dans le plus grand détail, les diverses manières dont on peut composer et décomposer les nombres; l'addition, la soustraction, la multiplication, la division : ils nous montrent, l'une après l'autre, toutes les opérations particulières de l'entendement et de la volonté; l'attention, la comparaison, le raisonnement; le désir, la préférence, la liberté.

Alors, il est permis de parler de composition et de décomposition, d'entendement et de volonté; parce que ces expressions abrégées, abrègent en effet quelque chose; parce qu'elles rappellent des opérations réelles, des opérations bien connues, bien constatées. Alors, on voit qu'une composition de nombres qui ne serait, ni numération, ni addition, ni multiplication n'est rien; qu'un entendement qui ne serait, ni attention, ni comparaison, ni raisonnement, n'est rien.

Il est donc impossible d'être satisfait de la manière dont les philosophes ont parlé des facultés de l'âme.

Mais il serait bien extraordinaire, qu'aucun d'eux n'eût cherché à déterminer ces notions vagues d'*entendement* et de *volonté* ; qu'aucun n'eût senti le besoin d'arrêter son esprit sur quelqu'une de ces facultés particulières qui agissent à chaque instant, et dont le sentiment ne cesse de nous avertir.

Aussi, a-t-on essayé en divers temps, d'ajouter à l'entendement et à la volonté, quelques autres facultés qui leur sont, ou parallèles, ou subordonnées. Vous allez juger si c'est avec succès.

Je ne parlerai pas des philosophes anciens, parce qu'il est extrêmement difficile de se faire des idées précises de ce qu'ils pensaient, non-seulement sur les facultés de l'âme, mais sur l'âme elle-même. Il paraît que l'âme était, pour eux, le principe qui donne la vie aux végétaux,

aux animaux et à l'homme. L'âme de l'homme avait des facultés communes avec les animaux, la *sensibilité*, l'*appétit*, la *force de se mouvoir*, etc. Elle avait aussi des facultés qui lui appartenaient exclusivement, l'*intellect patient*, l'*intellect agent*, l'*intellect spéculatif*, et l'*intellect pratique*.

Voilà à peu près ce qu'on trouve dans le *Traité de l'âme* d'Aristote, ou dans ses commentateurs : vous voyez combien il y a loin de ces facultés, et de tous ces *intellects*, à un système régulier, et bien ordonné. Je viens donc aux philosophes modernes : mais je ne dirai qu'un mot sur chacun. Je laisse à votre sagacité le soin des développemens.

Bacon distingue deux âmes ; l'âme raisonnable, et l'âme sensitive.

Les facultés de l'âme raisonnable sont : l'*entendement*, la *raison* ou le *raisonnement*, l'*imagination*, la *mémoire*, l'*appétit* et la *volonté*.

Les facultés de l'âme sensitive sont : le *mouvement volontaire* et la *sensibilité*. (*De augmentis scientiarum*, liv. 4, ch. 3.)

Cette analyse de Bacon ne paraît pas très-supérieure à celle des anciens.

1°. Il admet deux âmes :

2°. Il refuse la sensibilité à l'âme raisonnable, oubliant qu'un être dépourvu de tout sentiment, n'aurait aucun intérêt à agir; et, qu'en supposant qu'il voulût faire usage de ses facultés, on ne voit pas sur quoi elles pourraient s'exercer, ni d'où pourraient lui venir ses idées :

3°. L'entendement étant la faculté d'acquérir des idées, il ne fallait pas faire mention du raisonnement qui lui est subordonné ; ou il fallait nommer, en même temps, l'attention et la comparaison :

4°. La mémoire n'est pas une faculté (p. 114) :

5°. Bacon ne parle pas de la liberté, etc.

Descartes reconnaît quatre facultés principales, la *volonté*, l'*entendement*, l'*imagination* et la *sensibilité*. (*Méditations*, t. 1, p. 119, in-12.)

Renversez l'ordre de ces facultés, en commençant par la sensibilité, et finissant par la volonté; je suis persuadé qu'elles vous paraîtront mieux systématisées.

Cette remarque me suffit : je m'abstiens des critiques de détail : vous les ferez vous-mêmes; mais je vous invite à vous arrêter, un instant, sur cette division des facultés principales de l'âme, pour voir combien elle l'emporte sur celle de Bacon.

Hobbes n'admet que deux facultés principales, *connaître* et *se mouvoir*. (*De la nature humaine*, ch. 1.)

Les facultés subordonnées à celles-là sont,

pour la faculté de *connaître*, la sensibilité, l'imagination, la mémoire et le raisonnement : pour la faculté de se *mouvoir*, le plaisir, la douleur, l'amour, la haine, l'aversion, la crainte, etc., qu'il regarde comme autant d'actes de cette faculté, et dont il fait une longue énumération.

Hobbes a substitué, d'après les philosophes grecs antérieurs à Aristote, la *faculté de connaître* et celle de *se mouvoir*, à ce que, depuis, on a appelé *entendement* et *volonté*.

Mais, 1°. la *volonté*, et la *faculté de se mouvoir*, qui, suivant lui, est la puissance qu'a l'âme de mouvoir son corps, ne sont pas une seule et même chose. L'âme, en supposant qu'elle ait la puissance de mouvoir les parties de son corps, peut les mouvoir volontairement, ou involontairement ; 2°. la sensibilité n'est pas une faculté ; 3°. la mémoire n'est pas une faculté ; 4°. l'énumération des vices et des vertus, que Hobbes rapporte à la faculté de se mouvoir, n'est pas une énumération d'autant de facultés.

Locke sera-t-il plus heureux ? Écoutons ce qu'il nous dit dans son *Essai sur l'entendement* (liv. 2, ch. 6).

« Il y a deux grandes et principales actions de notre âme, dont on parle le plus ordinairement. Ces deux actions sont, la *perception* ou la *puissance de penser*, et la *volonté* ou la *puissance de vouloir;* ou, comme on les appelle ordinairement, l'*entendement* et la *volonté*. Ces deux puissances, ou dispositions, s'appellent du nom de *facultés*. J'aurai occasion de parler, dans la suite, de quelques-uns des modes de ces *idées simples*, comme se ressouvenir des idées, les discerner ou distinguer, raisonner, juger, connaître, etc. »

Il est bien extraordinaire qu'un aussi bon esprit que Locke n'ait vu dans l'entendement et dans la volonté, que deux idées simples; ou, pour le dire avec plus d'exactitude, qu'il ait cru pouvoir se représenter l'entendement et la volonté, par deux idées simples :

1°. L'idée de l'*entendement* se compose de trois idées, de celles de l'attention, de celle de la comparaison, et de celle du raisonnement, puisqu'en effet nous acquérons des idées et que nous les *entendons*, si l'on peut le dire, par ces trois moyens. L'idée de la volonté se compose également de trois idées : celle du désir, celle de la préférence, et celle de la liberté;

2°. Locke se propose de parler des différens modes de ces idées : donc, elles ne sont pas simples;

3°. Se ressouvenir, discerner, juger, connaître, ne sont pas des facultés, mais le résultat de l'action des facultés.

On dira peut-être que l'idée de puissance est une idée simple; et que, par conséquent, Locke a été fondé à ne voir aucune composition dans l'entendement et dans la volonté.

Je réponds que l'idée de l'entendement, et celle de la volonté, ne sont pas seulement l'idée de puissance; mais celle de puissance s'exerçant ou pouvant s'exercer chacune de trois manières différentes.

Bonnet a écrit un ouvrage de métaphysique, sous le titre d'*Essai analytique sur les facultés de l'âme*. Voici les facultés qu'il reconnaît, et l'ordre dans lequel il les dispose :

Entendement, volonté, liberté (*préface*, pag. 16);

Sentiment, pensée, volonté, action, (*introduction*, pag. 1).

Et (pag. 116), on lit : « La liberté est subordonnée à la volonté ; la volonté, à la faculté de sentir; la faculté de sentir, à l'action des organes ; cette action, à celle des objets.

1°. La première manière n'étant qu'une réduction de facultés, ne porte aucune lumière à l'esprit, tant qu'on n'a pas fait connaître ces facultés.

2°. Dans son *introduction*, Bonnet ajoute le *sentiment*, qui n'est pas une faculté. Il substitue la *pensée* à l'entendement, et l'*action* à la liberté; ce qui ne change rien au système :

3°. Le passage où il cherche à systématiser tout ce qui a rapport aux facultés, et qui, par une grande apparence d'ordre, pourrait séduire à une première lecture, renferme deux erreurs capitales.

On peut dire, sans doute, que la liberté est subordonnée à la volonté, la volonté à la sensibilité, et la sensibilité à l'action des organes; mais ces trois espèces de *subordination* n'ont rien de commun dans leur nature.

La liberté est subordonnée à la volonté, puisqu'elle en dérive, puisqu'elle n'est que la volonté elle-même après délibération.

Mais, ce n'est pas ainsi que la volonté est subordonnée à la sensibilité : la volonté ne dérive pas de la sensibilité; elle n'est pas la sensibilité modifiée. La volonté est une faculté : la sensibilité n'est qu'une capacité. La volonté ne se montre qu'après le sentiment; c'est en cela seulement qu'elle lui est subordonnée.

Si donc, il ne faut pas confondre dans une seule et même idée, la *subordination* de la liberté à la volonté, et la *subordination* de la volonté à la sensibilité, quoique la liberté, la volonté et la sensibilité appartiennent à l'âme; dans quelle étrange méprise ne tombera-t-on pas, en confondant encore, dans cette même idée, la *subordination* de la sensibilité, qui est une propriété de l'âme, à l'action des organes, qui appartient au corps?

Le passage de Bonnet ne peut se maintenir qu'en changeant trois fois la signification du mot *subordonné*; mais, en la changeant ainsi, on n'a plus un système raisonné; on n'a, si l'on excepte la liberté et la volonté, qu'une simple succession de phénomènes, et de phénomènes qui n'ont rien de commun dans leur nature : car, la nature de la volonté diffère essentiellement de celle de la sensibilité; et la nature de la sensibilité, quel rapport a-t-elle avec la nature du mouvement?

D'autres ont supposé trois sens intérieurs, la *volonté*, l'*intelligence*, et la *mémoire*. (De Brosses, *Mécanisme du langage*, tom. 1, p. 197.)

1°. L'expression, *sens intérieurs*, pour désigner les puissances de l'esprit, est tout-à-fait impropre;

2°. La mémoire n'est pas une faculté.

D'autres on dit : « *imaginer, réfléchir, se ressouvenir*, voilà les trois principales facultés de notre esprit; c'est là tout le don de penser, qui précède, et fonde tous les autres. » (Vauvenargues, *de la Connaissance de l'esprit humain.*)

1°. L'*imagination* et la *réflexion* ne précèdent pas, et ne fondent pas tous les autres dons, ou toutes les autres facultés de l'esprit. Ces deux facultés sont fondées elles-mêmes sur plusieurs facultés antérieures, sans lesquelles elles ne se montreraient jamais :

2°. La *mémoire* est bien un don, mais elle n'est pas une faculté.

Un autre a résolu le problème de cette manière. « Après y avoir sérieusement réfléchi, on trouvera peut-être que toutes les opérations de l'entendement se réduisent, ou à la *mémoire des signes ou sons*, ou à l'imagination ou *mémoire des formes et des figures.* » (*OEuvres* de Diderot, t. 6, p. 311.)

Est-ce dans leur principe ou dans leur résultat que toutes les opérations de l'entendement se réduisent à la mémoire? Ce n'est pas dans leur principe : on ne commence pas par se ressouvenir. C'est donc dans leur résultat? Mais les opérations, considérées dans leur résultat, ou le résultat des opérations, c'est la même chose ; et le résultat des opérations, le produit des opérations, n'est pas une opération.

Plusieurs, enfin, ont cru devoir ajouter le *jugement*, ou ce qu'ils appelaient la *faculté de juger*, aux quatre facultés de Descartes, la *volonté*, l'*entendement*, l'*imagination* et la *sensibilité*; ou, aux trois que reconnaît Bonnet, l'*entendement*, la *volonté*, la *liberté*; ou aux deux qu'on admet le plus ordinairement, l'*entendement* et la *volonté*.

La raison qui a fait considérer le jugement comme une faculté parallèle à l'entendement et à la volonté, c'est qu'il a paru tenir, tout à la fois, de la nature de chacune de ces facultés. L'embarras de le rapporter à l'une plutôt qu'à l'autre, l'a fait classer à part; et on a eu trois facultés principales, l'*entendement*, la *volonté*, le *jugement*; on en a eu quatre, quand on y a joint la *sensibilité*; cinq, quand on y a joint encore l'*imagination*.

Il n'y avait là aucune difficulté réelle, aucun motif d'incertitude. Le jugement, n'étant pas une faculté, ne doit pas être classé parmi les facultés.

Mais est-il bien vrai, comme nous le supposons toujours, que le jugement et la mémoire ne soient pas des facultés? N'entre-t-il donc aucune action dans le jugement? et, n'éprouvons-nous pas un sentiment d'effort quand nous cherchons à rappeler ou à retrouver une idée?

J'ai déjà répondu à ces questions (p. 111); j'ajouterai ici, qu'il est incontestable, sans doute, que nous sommes toujours actifs quand nous jugeons; mais cette activité n'appartient pas au jugement: elle appartient, ou à la *comparaison* qui amène le jugement, ou à la *volonté* qui le sollicite. Le jugement, la perception de rapport suppose une action antérieure de l'esprit; mais il n'est pas cette action, il en est le résultat.

Quant à la contention et à l'espèce d'effort que nous faisons pour retrouver une idée perdue, ce travail appartient à l'*attention*, et non à l'idée rappelée ou à la *mémoire* de cette idée.

Messieurs, vous venez d'entendre à peu près tout ce qu'ont imaginé les philosophes pour nous faire connaître la faculté de penser.

Dites si Bacon, en plaçant la *sensibilité* dans une substance et l'*intelligence* dans une autre, pouvait rendre raison des développemens de la pensée; si Descartes n'a pas rangé l'entendement avant la sensibilité, parce qu'il était préoccupé de *ses idées innées*, et s'il devait compter la sensibilité parmi les facultés; si Mallebranche, en comparant l'entendement et la volonté aux *figures* et aux *mouvemens* des corps, a porté une grande lumière dans vos esprits : dites enfin si les autres ont été plus heureux.

Mais il se pourrait qu'on donnât tort aux philosophes, sans nous donner pour cela gain de cause; peut-être aussi que, sans nous désapprouver sur le fond des idées, on nous blâmera sur la langue.

Croyez-vous, dira-t-on, qu'après votre analyse des facultés de l'âme, on cessera tout aussitôt de regarder la *sensibilité*, la *mémoire*, etc., comme autant de facultés? Soyez bien sûr que l'on continuera de dire à l'avenir, comme par le passé, que nous sommes doués de la *faculté de sentir*: toujours on dira, de celui qui aurait eu le malheur de perdre la *mémoire*, qu'il a perdu la plus précieuse de ses *facultés*.

Voici une réponse que je voudrais bien avoir le droit de faire.

Si le système que je vous ai présenté est vrai, et si la langue en est bien faite, il faudra qu'on adopte ce système et cette langue, sous peine de courir toujours le risque de s'égarer dans ses conceptions, sous peine de s'exposer à ne jamais s'entendre, et à n'être jamais entendu, en parlant des facultés de l'âme. Je sais qu'il n'est pas absolument impossible de mal parler et de bien raisonner, et que les bons esprits, les très-bons esprits, peuvent faire sortir quelquefois la vérité d'une expression fausse, comme un artiste habile fait sortir des sons justes d'un instrument faux. Mais qui ne voit l'avantage de mettre la langue à l'unisson des idées? Comment voulez-vous que l'esprit avance, s'il est sollicité en même temps vers deux directions contraires?

QUATORZIÈME LEÇON

Qu'on reconnaisse donc, puisqu'on le veut, une *faculté de sentir*, et tant d'autres *facultés* qu'on le jugera à propos. Il n'en sera pas moins démontré que, si l'on place l'activité dans la sensibilité, on dira très-clairement une chose fausse ; et que, si au contraire on sépare, comme on le doit, l'activité de la sensibilité, la *faculté de sentir* sera une faculté *passive;* on fera *passivement;* on *fera sans faire*. Ainsi, en continuant à dire, la *faculté de sentir*, on continuera à énoncer une erreur, si l'on veut dire ce que l'on dit ; et le langage sera contradictoire, si l'on a dans l'esprit une idée vraie.

Lorsqu'un gouvernement ordonne la refonte des monnaies, les espèces anciennes, quelque imparfaites qu'elles soient, ne sont pas aussitôt rejetées de la circulation ; elles continuent pendant quelque temps à servir de moyen d'échange entre les citoyens; quelques-uns même les recherchent parce qu'elles sont anciennes. Mais, du moment qu'on s'est aperçu que les espèces nouvelles sont d'un meilleur titre, et qu'elles entrent plus facilement dans les comptes, l'intérêt et la commodité l'emportent bientôt sur l'habitude ou sur les préjugés; et la réforme opérée dans le système monétaire est approuvée de tout le monde.

Je termine ici cette leçon, qui serait la dernière de la première partie, si je n'avais jugé qu'avant de passer à la seconde, il serait également utile et agréable de nous demander, si nous avons déjà fait quelques progrès en philosophie. La réponse à cette question sera l'objet de la prochaine séance.

QUINZIÈME LEÇON.

Si nous avons fait quelques progrès depuis l'ouverture du cours de philosophie.

Lorsque j'ai été chargé de faire un cours de philosophie, le premier sentiment que j'ai dû éprouver, et qui ne m'a pas abandonné un seul instant, a été celui de l'extrême disproportion qui se trouvait entre mes faibles moyens et la difficulté de la tâche qui m'était imposée. J'avais assez lu l'histoire de la philosophie pour savoir combien peu l'on compte de ces vérités qu'on appelle philosophiques; combien peu ont été unanimement reçues et adoptées. Je savais que tout est plein de vaines disputes et de controverses; que les opinions sont opposées aux opinions, les doctrines aux doctrines, les écoles aux écoles. Je savais que les idées accueillies avec le plus de faveur ou de respect par les anciens, sont dédaignées ou méprisées par les modernes; et que, de nos jours, ce qui est vrai au delà du Rhin, est absurde ou inintelligible en deçà. Je savais que les questions les plus simples ont été enveloppées de ténèbres; qu'on a cherché à obscurcir jusqu'à cette lumière naturelle qui est le partage de tous les hommes, et sans laquelle ils ne pourraient ni se conduire, ni veiller à leur conservation.

Et ne croyez pas qu'on soit plus d'accord sur la manière de chercher la vérité, que sur la vérité elle-même.

Ce qu'une méthode pose en principe, l'autre le réserve pour sa dernière conséquence : par où l'une commence, l'autre finit. Toutes se vantent de suivre le chemin le plus court, le plus facile, et le plus sûr : toutes s'accusent réciproquement d'égarer la raison.

D'un côté l'on dit : si vous prenez la *synthèse* pour guide, vous ne trouverez sur votre route qu'une longue suite d'erreurs qui vous paraîtront autant de vérités sublimes; et vous remplirez votre esprit d'un savoir pire que l'ignorance. *L'analyse* seule peut vous conduire aux sources de la lumière et de la vérité.

D'un autre côté, on vous crie : si vous vous abandonnez à l'analyse, renoncez aux pensées élevées, aux grandes découvertes : l'analyse est un lien qui enchaîne les facultés de l'esprit, elle arrêtera tous vos mouvemens, ou tout au plus elle vous permettra de marcher terre à terre. Voulez-vous avancer librement et d'un pas rapide? livrez-vous avec confiance à la *synthèse*. On ne la voit pas s'appesantir sur quelques faits isolés. Un coup d'œil lui suffit, pour saisir l'ensemble des êtres, et de leurs rapports. L'analyse pourra, tout au plus, vous préserver de l'erreur. A la synthèse appartient d'initier le génie aux mystères de la nature.

Ce n'est pas tout : celui-ci ne reconnaît de bon procédé que *l'induction :* celui-là pense que, hors des *syllogismes*, il n'y a ni vérité, ni certitude : un autre vante la *méthode des géomètres*, et veut qu'elle règne despotiquement sur la ruine de toutes les autres.

Tant de divergence dans les sentimens, tant d'opiniâtreté, tant d'intolérance, puisqu'il faut le dire, ne peuvent que rendre suspecte toute philosophie. Comment des créatures pétries du même limon, et qui toutes ont reçu de la nature des facultés semblables, peuvent-elles se montrer divisées à ce point? Quand les yeux du corps rendent tous les hommes unanimes sur les couleurs, comment se fait-il que les yeux de l'esprit ne puissent les accorder sur les idées ? Comment le même objet peut-il présenter aux uns les traits si purs de la vérité, aux autres, le visage hideux du mensonge ?

La sagesse nous fait donc un devoir de suspendre long-temps notre jugement, avant de nous ranger sous la bannière d'aucun philosophe. Elle nous commande de nous méfier de tous, quand tous se disent les organes de la vérité, quand les partis les plus opposés se vantent tous de la posséder exclusivement.

Non qu'il faille précipiter le blâme et la censure. Des divisions si éclatantes supposent un trop grand intérêt dans ce qui les a fait naître, et de trop grandes difficultés à surmonter, pour ne pas exciter quelque sentiment de reconnaissance : et d'ailleurs, qui pourrait ne pas admirer le génie d'un Aristote, d'un Descartes, et de leurs pareils, malgré les erreurs auxquelles ils peuvent s'être laissés entraîner ? qui pourrait, en parlant de ces erreurs, ne pas mettre dans son langage une extrême réserve, et une sorte de respect ? et ne montrerait-on pas soi-même une présomption insupportable, si l'on croyait avoir vu seul ce qui a échappé à de si grands esprits ?

Si donc, au milieu de tant d'assurances contraires, de tant de systèmes qui se heurtent et qui se renversent les uns sur les autres, il m'était défendu de penser que je vous ai enseigné quelqu'une de ces vérités qui restent, j'ai dû vous apprendre du moins à distinguer jusqu'à un certain point le vrai du faux; à n'être pas dupes d'un sophisme captieux; à ne pas confondre une simple assertion avec une preuve; à ne pas donner aveuglément votre confiance à celui-là même qui la mériterait le plus parce qu'il ne vous aurait transmis ordinairement que des idées justes.

Voyons si, en effet, nous sommes en état de lire les philosophes avec un esprit de discernement. Pour nous en bien assurer, je devrais mettre en regard quelqu'un de ces morceaux dictés par la raison la plus pure et qu'on rencontre trop rarement, avec tant d'autres dont l'ignorance, les préjugés, et les mauvaises méthodes surchargent inutilement les dépôts de nos connaissances. Je devrais comparer écrivain à écrivain; opposer un siècle à un autre siècle; rapprocher un paradoxe brillant d'une vérité simplement énoncée. Les contrastes dont vous seriez frappés, vous feraient sentir plus vivement en quoi consistent le beau et le vrai, soit dans les objets, soit dans la manière de les présenter; mais comme le temps d'une séance ne nous suffirait pas, je me tairai sur les beautés qu'on aperçoit plus facilement, pour relever des choses qu'on pourrait confondre avec elles : et cependant, je ne m'attacherai pas à des erreurs trop manifestes. Le bon sens naturel suffit pour les repousser.

Je me contenterai de mettre sous vos yeux un certain nombre de passages extraits des auteurs qui ont le plus de célébrité. Si ces passages, que d'abord on pourrait juger irréprochables, vous laissent apercevoir quelque tache; si vous voyez à l'instant, ou après un moment de réflexion, que l'auteur n'a pas approfondi sa matière, qu'il ne s'est pas rendu un compte suffisamment exact de ses idées, qu'il ne possède pas assez bien la langue de la science qu'il traite, ou qu'il a écrit dans un moment de distraction, il vous sera permis de penser que, vous-mêmes, vous avez acquis une partie de ce qui lui manque; et vous aurez d'autant plus le droit de le penser, que les défauts qui vous auront blessés seront plus légers.

Je commence par celui de tous les philosophes dont l'esprit me paraît le plus fort, et même le plus parfait.

Pascal a écrit un chapitre intitulé, *Réflexions sur la géométrie en général*. Ce chapitre est un chef-d'œuvre, comme presque toutes les lignes sorties de la plume de cet auteur. Il est principalement destiné à éclaircir ce qui regarde les définitions : et quand on s'est instruit en le lisant, on est plus pressé de le relire pour s'instruire encore, qu'on n'est tenté de critiquer. Je ne vous demanderai pas si ce petit traité est bien raisonné; si les idées en sont bien exposées. Un tel doute ne peut entrer dans aucun esprit. Il ne s'agit donc pas de critiquer : seulement, je veux vous fournir l'occasion d'une ou de deux remarques.

Vous savez que, définir un mot, c'est lui substituer un certain nombre d'autres mots, dont la réunion exprime la même chose que le seul mot qu'on définit.

Sur quoi l'on demande, si chacun des mots qui entrent dans une définition peut lui-même être défini. La réponse se présente d'elle-même; il est visible, en effet, qu'il doit y avoir un terme aux définitions, puisque le vocabulaire de toute langue est borné; et il ne le serait pas, si l'on pouvait définir tous les mots d'une définition, et encore tous ceux qui serviraient à définir chacun de ces premiers mots, et toujours de même sans jamais s'arrêter.

Il faut donc que, dans toute langue, il y ait des mots qu'on ne puisse plus définir, des mots qu'on ne puisse pas représenter par un assemblage d'autres mots.

Or, ces mots primitifs ne pouvant pas être définis, comment en expliquer la signification? le moyen est très-simple. Il faut montrer l'objet dont ils sont le nom, lorsque cet objet peut être montré; et lorsque cet objet ne tombe pas sous les sens, lorsqu'il s'agit d'une simple affection de l'âme, il faut placer les autres dans les mêmes circonstances où nous avons éprouvé cette affection. L'objet étant ainsi connu, le nom sera parfaitement déterminé, sans qu'il soit besoin d'une explication verbale ultérieure.

C'est donc une chose inévitable que, dans les langues, il y ait des mots qui se refusent à toute définition. Mais ce n'est pas là un inconvénient; au contraire : car, qui ne voit que si l'on pouvait toujours définir, rien ne serait réellement défini, puisque toutes les définitions en supposeraient d'antérieures, et manqueraient par conséquent de base.

Il paraît donc qu'il y a quelque chose à reprendre dans les paroles qui terminent le passage suivant de Pascal : « En poussant les recherches de plus en plus, on arrive nécessairement à des mots qu'on ne peut plus définir, et à des principes si clairs qu'on n'en trouve plus qui le soient davantage. D'où il paraît que les hommes sont dans une impuissance naturelle et immuable de traiter quelque science que ce soit dans *un ordre absolument accompli.* »

L'ordre accompli consiste à expliquer les mots secondaires les uns par les autres, et tous par les mots primitifs, lesquels ne doivent ni ne peuvent s'expliquer par d'autres mots plus primitifs, si on peut le dire, mais par l'expérience, par le sentiment, par la vue des objets dont ils sont le nom. L'ordre, pour être accompli, doit être possible ; et il ne le serait pas, si, pour l'obtenir, il fallait définir sans fin.

Mais, ne disons-nous pas la même chose que Pascal, qui prétend que *l'ordre accompli nous est impossible?*

Nous ne disons pas la même chose que Pascal. Nous disons deux choses différentes : 1°. que l'ordre accompli ne nous est pas impossible, puisque nous aurons un ordre accompli toutes les fois que, dans l'exposition d'une science, les mots primitifs seront déterminés par le sentiment, par l'expérience, et tous les autres par ces premiers mots. 2°. Nous disons que l'ordre accompli, tel que le veut Pascal, non-seulement nous est impossible, mais qu'il est impossible en lui-même, puisqu'il est impossible qu'une langue soit composée d'un nombre infini de mots : or, un ordre accompli, impossible en lui-même, n'est pas un ordre; ce n'est rien. Il ne peut donc pas être appelé *un ordre accompli.*

On voit que c'est moins une critique que nous faisons, qu'une simple remarque sur le sens de ces mots, *ordre accompli*. J'en hasarderai encore une.

Pascal, pour faire sentir le ridicule de certaines explications, cite la définition suivante, prise d'un auteur de son temps. *La lumière* est *un mouvement luminaire des corps lumineux:*

comme si, dit-il, on pouvait entendre les mots de *luminaire* et de *lumineux*, sans celui de *lumière*; après quoi il ajoute :

« On ne peut entreprendre de définir *l'être*, sans tomber dans la même absurdité. Car, on ne peut définir un mot, sans commencer par celui-ci, *c'est*, soit qu'on l'exprime, soit qu'on le sous-entende. Donc, pour définir *l'être*, il faudrait dire, *c'est*, et ainsi, employer dans la définition, le mot à définir. »

Le raisonnement de Pascal suppose ce qui n'est pas. Quand on dit : *l'être est*, etc., le mot *est*, ou le verbe, n'exprime pas la même chose que le mot *être*, sujet de la définition. Si j'énonce la proposition suivante : *Dieu* est *existant*, je ne voudrais pas dire assurément, *Dieu* existe *existant* : cela ne ferait pas un sens; de même, si je dis que *Virgile* est *poëte*, je ne veux pas donner à entendre que *Virgile* existe : je veux dire, d'un côté, que l'idée de Dieu et celle d'existence sont inséparables; de l'autre, que l'idée de Virgile, et celle de poëte, se réunissent en une seule et même idée. Le verbe *est*, dans la proposition, n'exprime donc pas l'existence réelle : il n'exprime que le rapport du sujet et de l'attribut; et par conséquent, en disant *l'être est*, je n'explique pas un mot par ce même mot, une idée par cette même idée.

Et d'ailleurs, Pascal suppose que le sujet d'une définition est expliqué par le verbe, ce qui n'est pas, ni ne peut être. Le sujet d'une définition est expliqué par son attribut. Le verbe se borne à lier l'attribut au sujet ; voilà son unique fonction.

Pascal et les Cartésiens savaient fort bien qu'il y a des idées plus claires que toutes les définitions qu'on pourrait en donner : mais, s'ils en ont aperçu la vraie raison, ils ne l'ont pas consignée dans leurs écrits ; ou du moins, ils ne l'ont pas assez prononcée. Ils semblent n'avoir pas assez bien senti, que c'était la simplicité de ces idées qui les empêchait d'être définies, et par conséquent, qu'on ne pouvait que les mal définir.

Il est vrai que Pascal avait reconnu, que l'impossibilité de définir certaines idées, en géométrie, provenait de leur simplicité : car voici de quelle manière il s'exprime. « Cette admirable science, ne s'attachant qu'aux choses les plus *simples*, cette même qualité qui les rend dignes d'être ses objets, les rend incapables d'être définies ; de sorte que, le manque de définition est plutôt une perfection qu'un défaut, parce qu'il ne vient pas de leur obscurité, mais au contraire, de leur extrême évidence. »

Mais Pascal n'avait pas généralisé son observation : il ne l'avait pas appliquée à toute espèce d'idées. C'est Locke qui, le premier, a dit que les idées simples, de quelque nature qu'elles fussent, ne pouvant jamais être décomposées, ne pouvaient être définies, parce que toute définition est une décomposition.

Cette remarque paraît bien petite ; cependant, il faut en savoir gré à Locke. Les petites choses échappent, par leur petitesse même : et, après tout, il a vu ce que Descartes n'avait pas vu, et ce que Pascal n'avait peut-être pas assez bien vu.

Si les deux observations que je viens de faire, sont d'accord avec celles que vous auriez faites vous-mêmes (je ne parle qu'aux jeunes gens qui fréquentent, pour la première fois, une école de philosophie), vous pouvez vous dire que vous avez déjà fait quelques progrès. Vous pourrez vous le dire encore, et à plus forte raison, si, peu satisfaits de mes remarques, vous venez à prouver que le texte de Pascal est inattaquable.

En voilà sans doute assez, et peut-être trop. Il est plus utile d'étudier ce grand écrivain, que de relever minutieusement quelque inexactitude qui peut lui être échappée.

Buffon a écrit plusieurs pages de métaphysique ; et son génie ne l'a pas abandonné, quand il l'a retiré quelques instans de la contemplation de la nature physique, pour l'appliquer à l'étude de la nature morale : mais, comme il s'était fait une loi de la noblesse du style, et comme il savait qu'on obtient cette noblesse par l'emploi des expressions les plus générales, il lui arrive quelquefois de négliger les faits particuliers, et de perdre en précision ce qu'il peut gagner en noblesse.

Voici un passage qui se rapporte à ce que nous avons enseigné sur les *facultés de l'âme*.

« Notre âme n'a qu'une *forme* très-simple, très-générale, très-constante. Cette *forme* est la *pensée*. » (*Hist. nat.*, t. 4, p. 153. 12.)

Comment Buffon, que la nature avait doué d'une imagination si riche, si flexible, si variée ; lui, dont le génie se plaisait également, à s'arrêter, à se resserrer sur le plus petit objet de la nature, et à se mesurer avec tout ce qu'elle a de grandeur ; comment un écrivain, tour à tour historien, peintre et philosophe, a-t-il pu ne voir qu'une seule forme dans son âme, dans son esprit? et comment cette forme, qui est la pensée, a-t-elle pu lui paraître constante et toujours la même ?

Non, l'âme, lorsqu'elle pense, n'est pas assujettie à une seule forme. Ce sont six formes bien distinctes que l'attention, la comparaison, le raisonnement, le désir, la préférence et la liberté. *Donner son attention*, et *préférer*; *raisonner* et *désirer*, sont des manières de penser qu'on ne confondra jamais; et, non-seulement la pensée prend les six formes que nous venons de nommer, elle prend encore toutes celles qui peuvent résulter des diverses combinaisons de ces six formes élémentaires.

Penser et agir, c'est une seule et même chose de la part de l'âme; et comme elle agit, ou peut agir de plusieurs manières différentes, il est de toute évidence que la pensée peut aussi s'exercer et se manifester de plusieurs manières différentes.

Voudrait-on dire, pour justifier Buffon, que la pensée est une forme générale, qui prend un nombre plus ou moins grand de formes particulières?

Mais, 1°. cette forme générale est constante, d'après Buffon; elle n'est donc pas susceptible de modifications particulières.

2°. Ne voyez-vous pas, que si vous faites abstraction de toutes les formes individuelles, il ne reste rien à quoi l'on puisse donner le nom de *forme*, puisque la réalité ne se trouve que dans les seules formes individuelles?

Les *formes*, ou *facultés*, ou *manières d'agir*, ou *manières de penser*, appartiennent à l'âme, et non pas à une pensée générale, à une forme générale, qui s'interpose entre l'âme et ses facultés réelles; pensée, ou forme inutile, forme dont il est impossible de se faire une idée, car elle n'est rien : ce n'est qu'un mot représentatif des deux mots, *entendement* et *volonté*, comme nous l'avons déjà dit plusieurs fois; mais puisque nous voilà engagés, en quelque sorte, dans des subtilités, il faut en voir la fin.

Quoique les mots *pensée*, *entendement*, *volonté*, ne représentent immédiatement rien de réel, et que ce ne soient que des expressions sommaires, commodes pour le discours, on leur a donné, par extension, le nom de *facultés* : nous leur laisserons ce nom; et toutes les fois que nous n'aurons pas besoin de mettre une extrême précision dans notre langage, nous dirons, avec tous les métaphysiciens, que la pensée est une *faculté*, que l'entendement est une *faculté*, que la volonté est une *faculté*.

Mais, en nous exprimant ainsi, nous nous garderons bien de croire que ces facultés soient des facultés individuelles. L'*entendement* comprendra trois facultés particulières; la *volonté* trois autres; et la *pensée*, plus composée encore, comprendra les deux facultés composées, l'*entendement* et la *volonté*.

Si donc une académie proposait ce problème :

« décomposer la pensée, ou la faculté de penser en ses facultés élémentaires; » vous sauriez ce qu'on veut dire, parce que l'énoncé de la question supposerait une faculté composée.

Mais, si elle proposait le même problème, en ajoutant un seul mot à son énoncé, et qu'elle dît : « décomposer la faculté *générale* de penser en ses facultés élémentaires, » pourriez-vous en pénétrer le sens, y trouver un sens dont le développement fût la réponse à l'appel de l'académie? J'ose vous dire que vous ne le pourriez pas; et que la question serait devenue inintelligible ou tout-à-fait stérile, par la seule addition du mot *générale*.

Général et *composé*, sont deux choses que l'on confond; et cependant rien n'est plus opposé. Si l'on n'avait pas eu l'occasion de remarquer fréquemment que les auteurs prennent une de ces idées pour l'autre; si mille fois on n'avait pas entendu répéter, que pour bien traiter une question, pour la bien approfondir, pour en pénétrer toutes les parties, *il faut partir d'une idée très-générale et très-composée*, on ne pourrait pas supposer tant de confiance dans le discours, quand on se méprend d'une si étrange manière.

Une idée est d'autant plus simple qu'elle est plus générale; car on généralise les idées en leur retranchant quelque chose. Si, de l'idée de *cercle* ou de *figure ronde*, vous retranchez la *rondeur*, il vous restera l'idée de *figure* plus générale que celle de cercle ; et si, de l'idée de *figure* ou d'*étendue bornée*, vous retranchez les *bornes*, vous aurez l'idée d'*étendue*, plus générale que celle de *figure*.

On généralise donc de plus en plus les idées, par une suite de retranchemens qu'on leur fait subir : on les généralise en les simplifiant ; et toute généralisation tend nécessairement vers la simplicité. Une idée peut, sans doute, être tout à la fois générale et composée ; mais elle est d'autant moins composée qu'elle est plus générale ; et par conséquent, *général* et *composé* sont en sens inverse l'un de l'autre.

Or, le mot *pensée* a deux acceptions : par l'une, il désigne une *faculé composée*; par l'autre, une *faculté générale*.

Nous avons pris jusqu'ici le mot *pensée*, pour l'expression d'une faculté composée de six facultés particulières et réelles ; facultés, que nous avons étudiées dans leur origine et dans leur génération ; facultés, qui nous sont parfaitement connues, et que nous savons distinguer les unes des autres, par les caractères qui sont propres à chacune.

Mais, outre cette première acception, le mot

pensée en reçoit une autre, par laquelle il exprime, non les facultés de l'âme prises dans l'intégrité de leur nature, c'est-à-dire, et dans ce qui est commun à toutes, et dans ce qui est propre à chacune, mais seulement dans ce qu'elles ont de commun.

Par le mot *pensée* on entend donc, tantôt l'action de l'âme considérée dans les divers modes de cette action ; et alors la pensée est une *faculté composée ;* tantôt, au contraire, on sépare par une vue de l'esprit, l'action de l'âme de tous ses modes particuliers, et alors la pensée est une *faculté générale.*

Dans la *pensée,* prise pour une faculté composée, on peut voir toutes les facultés de l'entendement et de la volonté, parce qu'elles y sont.

Dans la *pensée,* prise pour une *faculté générale,* on ne verra ni les facultés de l'entendement, ni celles de la volonté, parce qu'elles n'y sont pas, parce qu'elles n'y sont plus. Elles y étaient ; mais vous les en avez ôtées au moment où, négligeant les caractères particuliers, vous avez anéanti toute réalité pour ne conserver qu'une abstraction.

Vous voyez maintenant comment doit être posé le problème sur la *décomposition de la pensée,* et comment il ne doit pas être posé.

Vous voyez aussi, en substituant le mot

forme au mot *pensée*, qu'une *forme qui est très-simple, très-générale et très-constante*, ne peut en aucune manière se décomposer en plusieurs formes particulières. Cela me paraît d'une extrême évidence; cependant si tout le monde ne jugeait pas de même, qu'on écoute encore un argument.

L'âme, dit-on, n'a qu'une forme qui est la pensée. Que faites-vous du sentiment ? N'est-il pas aussi une forme ou manière d'être de l'âme ? Et n'avons-nous pas démontré qu'on ne peut confondre ces deux choses sans porter le chaos dans toute la métaphysique ? Confondre la *pensée* avec le *sentiment*, c'est réduire le sentiment à la pensée, ou la pensée au sentiment; c'est réduire l'activité à la passivité, ou la passivité à l'activité.

Il est donc impossible de justifier la proposition de Buffon; et l'on sera forcé de convenir, qu'elle manque également de clarté et de vérité.

Voici un auteur auquel il est rare qu'on puisse faire ce double reproche. Jamais écrivain ne porta à un plus haut degré la première de toutes les qualités du style, la clarté. Mais il ne suffit pas d'être clair; avant tout, il faut s'assurer de la vérité; et il faut s'être donné le temps nécessaire pour la bien discerner. Vous allez juger si Voltaire avait suffisamment approfondi son sujet lorsqu'il a écrit les lignes suivantes :

« *La sensation enveloppe toutes nos facultés*, a dit un grand philosophe. »

» Que conclure de là ? Vous qui lisez, et qui pensez, concluez. »

» Les Grecs avaient inventé la faculté *psyché* pour les sensations, et la faculté *nous* pour les pensées. Nous ignorons malheureusement ce que c'est que ces deux facultés : nous les avons ; mais leur origine ne nous est pas plus connue qu'à l'huître, à l'ortie de mer, au polype, aux vermisseaux et aux plantes. »

Nous ferons plusieurs remarques sur ce passage.

1°. La sensation enveloppe toutes nos facultés : la sensation renferme toutes nos facultés : toutes nos facultés sont dans la sensation : elles sont la sensation : il suffit d'un changement déterminé pour que la sensation devienne une faculté déterminée, pour qu'elle soit une faculté déterminée : toutes les facultés sont des modifications, des transformations de la sensation, etc. : tous ces énoncés disent la même chose, et tous ces énoncés sont faux.

La sensation n'enveloppe pas toutes les facultés de l'âme ; elle n'enveloppe aucune faculté ; elle n'en renferme aucune ; et il n'est pas vrai que les facultés soient différentes transformations de la sensation.

N'est-il pas évident, si l'on pèse les mots dont on se sert, que la sensation, en se *transformant*, ne peut changer que de *forme* et non de nature? Par sa nature, la sensation sera éternellement une propriété passive, qui toujours sollicitera l'action des facultés, mais qui ne se confondra jamais avec les facultés, dont rien ne pourra faire sortir des facultés qu'elle ne renferme ni n'enveloppe.

Voltaire, en répétant, d'après Condillac, que toutes nos facultés ne sont que différentes manières de sentir, ou que la sensation enveloppe toutes nos facultés, adopte donc une erreur manifeste. Nous croyons avoir acquis le droit de nous exprimer ainsi.

2°. Mais cette erreur lui a présenté le caractère de la vérité; il l'a saisie avidement, et sur parole : Condillac a été un grand philosophe, parce qu'il a dit une chose qui a paru appuyer l'opinion favorite de Voltaire, que la matière pense, ou du moins qu'elle peut penser.

L'erreur de Condillac n'a aucun rapport avec celle de Voltaire.

Il est incontestable, sans doute, que si les sensations appartiennent à la matière, la pensée lui appartient aussi; car, c'est un seul et même être qui sent et qui pense; mais Condillac, et la raison, nous défendent de croire que les sensations appartiennent à la matière : elles appartiennent à l'âme; c'est donc à l'âme qu'appartient la pensée, si la pensée est enveloppée dans la sensation.

Ceux qui placent la sensation dans une substance et la pensée dans une autre, méconnaissent la voix du sentiment qui nous dit qu'il y a unité dans notre nature, unité dans notre *moi*.

Ceux qui les placent l'une et l'autre dans la matière, ne peuvent éviter les contradictions les plus choquantes.

C'est pour avoir mal démêlé ces choses que certains spiritualistes fournissent à leur insu des armes aux matérialistes, lorsqu'ils parlent des *sensations externes;* et que d'autres ne craignent pas d'avancer que *les sensations sont matérielles.*

Il n'y a pas de sensations externes; elles sont toutes internes, ou dans l'âme.

Quant aux sensations matérielles, c'est une expression barbare qui ne serait pas même reçue en parlant des propriétés des corps. Qui jamais, en effet, a pu dire, *attraction matérielle, mouvement matériel, distance matérielle?*

Lors donc que Voltaire, après avoir mis en avant que *la sensation enveloppe la pensée*, ajoute ces mots : *vous qui lisez et qui pensez, concluez;* nous répondrons d'abord, que nous n'avons rien à conclure, puisque nous rejetons ce principe. Nous répondrons, en second lieu, que la saine logique nous défend de tirer d'un tel principe la conclusion qu'on indique, puisque c'est la conclusion diamétralement opposée qui est la véritable.

3°. « Les Grecs avaient inventé la faculté *psyché* pour les sensations, et la faculté *nous* pour la pensée. »

Il y a là deux mots à changer, le mot *inventé*, et le mot *faculté* appliqué aux sensations. On *n'invente* pas des facultés; on les *reconnaît*. Nous avons la *capacité* de sentir; nous n'en avons pas la *faculté*.

Après ces légères critiques, je vous prie de faire attention à cette *psyché*, et à ce *nous*. Dans *psyché*, ne voyez-vous pas la sensibilité, et dans le *nous* l'activité? et, y a-t-il dans notre âme, dans l'essence de notre âme, autre chose que sensibilité et activité? parce qu'elle a la capacité de sentir, nous recevons passivement des sensations; et, parce qu'elle est active, nous pensons, c'est-à-dire, nous avons un entendement et une volonté que nous appliquons aux sensations. Voilà ce que nous avons essayé de démontrer, ce que nous croyons avoir démontré. C'est sur la distinction, et la séparation bien prononcée, des manières d'être *passives*, et des manières d'être *actives*, que repose le système que je vous ai communiqué : et je ne pensais pas, en répondant aux argumens par lesquels on cherchait à identifier l'attention et la sensation, ou l'activité et la passivité, que je défendais la cause du *nous* contre *psyché*.

J'avoue que ce n'est pas sans une surprise bien agréable que, parcourant un de ces jours un volume de Voltaire, je suis tombé sur le passage que nous examinons : il se trouve qu'une chose que je croyais nouvelle, remonte aux premiers âges de la philosophie. Elle ne doit pas nous en inspirer moins de confiance.

Je ne veux pas dire que j'aie pu regarder comme une chose nouvelle, d'avoir reconnu dans l'âme des modifications actives et des modifications passives; c'est d'avoir attribué d'une manière irrévocable la passivité aux *sensations* exclusivement, et à la *pensée* l'activité exclusivement. Vous verrez bientôt que pour avoir transporté l'activité ou la passivité aux *idées*, qui sont le produit de l'action de la pensée, ou faculté de penser, sur les sensations, on a tellement tout embrouillé, que les questions les plus simples sont devenues autant de mystères impénétrables.

Je ne prétends pas non plus que les anciens se soient fait, des deux propriétés fondamentales de l'âme, des idées aussi précises que nous le supposons. Par le *nous*, en effet, ils désignaient indifféremment l'*âme*, l'*intelligence*, la *pensée*, le *sentiment*; et par *psyché*, ils entendaient aussi, l'*âme*, le *sentiment*, les *sensations*; mais enfin, si le langage des anciens peut fournir matière à contestation, celui de Voltaire est très-clair, sauf l'impropriété de quelques termes.

4°. « Nous ignorons malheureusement ce que c'est que ces deux facultés. Nous les avons, mais leur origine ne nous est pas plus connue qu'à l'huître, etc. »

D'autres seraient excusables, peut-être, de se plaindre de leur ignorance; mais vous, comment pouvez-vous dire que l'origine du *nous*, ou de la *pensée*, nous est inconnue ? Si la pensée est enveloppée dans la sensation, elle dérive de la sensation, elle a son *origine* dans la sensation. Sur deux origines, en voilà donc une de bien connue, d'après vous-même.

Reste l'origine de la sensation : et l'on s'étonne de ne pas connaître cette origine ! on est humilié de son ignorance ! on est malheureux d'être réduit à la même condition que les moins intelligens de tous les êtres !

Il n'y a là ni malheur ni ignorance. On cherche des origines où il n'y a aucune origine : on veut faire des définitions, quand les définitions sont impossibles ; et l'on s'étonne de ne pouvoir pas trouver des origines, de ne pouvoir pas faire des définitions ?

Pour entendre ceci, il est nécessaire de mettre dans le langage plus de précision qu'on ne fait ordinairement.

Quand nous voulons exprimer le résultat de l'impression des objets sur les sens, nous disons que nous *sentons*; et si, à la forme du *verbe* nous substituons celle du *substantif*, nous pouvons dire, à notre choix, que nous éprouvons une *sensation*, ou que nous éprouvons un *sentiment*.

Il faut bien remarquer, qu'il n'est pas toujours indifférent de mettre une de ces expressions à la place de l'autre. Le mot *sensation* indique une idée complexe : c'est le sentiment dans son rapport avec les objets extérieurs. Lorsqu'on veut exprimer l'effet immédiat de l'impression que les objets font sur nous ; lorsqu'on veut montrer cet effet, en lui-même, et sans aucun alliage, il faut le caractériser par un mot plus simple, par le mot *sentiment*;

dont l'idée ne se charge d'aucun rapport étranger.

Ainsi, c'est le *sentiment* et non la *sensation*, dont l'origine paraît se dérober à toutes nos recherches, et échapper à toutes les définitions : car la *sensation* a son origine dans le *sentiment*; et on peut la définir, *un sentiment jugé, ou rapporté, hors de l'âme.*

Mais le *sentiment*, origine ou principe de la sensation, a-t-il une origine lui-même ? dérive-t-il de quelque principe ? ou bien, est-il un premier principe, une origine au delà de laquelle il n'y a pas d'autre origine ? le sentiment reconnaît-il quelque fait antérieur d'où il émane ? est-il la transformation d'un principe caché qui, en se développant, se montre sous la forme de *sentiment* ?

Voilà la question posée ; et sa solution, loin d'être un mystère, est la chose du monde la plus simple.

Supposez, en effet, un principe antérieur au sentiment, et demandez-vous ce qu'il peut être, avant de se montrer sous la forme de sentiment. N'est-il pas évident qu'il ne peut être senti ? il ne peut donc être aperçu. Qu'il existe, ou qu'il n'existe pas, il est nécessairement nul pour nous.

Le sentiment ne peut être défini ; et la recherche de son origine est la recherche d'une chimère. Définir un fait, nous l'avons déjà dit (p. 164), c'est montrer le fait antérieur qui le contient ; c'est montrer, dans ce fait antérieur, la modification qui constitue le fait qu'on se propose de définir.

Les philosophes ont beau chercher l'*origine*, le *principe*, la *raison* du sentiment ; tous leurs efforts seront impuissans : notre existence commence, pour nous, au sentiment ; et toute modification connue de notre âme, différente du simple sentiment, lui est nécessairement postérieure.

S'il était possible de remonter plus haut que le sentiment, on aurait reculé d'un pas le principe de nos connaissances. Celui qui ferait cette découverte, aurait la gloire d'avoir augmenté le système intellectuel, d'un fait primordial. Alors, il ne faudrait plus dire que nos connaissances viennent des sensations ou du sentiment ; elles viendraient, de même que le sentiment, de ce principe inconnu que l'on cherche ; mais c'est en vain. Au delà du sentiment, il n'y a rien pour nous, pour notre intelligence ; et, dans le vrai, ceux qui lui cherchent un principe antérieur, ne cherchent rien ; mais ils ne s'en doutent pas.

J'avais démontré (p. 164 et 185) qu'on ne peut pas définir l'*attention* ; et vous voyez qu'on ne peut pas définir le *sentiment*. La raison en est évidente : l'*attention* est le *principe* de toutes les facultés de l'âme : le *sentiment* est le *principe* de toutes ses connaissances. Or, les principes sont au delà de toute définition ; ils expliquent tout, et rien ne les explique. Si l'on pouvait en rendre raison, ils cesseraient à l'instant d'être des *principes*, pour devenir des *conséquences*.

Je veux me faire une objection que vous ne me feriez pas, parce qu'elle porte entièrement à faux.

Objection. Vous nous défendez la recherche des causes de la sensibilité et du sentiment; mais de quoi s'occupent les physiologistes et les métaphysiciens ? et de quoi doivent-ils s'occuper ? Si la sensibilité joue un si grand rôle dans tous les systèmes de philosophie ; si même tout se ramène à la sensibilité, suivant plusieurs philosophes, ne faut-il pas savoir ce que c'est que cette admirable propriété qui distingue les animaux entre toutes les créatures, et l'homme entre tous les animaux ? Et comment le saura-t-on, si l'on ne considère pas le sentiment dans ses causes ?

Je réponds que le mot *cause* n'a pas été prononcé dans cette leçon. Ainsi l'objection ne porte sur rien.

Objection. N'avez-vous pas parlé d'*origine*, de *principe*, de *raison*? et, origine, principe, raison ou *cause*, n'est-ce pas la même chose? Ne peut-on pas dire indifféremment que Dieu est le *principe* ou la *cause* de toutes les existences? que l'élévation des eaux de la mer a sa *raison* dans le passage de la lune au méridien, ou que la présence de la lune au méridien est la *cause* qui élève les eaux de la mer? et, pour exprimer que toutes les idées ont leur *origine* dans les sensations, ne dit-on pas que les sensations sont les *causes* productrices des idées? Vous n'avez pas prononcé le mot *cause*. Qu'importe, si vous avez raisonné sur son idée?

Réponse. Lorsqu'on entend de pareilles objections, on éprouve une secrète impatience et une sorte de dépit contre la lenteur forcée de la parole. On voit et l'on sent, en un instant indivisible, tout ce qu'il faut répondre : on voudrait le produire au dehors en un instant indivisible; et l'on est obligé de se traîner sur une longue chaîne de mots, dont chacun, quoiqu'on fasse, ne peut exprimer qu'une très-faible partie de ce qu'on sent. Parlons donc, puisque nous sommes condamnés à parler : énonçons successivement nos idées, puisqu'il est impossible de les montrer simultanément; mais, dans l'impuissance de tout dire à la fois, tâchons de le dire successivement, de telle manière que la mémoire réunisse en un *tout* ce que l'esprit aura recueilli par *parties*.

Et d'abord, pour répondre à la dernière chose que nous venons d'entendre, que signifie ce langage : les sensations sont les *causes* productrices des idées? les sensations, *causes* des idées! les matériaux des idées, *causes* des idées! le marbre dont on fait une statue, *cause* de la Vénus ou de l'Apollon!

Origine et *cause*, sont donc deux idées différentes.

Il est vrai que les mots *principe* et *raison* peuvent quelquefois se substituer au mot *cause*, comme dans les deux premiers exemples qu'on vient d'alléguer. Mais qu'est-ce que cela prouve? que ces deux mots ont chacun deux acceptions, celle qui leur est propre, et celle de *cause*. Or, c'est dans l'acception qui leur est propre, que je les ai employés.

J'ai donc été fondé à dire que, dans cette leçon, je n'avais point parlé de *cause*; et je n'en ai pas plus montré l'idée que le mot.

Principe et *cause*, sont deux idées relatives; principe, à conséquence; et cause, à effet. Dans une multitude de phénomènes; dans une suite d'opérations de la nature ou de l'esprit; dans un enchaînement quelconque d'idées; dans un système enfin, le phénomène qui se trouve placé à la tête du système, l'idée par laquelle tout commence et de laquelle tout dérive, voilà le principe. Le *principe* fait partie d'une chaîne dont il est le premier anneau : la *cause*, au contraire, se trouve en dehors. Le *principe* de tous les mouvemens d'une montre, est dans le ressort qui fait partie de la montre; la *cause* c'est l'horloger.

Qu'on cherche tant qu'on voudra les *causes* de la sensibilité : qu'on croie les avoir aperçues dans l'ébranlement des nerfs, ou dans le choc des esprits animaux, ou dans l'irritabilité de la fibre, ou dans le fluide électrique, ou dans le fluide galvanique, ou dans le fluide magnétique, etc, : ces opinions ne manqueront pas de partisans; elles seront célébrées comme des interprétations de la nature, jusqu'à ce qu'elles aient fait place à de nouvelles opinions, qui seront aussi des interprétations de la nature, en attendant toujours de nouvelles interprétations.

Que, malgré tant de recherches inutiles, on ne désespère pas néanmoins de trouver la *cause* de la sensibilité et du sentiment; cela peut se concevoir; car enfin cette cause existe : mais qu'on n'en cherche pas le *principe;* car il n'existe pas. Il y a certainement hors de nous quelque chose qui nous fait sentir; mais en nous, mais pour nous, il n'y a rien, il ne peut y avoir rien d'antérieur au sentiment.

Vous ne direz pas que je porte la distinction des idées jusqu'à la subtilité : vous ne me blâmerez pas quand je cherche à mettre quelque précision dans mon langage; vous m'approuverez, au contraire, j'en suis sûr, quand vous saurez que la philosophie s'est précipitée dans un abîme d'extravagances, pour avoir confondu le *principe* avec la *cause,* où la *cause* avec le *principe,* alors qu'il fallait distinguer et séparer ces deux choses; ou, pour avoir confondu la *raison* avec le *principe,* avec l'*origine,* alors que la *raison* était la *cause* elle-même.

C'est pour n'avoir vu dans la *raison* de l'Univers qu'un *principe,* au lieu d'y voir une *cause,* que l'école d'Alexandrie rejeta l'idée de la création, et qu'elle s'égara parmi une multitude infinie d'émanations et de transformations. L'âme du monde se transformait en *génies,* en *démons,* en *éons.* Les émanations successives descendaient, par une suite de dégradations, depuis l'intelligence infinie jusqu'à l'intelligence la plus bornée : elles communiquaient les unes avec les autres : elles s'illuminaient : que dis-je ? elles s'illuminent, et cette folie d'illuminations dure encore.

Ce n'est pas tout. Si dans la *cause* vous ne voyez qu'un *principe*, soyez conséquens, et dites : non-seulement les intelligences finies sont des émanations de l'intelligence suprême ; la matière elle-même sort du sein de la Divinité : Dieu est tout ; tout est Dieu ; et il n'y a qu'une substance.

Tels sont les déplorables abus où nous entraînent les vices du langage. Jugez combien il importe de se faire des idées exactes, et d'apprécier la valeur des mots.

Et, pour en revenir à Voltaire, sera-ce une témérité de dire, 1°. qu'il se trompe en admettant la maxime, que *la sensation enveloppe la faculté de penser ;* 2°. que, de cette maxime il n'a pu rien inférer contre la spiritualité de l'âme ; 3°. qu'il n'est pas d'accord avec lui-même, en niant que nous connaissions le principe de la pensée ; 4°. qu'il n'est pas fondé à se plaindre de notre ignorance, sur l'origine de la sensation et sur l'origine de la pensée ?

Je voudrais pouvoir continuer cette discussion. Je m'étais proposé de vous soumettre un plus grand nombre de ces passages, que les lecteurs ordinaires adoptent sur la foi d'un nom célèbre; que vous-mêmes, vous eussiez peut-être approuvés il y a quelques mois. Ce que nous avons dit sur *les facultés de l'âme*, sur la *méthode*, et sur les *définitions*, vous eût servi à apprécier d'une manière plus sûre, les pensées des philosophes relatives à ces questions, les seules dont nous nous soyons occupés jusqu'à ce moment. Mais il se trouve que les réflexions auxquelles je me suis laissé aller, en parlant de Buffon et de Voltaire, se sont prolongées plus que je ne croyais. Je m'arrête donc, et je me hâte de mettre fin à une leçon qui, d'ailleurs, par sa nature, n'a pas de fin.

Je terminerai ici la première partie du cours de philosophie. Les leçons dont elle se compose, à l'exception de quatre ou cinq, ce n'est pas moi qui les ai faites. C'est vous, messieurs, qui me les avez suggérées, et qui me les avez commandées en quelque sorte. Je disais une chose : je croyais démontrer une vérité : vous ne vous rendiez pas aussitôt : vous attaquiez ma démonstration ; et vos raisons semblaient balancer les miennes. Je cherchais à soutenir ce que vous cherchiez à renverser ; je fortifiais mes argumens ; je les appuyais de nouvelles considérations : vous n'étiez pas encore satisfaits. Vous demandiez des éclaircissemens : vous proposiez des doutes : vous me faisiez part de vos idées ; et, lorsqu'enfin mes explications obtenaient votre suffrage, et que vous consentiez à les recevoir, c'était votre bien que je vous rendais. Vous m'avez souvent confié un dépôt : j'ai dû veiller à ce qu'il ne dépérît pas ; et j'ai peut-être quelquefois été assez heureux pour que vous ayez pensé qu'il avait fructifié entre mes mains.

FIN DE LA PREMIÈRE PARTIE ET DU TOME PREMIER.

TABLE DES MATIÈRES

Avertissement . . . . pag. 1

Discours sur la langue du raisonnement. . 3

Leçons de philosophie. Objet de cet ouvrage. 49

Première partie. Des facultés de l'âme considérées dans leur nature.

Première leçon. — *De la méthode.*

L'inégalité des esprits provient surtout de la différence des méthodes. l'esprit suit la méthode à son insu. Pourquoi nous avons besoin de méthode. L'idée de la méthode se compose de deux idées ; celle de principe, et celle de système. Ce que nous entendons par le mot *principe*. Ce que nous entendons par le mot *système*. En quoi consiste la méthode, et pourquoi on lui donne le nom d'*analyse*. Nous n'en connaissons pas encore tous les artifices. Objet du cours de philosophie. 55

IIe. LEÇON. — *Du principe des facultés de l'âme, et de l'influence du langage sur nos opinions.*

Division du cours de philosophie en trois parties. Objet de la première partie. *Principe des facultés de l'âme*, suivant Condillac. Ce qu'il a ajouté à la doctrine des autres philosophes. Il ne suffit pas de connaître le principe ou l'origine, soit des facultés de l'âme, soit des idées ; il faut aussi en connaître la génération. Nous parlerons, en commençant, la langue que parlent tous les philosophes. Énumération des facultés qu'ils admettent. Recherche du principe de ces facultés. Comment, en adoptant le langage des philosophes, on est amené à conclure que la sensation est le principe des facultés de l'âme. Incertitude, ou fausseté de cette conclusion. 72

IIIe. LEÇON. — *Système des facultés de l'âme, par Condillac.*

On avait confondu les *facultés* de l'âme avec les *idées*. Condillac, après les avoir distinguées, a donné le système, ou l'analyse des facultés de l'âme. Suivant cet auteur, on les trouve toutes dans la faculté de sentir : l'at-

tention, la comparaison, le jugement, la
réflexion, l'imagination, le raisonnement,
et, par conséquent, l'*entendement*. On y
trouve encore le besoin, le malaise, l'inquiétude, le désir, les passions, l'espérance; et, par conséquent, la *volonté*. De
l'entendement et de la volonté, résulte la
pensée. D'où l'on conclut que toutes les facultés de l'âme ne sont que des transformations de la sensation. Réflexion sur ce système. Annonce d'un système différent. . . 84

IVe. LEÇON. — *Autre système des facultés de
l'âme.*

Nécessité d'insister sur l'étude des facultés de
l'âme. Qu'il faut distinguer trois choses
dans les sensations. Que l'âme est, tour à
tour, passive et active, et que la sensibilité
n'est pas une faculté. Que nous ignorons
la manière dont le corps et l'âme influent
réciproquement l'un sur l'autre; mais que
cette connaissance ne nous est pas nécessaire pour expliquer le système des facultés de l'âme. Que l'entendement n'a pas
son principe dans la sensibilité. Que le
nombre plus ou moins grand des sensations
éprouvées, influe très-peu sur les développemens de l'intelligence. Comment s'opé-

rent ces développemens. Que l'entendement comprend trois facultés, ni plus, ni moins; l'attention, la comparaison et le raisonnement. Que la volonté en comprend également trois; le désir, la préférence et la liberté. De la liberté. Réflexions préliminaires. L'homme passe tour à tour du bien-être au mal-être. Préférence. Repentir. Délibération. Deux manières de préférer. Ce que c'est que la liberté. Ce que c'est que la moralité. Objections : réponses. Système des facultés de l'âme. Réflexions sur la faiblesse de l'esprit humain. 97

V^e. LEÇON. — *Des principes des sciences. Examen critique du système de Condillac.*

Conditions requises pour former un système. Nécessité de remonter aux principes. Principes mal connus; pourquoi. *Objection : réponse.* Les résultats prennent quelquefois le nom de principes; mais non pas en métaphysique. Nécessité de faire l'étude des facultés de l'âme. Cette étude a d'abord été mal faite. On s'est occupé de la théorie des idées, et on a négligé celle des facultés. Condillac doit être excepté : cependant nous n'adoptons pas son système. Critique de l'analyse qu'il a faite des facultés de

DES MATIÈRES. 425
pag.
l'âme. Critique d'un passage du *Traité des sensations*. 128

VIe. LEÇON.—*Objections relatives à l'activité de l'âme et à la nature de l'attention.*

Objection première : que l'âme produit elle-même ses sensations. *Réponse.*—*Seconde* : qu'elle est active en les éprouvant. *Réponse.*—*Troisième* : que Condillac a dû confondre la sensation et l'attention. *Réponse.*—*Quatrième* : qu'on ne peut séparer la sensation, de l'attention, que par une illusion de l'esprit. *Réponse.* — *Cinquième* : si l'attention n'est pas la sensation, qu'est-elle donc ? *Réponse.* — *Sixième* : peut-on dire que l'esprit de l'homme ne crée jamais rien ? *Réponse.* . . 154

VIIe. LEÇON. —*Éclaircissemens sur la méthode ; sur le système des facultés de l'âme ; et en particulier sur la liberté et sur l'attention.*

Réponse à ceux qui se plaignent que nous allons trop vite, et à ceux qui trouvent que nous allons trop lentement. Correspondance entre les facultés de l'entendement et celles de la volonté. Éclaircissemens sur la liberté. On a confondu avec la liberté morale, quatre choses qui ne sont pas elle ; la liberté naturelle, la liberté sociale ou politique, l'activité de l'âme, et la volonté. Nous avons une idée très-claire de l'attention, quoiqu'on ne puisse pas la définir. Le système des facultés de l'âme est aussi bien ou mieux connu, qu'aucun système de mécanique. 172

VIIIe. LEÇON. — *Objections contre le système que nous avons adopté.*

Objection première : que le nombre des facultés de l'entendement est arbitraire. *Réponse*. — *Seconde* : qu'il faut reconnaître une quatrième faculté dans l'entendement. *Réponse*. — *Troisième* : avons-nous une âme ? *Réponse*. — *Quatrième* : que le système que nous avons adopté est le même qu'on suit dans toutes les logiques, et qu'il ne commence pas bien. *Réponse*. Si une première sensation peut donner l'idée de la personnalité ou du *moi*. Réflexion qui renverse le matérialisme. 190

IXe. LEÇON. — *Si le système de Condillac favorise le matérialisme.*

Objet de cette leçon. Une première sensation donnerait à l'âme le *sentiment* de son exis-

pag.

tence, mais elle ne lui en donnerait pas l'*idée*. Les facultés de l'âme ne dépendent pas, quant à leur existence, de l'organisation du corps. Combien peu est fondée l'opinion de matérialiste. Condillac, injustement accusé de matérialisme. Exposition de son système. Qu'il nous paraît manquer de vérité, mais qu'il ne favorise pas le matérialisme. Qu'on a pu dire, au contraire, que Condillac exagère le spiritualisme, et qu'il semble accorder trop à l'activité de l'âme. 214

X^e. LEÇON. — *Suite de la précédente.*

Résumé de la leçon précédente. Nouvelles preuves du spiritualisme de Condillac. *Objections. Réponses.* Descartes accusé d'athéisme. Sa philosophie a été peu enseignée dans l'université de Paris. Il ne faut tenir à aucune secte. Quel doit être le fruit d'un cours de philosophie. 240

XIe. LEÇON. — *Ce que c'est que la métaphysique, ou sur le mot métaphysique.*

Objet de cette leçon. Diverses manières dont on définit la métaphysique, la philosophie, la logique, la liberté. Avant de donner la définition de la métaphysique, il faut savoir ce qu'on demande quand on demande cette définition, et en quoi elle diffère d'une simple proposition. Définition des lois par Montesquieu. La définition de l'analyse nous prépare à celle de la métaphysique. Nécessité de faire une étude suivie de la métaphysique 258

XIIe. LEÇON.—*Sur les définitions.*

Combien il importe de bien déterminer les mots, et les idées. Pour y réussir, il faut prendre l'habitude d'aller des idées aux mots. Danger de l'habitude contraire. Moyen de nous en corriger. Nécessité et possibilité d'une exactitude rigoureuse en métaphysique. On peut porter la même clarté dans tous les sujets. L'usage des définitions peut être nuisible; ou parce qu'on les fait arbitrairement, ou parce qu'elles n'atteignent pas toutes les acceptions d'un même mot. Ce que c'est qu'une définition, d'après les logiciens. Ce qu'il faut entendre par la *nature* des choses définies. Marque à laquelle on peut connaître si les définitions sont des principes. Insuffisance des règles données par les logiciens. Pourquoi nous sentons le besoin des définitions. Exemple d'une définition singulière. Différence entre une définition et une simple proposition. Toute définition est inattaquable. Pourquoi on les attaque. Comment on est égaré par les analogies du langage. Que les mots, *raison*, *pensée*, *entendement*, *volonté*, n'expriment pas des facultés réelles. Critique du langage des métaphysiciens. Du penchant que nous avons à tout réaliser. 278

XIIIe. LEÇON. — *Suite des définitions.*

Nécessité de parler encore des définitions. Insuffisance des définitions qui se font par le *genre* et par la *différence*. Ce que c'est que des idées systématisées. Combien les sciences philosophiques sont éloignées de la perfection. Les *catégories* ou les classes ne nous donnent pas de vraies connaissances. Nécessité d'imiter la méthode des mathématiciens. En suivant cette méthode on peut avoir, en métaphysique, d'aussi bonnes définitions qu'en mathématiques. Exemple qui le prouve. En quoi consiste une définition. Des définitions de mots et des définitions de choses. Des neuf mots qui forment le vocabulaire des facultés de l'âme, six sont signes de réalités, et trois signes de signes. Pourquoi nous sommes

pag.

portés à regarder tous les mots comme signes de choses. L'esprit opère sur les mots, ou sur les idées. Ce qui résulte de ces deux habitudes 317

XIVe. LEÇON. — *Des opinions des philosophes sur les facultés de l'âme.*

A quoi se réduit tout ce que nous avons dit jusqu'ici. Exposé succinct du système des facultés de l'âme. Nouvelle preuve. Réflexion sur la langue dont nous nous sommes servis. Les mêmes mots prennent plusieurs acceptions. Difficultés que présentait la découverte du système des facultés de l'âme. Critique générale de la manière dont les philosophes ont traité la question des facultés de l'âme. Critique particulière de divers philosophes, Aristote, Bacon, Descartes, Hobbes, Locke, Bonnet, de Brosses, Vauvenargues, Diderot, etc. *Objections* relatives aux changemens que nous avons faits à la langue. *Réponse.* 349

XVe. LEÇON. — *Si nous avons fait quelques progrès depuis l'ouverture du cours de philosophie.*

Combien les philosophes sont peu d'accord entre eux sur ce qu'ils appellent la vérité. Ils ne le sont pas davantage sur la manière de la chercher. Nous devons avoir appris jusqu'à un certain point à les lire, et à les juger. Examen d'un passage de Pascal, relatif aux *définitions*; d'un passage de Buffon, relatif *à la nature de la pensée*; et d'un passage de Voltaire, relatif à *l'origine des facultés de l'âme*. Conclusion de la première partie. 384

FIN DE LA TABLE DES MATIÈRES.

www.ingramcontent.com/pod-product-compliance
Lightning Source LLC
Chambersburg PA
CBHW050906230426
43666CB00010B/2041